メディアエコロジー　目次

メディアエコロジー

端末市民のゆくえ

いささか長い序論——コミュニケーションの危機とメディアのエコロジー

世界は途方に暮れている。それはインターネットなどのいわゆるデジタル技術がもたらす資本主義の規模と速度に、人びとの日常を支える知覚が追いついていないからだ。資本主義の規模と速度は、暴力的と言ってもよいくらい拡大してしまっている。「便利」や「簡単」という小さな感動を、日常生活のさまざまな局面でもたらしている一方で、新自由主義が地球上を覆い尽くし、貧富の差をあっという間に大きくしてしまった。「便利」や「簡単」で「知る／伝える」道筋が標準化し過ぎてしまったがゆえに、人びとの政治意識を削いでしまい、監視社会の確立や強権政治の拡大に手を貸すことにもなっている。危機的である。危機的であるからこそ、いま一度「知る／伝える」道筋を支えるメディアについて、根源的な思考を更新しなければならない。

本書はインターネットが日常生活の隅々まで浸透したメディアの状況に、ポストメディアという観点から、メディアをめぐる状況に「エコロジー」の精神が確からしく目覚めることを強く願って、「ポストメディアの条件」をテーマとした同時代的なメディア論的思考をまとめたものである。

「メディア論的思考」は僕が二十五年ほど前にまとめたメディア論のタイトルでありコンセ

プトである。[★1] テクノロジーだけでメディアの本質を論じてしまったら、メディアをめぐる言説がすごく貧しくなるのではないか。また逆に歴史学や社会学あるいは文化研究としてのメディア研究だけでは何だか現実味に欠けているのではないか。そう感じていたことが当時、背景としてあった。僕のメディア論的思考は常に、計算可能性やアルゴリズムといったコンピュータが独自にもっている形式《フォーム》が社会の関係や構造にどのような相互作用を及ぼしているかということに関心の中心がある。本書でも、データやアルゴリズムあるいはプログラムについては直接敷衍することはないものの、その基本的な態度は根強く維持されている。

さらに僕のメディア論的思考では「端末市民の連帯意識」という考え方も重視されている。インターネットに常時接続されたスマートフォンやＰＣなどの端末デバイスを用いて情報をやり取りする都市生活者を、いささか皮肉をこめて「端末市民」と名づけたのはフランスの思想家ポール・ヴィリリオだった。[★2] 結果的にもはや人間は、ヴィリリオが描いたような端末市民としてしか生きられなくなっている。端末市民でなければ自由や平等を語ることはおろか、社会と関わっている実感すら得ることが難しくなりつつある。今日のメディアとコミュニケーションの関係を考えていくとき、端末市民は、その論理と倫理を同時に表している。そう考えると、端末市民はまさしく同時代を表象する社会集団なのではないかと思うようになった。その着想は現在に至ってもほとんど変わらず、僕のメディア論的思考の中心的な課題のひとつであり続けている。ヴィリリオがいささか否定的に想定した端末市民をむしろ独自に拡張して、「端末市民の連帯意識」をここ二十五年あまり考えてきたのである。

その連帯意識も、いまやインターネットの技術革新が進んで、「ソーシャル」や「シェア」あるいは「クラウド」に集約されている。その一方で、インターネットは資本主義の暴走を促すツールにもなっている側面があることは否めないし、あらゆることがインターネット上のコミュニケーションに還元され、私たちの「知る／伝える」もとても平板で相対的なものになっている気もする。一見平等な言論のプラットフォームができたようにも思えるが、これが本当に「知る／伝える」ことの本質なのか。インターネット上で起こっていることをつぶさに観察すればするほど、そういう懐疑もふつふつと頭をもたげてくる。「知る／伝える」にもある種の生態学《エコロジー》が必要とされているのではないか。とりわけ東日本大震災を契機として、年を追うごとにそんな問いが頭をもたげてきた。報道の政治介入やメディアの行き過ぎた商業主義など、民主主義の下部構造となるべきメディアがその基本的な役割を果たしていない事態が広く深く浸透してしまっている。

そこで「ポストメディア」という観点から、インターネットの暴力性、「知る／伝える」をめぐるエコロジーの必要性、連帯意識の変容などを探究してきたものを集成してみることにした。その集成が本書なのである。

並べて読み直してみるとますます、メディアやコミュニケーションという概念も大きな曲がり角にさしかかってきて、メディア論的思考も生態学《エコロジー》という思想で更新されるべき時期にあることを痛感せざるを得ない。

その生態学《エコロジー》にアプローチするために、本書を集成するに当たってはポストメディアという概念を入口として考えてみることにした。ポストメディアとは、後に詳しく論じることになるが、一九九〇年年代初頭に哲学者で精神分析家のフェリックス・ガタリが提唱した、「知る／伝える」をめぐる生態学《エコロジー》である。[★3] いわばインターネットが普及する以前に提案されたものだから大した慧眼である。しかしながら、これほどインターネットが人びとの行動や欲望を一変させしまったことは、さすがのガタリも見通せなかったであろう。

インターネットは表面的には人びとの知や豊かさを公明正大かつ幅広く受け入れているようで、それまで大切にされてきた習慣や人間関係をもあっという間に後退させ、その実さまざまな格差や分断を助長するアクセラレーター（加速器）になっているのではないか。そう思うことがしばしばある。その背景には、インターネットがいろいろな意味で、「豊かさ」の質を変えてしまったことがある。インターネットに限らず、メディアをめぐる環境はグローバル経済という規模と速度を加速させた資本主義と密接に関係している。言い方を変えると、「知る／伝える」をめぐる知の変容、歴史や伝統の相対化など、今後の「人類とは何か」「人類はどう生きるべきか」「諸問題に人類としてどう向き合うか」という問いに、メディアテクノロジーがもたらす資本主義の加速や拡大を考慮せざるを得なくなっているのだ。そのような問題群をポストメディアや生態学《エコロジー》という観点から探究してみようというのが、本書を集成する上でのもっとも強い動機となっている。

広告表現とモラル・パニック

メディアとしてのインターネットは、もはや資本主義を批判的に読み取る一冊の巨大な書物として考えることもできる。インターネットは日常生活のあらゆる局面を変えてしまったように思えるが、インターネット上のルーティンは、日々刻々と更新される「新しい資本論」にもなっている。とりわけメディアのテクノロジーは規模と速度を変えてしまうことを目的として開発されているため、ポストメディアという生態学《エコロジー》はその規模や速度を疑ってかかることから始めなければならない。

まず規模と速度を根拠とする広告モデル（アフィリエイト）を取り上げてみる。たとえばYouTuberは「新しい資本論」にとっても興味深い。大道芸やフラッシュモブとは違って、場に依存せずに瞬時に自らの芸を広めることのできるYouTuberはそれはそれで興味深い芸態である。でもYouTuberを道化ではなく、インターネットの資本主義に組み込まれた労働者のモデルだと考えると、大道芸とは違った論じ方が必要となる。YouTuberは個人が広告代理店化して、広告がインターネット上のひとつのアプリケーションに抽象化されてしまったに過ぎないという考え方もできる。広告という古い情報伝達の手段がインターネットのやりとりのなかに抽象化されているからだ。

広告は本来企業や商品を伝えるための方法である。いわば企業や商品の承認欲求を満たす手練手管が広告である。厄介なのはここに大きな資本が流れ込み、洗練されたノウハウが間断なく開発され続けていることだ。世界中がいまだにこの広告という、古いビジネスモデルをインターネット上に移植しようと躍起になっている。世界中の自称「クリエーター」が「どうやったら企業や商品を不特定多数の人たちに伝えられるか」という新しい広告表現の課題に取り組んでいる。誰もがアフィリエイトという収益のモデルにすっかりハマってしまっている。意味や内容を限定し欲望を喚起することだけに特化したノウハウは、その欲望に従属させる手法である。それは本当に「知る」あるいは「伝える」ことに相当するのだろうか。

自分のことをわかってもらおうとしている職業の人たちはたくさんいる。政治家もそうだし、教師や宗教家や伝道師もそうかもしれない。インターネット上のブログやソーシャルメディアでは、市井の人びともジャーナリストのように、政治家のように、あるいは伝道師のように振る舞うことができる。

サブリミナル効果を使わずとも、それに近い効果をねらった人びとの注意を換気するメッセージを使って伝える。そのような意味への服従を「理解」と位置づけている。「わかる」を促す問題解決の方法として、欲望の喚起と欲望への服従をパッケージ化して売り出している。その実、喚起と服従のパッケージ化は相互監視や警察国家化の一翼をも担っている。つまり、SNSが普及した大きな要因のひとつとして個人の広告効果、つまり「意味や内容を限定し欲望を喚起し、その欲望に服従させる手法」が普及したと考えることもできる。そう考えると、SNSを悪用したフェイクニュースの拡大にも合点がいく。

広告表現は短く効果的に伝えることを何よりも大切にしているため、実は時として短絡化や単純化を至上命題にしてしまう。「わかりやすい伝わり方」は、その背景にあるわかりにくくて説明が難しいこと、あるいは不都合なことを狡猾に隠蔽したり排除したりしている。広告的な表現をインターネット上で発揮することそのものに、もはやモラル・パニックの要素が含まれている。

子どもたちに、この世の中には、こんなおもしろい考え方ややり方がある、ということを広告のノウハウで伝えようとする広告表現の教育利用も少なくない。これらのほとんどが、教科書的な表現以上のパターナリズムである。表現によっては、詐欺的行為と言ってよい。科学的な概念や数学の定理あるいは経済のメカニズムなんて、そう簡単にわかるはずはない。数多くの思考と積み重ねと試行錯誤によって、その一端を理解できるのである。子どもたちが学習すべきは、その数多くの思考と積み重ねと試行錯誤であって、概念や定理や構造をおもしろおかしく短期記憶のなかに収めることではない。コミュニケーションという言葉の濫用は「わかる」「伝わる」「理解する」といった言葉を大きく歪めてしまう。満足感や達成感を得て、なんとも言えない気持ちよさが得られる気になってしまうのが知的態度としてはもっとも危険である。時と場合によって、「わかりやすい」は「胡散臭い」のだ。

些細なことを知ったり実感したりすることは誰にでもあるはずだ。それをあえて「わかる」「理解する」といったことにして完結させてしまうことは、ある意味、困難さや複雑さを切り捨ててしまっていることにも近い。困難さや複雑さが本質かもしれないのに。そんなことで満足感や達成感を得られることがコミュニケーションであれば、世界は謎のないとても薄っぺらで、平板な看板やポスターのようになってしまう。事実、インターネットを飛び交うメッセージのほとんどが、謎のない薄っぺらな看板やポスターになってしまっている。

困難さや複雑さのなかから、わかってうれしい瞬間があり、さらに新しい問いが生まれるのが世界である。困難や回答のないことの集まりが世界のようにも思えてくるが、「わかる」「伝わる」「理解する」は認識の問題なのだから、合理的な成就の方法などあるはずもない。だから「他動詞」なのだ。科学の世界にはある形式を共有して「ここまではわかったことにする」という、暗黙のルールがある。ルールがあることが重要で、そのルールは第三者も検証可能でなければならない。だからこそ、科学の法則や数学の定理は普遍性をもつ。

科学の世界にとってルールの共有が重要であるのと同様に、コミュニケーションにとって重要なのは、意味や内容ではない。形式や型である。形式や型が洗練されていればいるほど、ある記号化されたメッセージは一意に伝わったような擬似的な効果を生む。これが厳密であればあるほど、「わかる」「伝わる」「理解する」といったことが広告表現のノウハウに置き換えられてしまって、わかった気にさせたり欲望に直接働きかけることばかりが進化してしまう。欲望を扇情的に喚起したりすることで、世界や人生はあっという間に単純なものになってしまうのだ。そうなると、「わかりやすい」ことだけが重視され、謎や問題にはうまい具合に蓋がされてしまうことになりかねない。

広告という仕事は、間違いなくデヴィッド・グレーバーのブルシット・ジョブ（クソどうでもいい仕事）[4]に当てはまる。グレーバーは「ブルシット・ジョブ」として広告やマーケティングあるいは金融などのコンサルティングを挙げ、「ブルシット・ジョブ」に従事する人びとの多くが世間では「専門家」として社会的な地位を保障され、往々にして高収入を得ているのに対し、社会に絶対に必要なエッセンシャルワークの多くがその真逆であるということを批判的に論じている。「オキュパイ運動」[5]を立ち上げた中心的な人物であるだけに、さすがの説得力である。

デヴィッド・グレーバーの「ブルシット・ジョブ」では、多くの現代の仕事を社会的に意味がない、つまり「ブルシット」と評価される仕事として論じられている。グレーバーの主張のひとつとして興味深いのは、広告の表現によって多くのブルシット・ジョブを生み出しているると考えている点だ。その時、グレーバーは広告表現を問題視する。広告の表現は、しばしば商品やサービスをより魅力的に見せるために、いろいろなことを誇張したり、曖昧にしたりする。「知る」が短絡してしまうことを、グレーバーは問題視しているのだ。「知る」の短絡は消費者が誤った選択をしたり余計なものを消費したりする原因となる。その結果、なくてもよい仕事を生み出して、その人たちが多くの報酬を得てしまい、もらわなくてはならない人たちが報酬をもらう機会を損なっているというわけだ。つまり、広告表現は消費者に不必要な製品を買わせるために存在し、これが結果として多くの無意味な労働を生み、経済格差の原因となっていると主張しているのだ。

社会的な便益の観点から言えば、広告産業は多くの人に仕事を提供しているが、これらの仕事が本当に社会にとって必要なものなのかは疑問だとグレーバーは論じている。広告によって生み出される労働は、多くの場合、人びとに不必要なものを売りつけることに貢献しているだけで、社会全体から見れば、その価値は低いと論じられている。これが、広告的な表現がもたらすデメリットであり、グレーバーは広告と似たようなブルシット・ジョブが現代社会において蔓延していると痛烈に批判しているのだ。

自己表現、承認欲求、参加意識

広告は単なるビジネスモデルとして「ブルシット・ジョブ」であるだけではない。むしろ深刻なのは、広告的な考え方や表現がSNSのなかで個人にまで浸透してしまうことだ。

これほどまでに「じぶん広告」を誰もがおこなうようになるとは、正直なところ二十五年前の「メディア論的思考」では思いも寄らなかった。一九九一年にWorldWideWebを発明したティム・バーナーズ＝リーは、分散管理された文献やデータに相互リンクする仕組みを構想し、インターネット上のアプリケーションとして実装した。一九七〇年代にテッド・ネルソンが構想したハイパーテキストが事実上実現することになったのだ。これがいまでも私たちが使っているブラウザの起源である。

当時のユーザとしての連帯意識はインターネットという民主的な環境で、「伽藍とバザール」が示唆している通り[★6]、どのように資源を共有し合うことができるか、というものだった。

分散型でおこなう情報の処理や管理や共有、ハイパーリンクという相互連携を仕様とするソフトウェアのアーキテクチャはいまのSNSに必要とされている機能であるが、ウェブそのものが技術的にはもともとSNSの要素を備えていたと考えることもできる。

そのSNS的なアーキテクチャに、「じぶん広告」的要素を意識的に取り入れ、多くのユーザを獲得した最初の事例は二〇〇二年にリリースされたFriendsterである。その後、続々登場したSNSのアプリケーションは「じぶん広告」の方向性で洗練化されていき、インターネット上に登場したTwitterやFacebookのようなアプリケーションが数多く登場し、世界中の人びとの自己表現、承認欲求、参加意識という三つの欲望をうまい具合に引き受けていった。その結果、SNSは世界中にユーザ層を爆発的に拡大し、インターネットの主役となっていった。

いまやインターネットのユーザは、自分のことを商品のようにプロデュースしようと躍起になっている。大統領や政府機関のメッセージ、個人の政治的な信条、自らの日常を披露すること、本当の独り言のように書き込んでいる「つぶやき」など、「じぶん広告」は世界中で当たり前のことになった。

SNSが規模と速度の資本主義を拡大し過ぎてしまったせいか、メディアのユーザやマスメディアの視聴者はもとより、資本家と労働者、著者と読者、国家と国民など、ありとあらゆる人間関係が揺さぶられ、交換や伝達のあり方に修正が迫られている。資本主義は常にこの地球上で「他者」を探している。そして資本家は既存の関係を解体しながら、新たな取引の関係をつくることで資本の拡大をめざす。インターネットはそうしたビジネスモデルの構築にうってつけなのだ。

インターネット上で交換されるデータそのものに価値が与えられ、貨幣や金融商品として取引されたり、インターネットが放送や映画を丸呑みしてしまうような事態が訪れたりするなんて、三十年前に誰が思い描いただろうか。インターネット上の通貨や国家が夢や妄想として語られることはあったが、たった二十年ちょっとのあいだにそれが現実のものとなってしまった。自分のパソコンに向かって資産状況にため息をついたり、アメリカの大統領がSNSを用いて群衆を扇動することになるなんて、当時の感覚からすればSF映画以外の何物でもなかった。その関係の様変わりのことを考えると、二十世紀に問題視されてきた国際関係や労使関係といった社会関係はとても時代遅れで、時には現実離れしたおとぎ話のように思えてくる。

SNS上の「共有」や「つながり」が「自己表現、承認欲求、参加意識」という三点セットと共振することで、社会関係や社会構造を一変させてしまったかのようにも思える。しかしながら、「共有」や「つながり」が助長させてしまったのは、絶対的な価値など存在しないという相対主義である。相対主義とは真理や価値の普遍的な確からしさを否定し、歴史や文化によって真理や価値は異なることを主張する説である。その相対主義的な考え方はSNSで交わされているメッセージにも見られるもので、インターネットの普及と相対主義的な考え方の蔓延は結果としてポストモダンの「成果」なのかもしれない。

ではこのソーシャルメディアがもたらす相対主義は何に由来するものなのか。確かにソーシャルメディアは誰もがアメリカの大統領や世界的なアスリートや芸能人とまったく同じユーザーシップをもつことになり、原理的には公明正大な言論の場であるように見える。しかしながら、ソーシャルメディアで行き交う情報は「知る」という知的で人間的な手続きを極端に縮減する。「知る」という手続きは「わかる」とか「理解する」とか「表現する」といった知的な行動と密接に関係する。それだけに、「知る」の短絡はとても危うい。いったん集合知で「知る」があまりにも一面的に短絡されてしまうと、さまざまな判断や行動を誤った方向に導いてしまいかねない。集合知はインターネットのスケールメリットが根拠となって分析され集約された意見や考え方であるため、「難しさ」や「わかりにくさ」が価値のないものとして排除されるようになったり、世界が「知る／伝える」の短絡によってできてしまったりするリスクを常に背負っている。

この危うい短絡が加速すると、さまざまな行動が監視カメラに記録されて利用されるようになっても、監視カメラによる監視型社会も治安の維持に効果があり長短両面がある、といった短絡さが暗黙の了解事項となってしまう。さらに言えば、絶対的に正しいことなんてこの世に存在しないとわかっていても、何となく他者が主張する「正しさ」に大した時間をかけることなく同調してしまいかねない。時には同調しないと自分の立場が危うくなるのではないかと恐れ、同調圧力に易々と屈することになる。この同調圧力が倫理や道義と誤解されたりもする。その結果、世界中至る所で毎日のようにモラルパニックが頻発し、日常的にミクロな権力で包囲された生政治が世界の理解を相対主義に向かわせ、これまで積み重ねてきた「国際協調」や「民主主義」が瞬く間に「分断」と「格差」へと様相を変えていく。この危機の端緒がこの「知る／伝える」の短絡の内に見出されるのである。相対主義的な社会のあり方を政治権力や資本主義が逃さないはずはない。だからこそ「知る／伝える」の短絡には、とりわけ警戒しなければならないのだ。

「ポストメディア」的思考について

「知る／伝える」の短絡に対して警戒し批判的に思考すること。そういったメディアをめぐる批判的な言説にはいくつかの流れがあるが、本書ではポストメディアという考え方から、探究しようと考えている。ただポストメディアはインターネット以前に論じられていた古い概念で、とりたてて新しい考え方というわけではない。一九九〇年に精神分析家、構造主義哲学者、政治活動家のフェリックス・ガタリが最初にその用語を用いてから、すでに三十年以上の歳月を経過している。

ただここで改めて三十年以上も前のポストメディアという考え方を思考の中心に据えることにははっきりとした理由がある。それはポストメディアがエコゾフィーという、エコロジーのコンテクストで論じられていたからだ。このエコゾフィーという用語は、ガタリが二十世紀という同時代を批判的に考察し総括するために用いたものである。[★7]社会を解放しようとする活動家あるいは実践者であるとするならば、社会と環境との相互連関を理解しようとする生態学的態度は当然で、「知る／伝える」のエコロジーを思考することを総称してエコゾフィーとしたのである。

ガタリの批判の矛先は、スチュアート・ホールも指摘したメディアの「常識的説明」[★8]に向けられていた。マスメディアがあたかも良識や常識や正義を自分たちが代表しているかのように、事実を伝えることだ。そのような伝え方が浸透すると、「これはあり得ない」とか「こんなことあってはならない」といった反応を示し、正しさを越えて、嫌悪や拒否の反応を呼び起こすことがある。こうしたメディアを端緒としたモラルパニック[★9]が拡散すると、人びとはマスメディアが伝えていることが良識や常識や正義のようにますます思い込んでしまう。

テクノロジーの進歩、とりわけインターネットの世界規模での拡大と携帯端末やコンピュータ等デジタル技術の急速な進歩は、メディアの「常識的説明」に規模と速度を与えながら、常識的説明を大きく変容させた。常識的説明とはいわば、表現力の問題である。インターネット上では、常識的説明はまさに表現の問題に帰するようになる。このように、表現が広告に搾取され、「知る／伝える」の短絡が起こっている状況を、ガタリがかつて「ポストメディア」と名づけたメディア環境として理解することもできる。

当時ガタリがポストメディアを提唱した背景には、自由ラジオやミニテルの実験的な伝達の方法にガタリ自身が触発されていたことが挙げられる。アメリカを中心として大資本による伝達方法の寡占化を危惧し、その批判的な解答を新しいメディアの到来を期待して、「ポストメディア」という考え方で示したのである。ポール・ヴィリリオによる「端末市民」が一九九一年であったので、二人はほぼ同時期に大きな資本が寡占化したメディアの状況を、批判的に考察していたことになる。

メディアあるいはメディウムは情報の伝達や権力の監視あるいは啓蒙など、さまざまな意味と役割をもっているだけに、「ポストメディア」の系譜をたどっていくと、かなり広範な分野に及んでいることがわかる。[★10]ところが、なかなか直感的に共通点を見出したりできなかったりもする。それはメディア（あるいはメディウム）という用語の意味内容がとても広範に及ぶからだ。そのせいもあって、論じる者ごとにそれぞれのポストメディアという概念が意味するところもかなり幅のあるものになる。

いまでも日常生活のさまざまな局面で、「私はアナログ人間なので」という言葉をしばしば耳にする。パソコンやスマホを使うことになじめない人のことを意味するようである。実際に「アナログ人間」を使う局面の多くは「自分はパソコンやスマホを使いこなせなくて時代についていけてない」といった自虐的な表現になっている。日常生活のなかでスマホに依存しているのではないかというくらい愛用している人たちのことを「デジタル人間」と言ったりはしないので、「アナログ人間」というのはどうやら「時代遅れ」の比喩的な表現になっているようである。

「アナログ人間」が戸惑うのも無理はない。いつの間にかネットでしか買えないモノが増えてしまったし、チケットの予約もスマホやＰＣでしかできなくなってしまった。スポーツの中継もネットでしか見られないものが多くなっている。とりわけ、モノとの関わり方あるいはモノをめぐる考え方は誰もがふと疑問に思ったり、考え方を変えようと思ったりしているかもしれない。

デジタル化は日常生活を劇的に変化させたが、結果としてモノをめぐる奇妙な現象もたくさん起こっている。ネットで本や生鮮食品を注文して、トラックで運ばれてくる。いまや当たり前になっている日常も、よくよく考えてみるとかなり奇妙なものである。本やペットフードあるいはブランドのチョコレートを運ぶためにトラックが行き交うようになり、道路が整備されたり、ガソリンや電気が消費されている。デジタル化は自動車を電化させたり、人やモノを空輸しようとしている。さらには半導体が不足するとデジタル技術をハードウェア面で支えている電子部品が不足し、車や家電製品も製造できなくなる。つまり、デジタル化が進めば進むほど、大量消費と大量流通の流れが加速し、モノとヒトの移動は大きくなり二酸化炭素もどんどん排出される。デジタル化が地球にダメージを与えているのだ。しかもその大量消費と大量流通のきっかけはＳＮＳなどあらゆるところに仕込まれていて、人びとを四六時中消費の渦に巻きこもうとしている。こうなると、モノをめぐる思考はもはやメディア論的思考を更新する上でも、避けて通れない重要なテーマであることは間違いない気がしてくる。

ポストメディアは新しい唯物論か

哲学者はメディアに期待する。なぜならば、モノを考える実在論にひとつの道筋をつけたいからだ。実在論というのは、ちょっと直観しづらい哲学的なアプローチのひとつで、人びとの認識や知覚に依存せず、事物の客観的な存在を探究し、それを正しい考え方の基準としようとする哲学的な立場である。

〈わたし〉という意識や主観とは独立してモノが存在していると考えることについては、直観的な理解がなかなか難しい。哲学が考えることを至上命題にしている割に認識や知覚を介在させないのはなかなか厄介なディレンマのような気がする。実在論の意味する事物とはいわゆるモノを意味するだけでなく、観念や知識も事物として見なして考えようということらしい。

ここにインターネット上で積極的に論考をブログに載せたり動画配信サイトでレクチャーをおこなう新しい実在論の哲学的な運動が登場する。思弁的実在論（speculative realism）と呼ばれるムーブメントがそれだ。[★11] 思弁的実在論は、カンタン・メイヤスーの『有限性の後で』[★12]に衝撃を受け「オブジェクト指向哲学」を提唱するグレアム・ハーマン[★13]を中心に、メイヤスー、レイ・ブラシエ、[★14]イアン・ハミルトン・グラント[★15]ら四人の初期メンバーによって二〇〇七年ロンドン大学ゴールドスミス・カレッジで実施されたワークショップが起源だとされている。

このムーブメントは多方面に影響を与えてきているが、『なぜ世界は存在しないのか』で脚光を浴びているマルクス・ガブリエル★16らの合流も見られ、「新しい実在論（新実在論、新唯物論）」と総称されたりもしている。見方を変えれば、インターネットから生まれた哲学のムーブメントであると言ってもよい。分厚い書物が権威的な雰囲気を醸し出す支配的だった従来の哲学とは異なる運動で、運動そのものにはとても新しさがある。

僕だけではないだろうが、送り手と受け手との関係を媒介するメディアが何か独立したイキモノのように感じてしまうことがある。操作しなくてもモノ同士が僕たちの意図を汲んで、やりとりしているように錯覚したりすることもある。スマホにしてもパソコンにしても、それがメディアとして成立するためにはさまざまな相関が必要条件である。にもかかわらず、メディアを独立した実在として思考することは、思考実験としては非常に魅力的に思える。ただ、デジタルの世界、つまりプログラムのレベルには必ず人間の操作という行為が入っているように、人間の存在から逃れられない。つまりスマホを人間の存在抜きで考えることは事実上不可能である。

しかしながら、「知る／伝える」のエコロジーをめざす僕の立場（メイヤスーからすると、それも「人間」や「関係」に重きが置かれていることになるのかもしれないが）からすると、「思弁的実在論」は人間の特権的優位性を批判しようという点でとても興味深い。人間ってそんな偉いのか、という批判を哲学の立場でおこなうことは魅力的である。

確かに、人間をめぐる立場や地位をもうすこし低く見積もってもいいのではないかと僕もかねてから考えていた。「人間は考える葦である」という考え方や「プラトンの洞窟」という物語がそうであるように、知的存在としての人間の理性を何よりも重視する姿勢である。いささか人間を買いかぶりすぎているのではないか、とずっと感じていた。それが近代科学や近代社会と反応し、「主体」「自己」あるいは「個人」といった、人間をめぐる立場や地位をあまりにも優先的に高くしてしまって思考したり理論構築した挙げ句、そうした考え方そのものがさまざまな面で取り返しのつかないことが起こっているかもしれないのだ。とりわけ地球温暖化による気候変動や生体の経済的な取引による生態系の破壊などエコロジーに関連する諸問題は、人間をめぐる立場や地位を最優先で考えてしまったことのなれの果てである。

またＡＩ（人工知能）が労働や生活のあらゆる営為に置き換わってしまうことに、多くの人たちはある面では（医療の診断技術が向上したり）期待しながらも、拒否反応や不安も示してもいる。拒否反応や不安が出てしまうのは、「人間とはどんな存在か」ということがわからなくなり、生き方そのもののゆくえに不安を覚えているからかもしれない。「主体」「自己」あるいは「個人」といった、人間をめぐる立場や地位があまりにも重視されてしまったので、逆に人間というものがわからなくなってしまっているのだ。まさに「人間存在のディレンマ」である。したがって、「人間存在のディレンマ」に向き合う上で、ある種の告発として「主体」「自己」あるいは「個人」について批判する態度は、同時代の思想としては、とても新鮮で興味深い。

ところが、「思弁的実在論」や「新しい唯物論」を展開している人たちは、徹底的に相関主義（correlationism）に対する批判的な立場を取るという点で共通している。とりわけ思考とモノの相関関係の外部を思考することはできないと批判したいようである。ここが僕にはどうにも馴染めない。

人間は世界や宇宙あるいは地球を「ある」と思っている。でもそれらは、人間がどう考えようと、人間がこの世に登場する以前から「ある」。このことを思弁的実在論の中心人物の一人であるメイヤスーは重視する。思弁的実在論の基本的な考え方はどうやらここにある。人間がそれを世界とか宇宙とか地球とか呼ぶ前から、人間とは関係のないところで「ある」状態があったはずだ。ここから「ある」状態、つまり実在を考えようというのが思弁的実在論のストーリーである。

確かに、人間にまつわるさまざまな問題、たとえば社会や経済あるいはコミュニケーションの問題が自然から切り離されて考えられてきたことに対する批判的な考え方は、気候変動などから地球環境を守るといった観点からも、とてもわかりやすい問題意識である。そして、先に挙げたように、このことは「主体」「自己」あるいは「個人」といった、人間をめぐる立場や地位をあまりにも優先的に高くしてしまったことに対する批判として受け止めることもできる。

ただ向かう方向性や議論のあり方は、信頼や知的誠実さという点でなかなか厳しいものがある。偶然性を論じるのはいいけれど、どうにも譬え話が胡散臭い。なぞなぞのような話やSFのような話になってくる。「カントールの数学と倫理」とか「モノが語り出す」とかになってくると、メディアのエコロジーを考える上では、援用できない参照ばかりである。同時代的な問題として、たとえばディープウェブなどで地下経済のように反動的な地下活動を進めている人たちにとって、「カントールの数学と倫理」とか「モノが語り出す」は笑い話でしかないだろう。メディア論の提言として耳目を集め信頼性のある言説をここから導き出すのは、なかなか難しい。

僕のメディア論にとって、なぜ思念的実在論や「新しい唯物論」が気になる動向として映って見えたのか。その理由はとても簡単だ。データやアルゴリズムはモノのように見なされたり扱われることも多いが、そのことをどのように理解しておけばいいかという問いの参照点に、思念的実在論や「新しい唯物論」がなるかもしれないと考えたからだ。いまや日常的に「データ、あるよ」と何の疑問もなく口にしているし、計算結果としてのファイルやフォルダーに関して「確かにネットに上げたと思う」などと、データに何の抵抗もなくモノとしての地位を与えている。その一方で、他愛のない日常の延長線上に、実は個人情報の保護やプライバシー問題、国家ぐるみのサイバーテロあるいは行き過ぎた情報資本主義の加速化など、目を背けてはいられない課題もたくさん横たわっている。もはや現実は思念的実在論や「新しい唯物論」のはるか先を行っているのかもしれない。だからこそ、新しい実在論に耳を傾け、データやアルゴリズムを基礎とするメディアテクノロジーに振り回されたり、無批判にそれを加速化させる人間のあり方も探究することができると考えるのも不自然ではない。「主体」「自己」あるいは「個人」について批判する態度や認識論が肥大化しているのではないかという、思弁的実在論がもつ批判的な態度には共感できる。それはコミュニケーションを資本主義の悪循環から脱却させることはできないかという問題意識をもっている僕のメディア論的思考にとっても、とても魅力的である。ここから以前には気づかれることのなかった問題点を浮かび上がらせたり、新しい議論の切口を見出したりすることも、可能になるかもしれない。

以前から人間と機械、自然と文化、個人と社会／環境といった二分法を越えることを意図したブルーノ・ラトゥールのアクターネットワーク論[★17]、ジルベール・シモンドンの個体化論[★18]など、個体が実体なのか概念なのかという問いで論じられてきた哲学的な言説は少なくない。しかしながら、それらの多くが科学や技術をテーマを扱っている割に、相対主義に偏向したり、科学や技術の用語を不用意にレトリックとして濫用している点が大いに気になる。思弁的実在論関連にもそうした「理論」への偏向が見え隠れしていて、僕にとって信頼に足るものではない。実在とか唯物論でメディア論を語ることの困難が露わになっているとも言える。

エコロジー思想としてのポストメディア

哲学者がポストモダンだ、思弁的実在論だと言いつつ、科学や技術の専門用語を弄びながら言葉遊びに終始しているうちに、地域紛争の深刻化、地球環境のさらなる悪化、巨大メディア産業の寡占、あるいは新自由主義の暴走、貧富の差の拡大など、歯止めの効かない状況は出口が見えなくなってしまった。
その点（ポストモダンの哲学者の一人としてされていながら）ガタリが提唱したポストメディアはポストモダン以降の考え方を示唆していたように思う。さらに言えば、ポストメディアが従来のメディアに取って代わるものとして構想されただけでなく、「エコロジー」あるいは「エコゾフィー」を念頭に常にメディアのあり方が刷新されなければならないことを提唱したことは、思想のあり方として今日に接続している。ポストメディアが「知る／伝える」をめぐる「エコロジー」あるいは「エコゾフィー」として構想されていたことには、その継続性や持続性という点からも改めて再評価すべきであろう。
ガタリは、エコゾフィーという倫理的かつ政治的な態度を明確にしながら、自然、関係、精神という三つのエコロジーを統合的に探究する態度が必要だと提唱した。このガタリの態度は、イルカのコミュニケーションから生物進化まで、自然界で起こっている、さまざまな事象を統合化するものを精神と位置づけ、その精神のエコロジーに向き合うべきだと提唱した、グレゴリー・ベイトソンに由来する。★19
振り返ってみると、僕はベイトソニアンとして二十代の頃から三十年以上にわたって、ベイトソンの同時代的な意味を常に考慮に入れながら、「知る／伝える」のエコロジーの探究と実践を続けてきた。論考として記述するだけでなく、図書館や文化的複合施設のプロデュースやアートプロジェクトなどに関わる実践のなかでも追究してきた。実践を通じて、「知る／伝える」行為には地球環境と同じようにエコロジーという考え方が必要になっていることを実感している。その点でも、精神にエコロジーの考え方が必要だと主張していたベイトソンは、エコロジーを先導する思想家としては間違いなく先駆者のひとりであると僕は思う。ベイトソンのコミュニケーション論は伝達形式をめぐる論考であって、決してコミュニケーションを表現の形式や行為そのものと同一視などしていない。とりわけベイトソンの一貫した再帰的な思考は、一見神秘主義的なものに見えながら、きわめて論理的である。

ベイトソンは従来の精神と物質とを分離するデカルト的二元論で問いを立てるアプローチを重視する姿勢に疑問を呈し、人類学者であり社会学者であるピーター・ハリス・ジョーンズが総括したように、[20]自己の行為の結果が自己に戻ってくるという再帰的な観点（a recursive vision）をエコロジカルな態度としての必要条件とした。再帰的な観点のなかには、たとえばメタ・コミュニケーションのようにパターンの背後にあるパターン、構造の裏にあるプロセスを探究することも含まれる。その一方で、現在エコロジーのスタンダードが二酸化炭素排出量などバイオマスの積算と分析で考えられてしまうことに異議を申し立てた。植物や動物にも複雑で曖昧な生命維持のゲームがあるように、人間の複雑で曖昧な「心」にも生と死をめぐるゲームがあるかもしれないからだ。そして何より、ウィットに富んでいて魅力的で独創的である。再帰的な思考とは、ある事象について記述するにあたって、記述しているものそれ自身への参照が、その記述中に出現することを言う。「クレタ人のパラドックス」は再帰（あるいは「自己参照」とも言われる）の典型的な例である。

ベイトソンが提唱した「メタ・メッセージ」はまさに再帰的な思考の賜物である。メタ・

メッセージとは、メッセージには元となるメッセージのなかにそれを説明するメッセージが参照として出現することを言う。たとえば、動物が動物同士でやる「甘噛み」はその典型である。ネコは甘噛みをしながらじゃれ合いというコミュニケーションをおこなう。甘噛みがじゃれ合いというゲームのメッセージになっているのだ。このようなメタ・メッセージを読み取るコミュニケーションを、ベイトソンは「メタ・コミュニケーション」とも呼んでいる。

人間と自然のあいだ、あるいは人間同士に、メタ・コミュニケーションのようなメッセージの再帰は無数におこなわれている。その再帰性を観察し、そのパターンの把握やそれらの階層性の違い、コミュニケーション能力をもっているかどうかが考慮されて、より深い理解につながることが構想されていく。そうした観察と記述を丁寧に続けていけば、必然的に「主体」「自己」あるいは「個人」を重視した認識を打ち破ることができるかもしれないとベイトソンは考えていた。そのことも、僕がいまだにベイトソンを折りに触れて参照する理由でもある。

そうしたベイトソンの観点に立てば、二〇四五年問題とも呼ばれるAIが人類を超えるシンギュラリティ（技術的特異点）についても、腰を据えた議論ができるような気がする。シンギュラリティをめぐって、「心」がAIに組み込まれてよいか悪いかといった議論になってしまうのは、どうしてなのかという気もするが、そもそもAIが人間の知能を超えるということが議論されること自体、おかしなことのような気がする。

AIが自分で自分のプログラムの意味を理解し、ソースコードを書き直したりすることを実現するためには、ハードウェアのアーキテクチャという観点からも、あるいは計算理論という点からも、まだまだハードルは高い。したがって、シンギュラリティはひとつの挑発として考えるのが妥当である。挑発することで投資が進み、研究開発の飛躍が期待できるからだ。投資というマネーゲームは挑発が常套手段だからだ。

ＡＩについて脳と心の一体化に抵抗する哲学者も、そんなにムキになって批判する必要はない。科学が証明に使う還元論的な実証性だけで世界はできているわけではもちろんないし、人間は還元論的に何かを知覚したり行動したりしているわけではない。もちろん森羅万象を科学で記述し人間のあらゆる判断をＡＩに委ねることなんて、当の科学者や技術者だってできるとは思っていない。無批判に還元論的な実証性だけで思考された結果、社会全体が原子力利用を誤ってしまったように、事態を間違った方向に向かわせてしまうリスクが問題なのだ。

ＡＩ利用については、ジョック・ヤングが言うところの、データベース技術を駆使した保険統計主義[★21]が重視されるあまり、効率のよい予測による分断や排除だけが社会規範となってしまうことに大きな危うさをはらんでいる。心の問題というより、テクノロジー利用のヒューマンエラーがわかりにくくなってしまい、擬似的な振る舞いと実際の振る舞いとに違いがなくなってしまうことが問題なのだ。振る舞いを誘導することが権力だとすれば、それはそれでＡＩそのものが権力となってしまう。

もちろん複雑で曖昧な「心」は人間だけに備わっている天賦であるといった、心に特権的な地位を与える「心の絶対主義」も思考を誤った方向に導いてしまう。これまた人間優位の間違った思考に陥ってしまう危うさでもある。人間にどのような出番を与えるのか。それがもっとも重要な問題となりつつある。

科学は科学で経験の曖昧さや知覚の奔放さを嫌い、科学的な実証性を洗練化させ、画期的な発見をこの二百年くらいのあいだに次から次へと世に送り出した。その成果の一部は技術開発に応用され結果として人間の寿命を延ばし、さまざまなテクノロジーの普及によって人びとの生活を便利にしてきた。細分化する専門分野が科学的発見を洗練化させる時代にあって、ベイトソンの思想は、情緒的な自然保護や自然賛美とは異なった自然との関わりのあり方を模索しているとも言える。

ベイトソンはゲームを解読する基本的前提に関係を据えるべきであると主張した。その本意は観察できるあらゆる現象のなかにパターンの背後にあるパターンを再検証し、自然界が組織化される原理的なプロセスを再発見するところにあった。

バイオマスを中心的な考え方に据えて地球環境の保全を追究している科学的観点から、関係のパターンを読み解きながら自然も精神のひとつだと捉え、包括的かつ一元論的なエコロジーに切り替える必要があるとベイトソンは構想していた。同様に僕も「知る／伝える」という意志や行為を情報のパターンで読み取き、これらの情報パターンを知覚することによってのみ、知的行為や記憶といったとらえどころのない統一または統合を明らかにできるはずだと考えている。

メディアという関係の原資を探究しようという僕の野心は、「知る／伝える」のエコロジーを思考するための新しい方法論の確立にほかならない。それにとどまらず、その探求と実践をとおして、人間の脳＝心の領域でいまも日夜繰り広げられている、「知る／伝える」のエコロジーを思考することも必要だと考えている。個の「自己表現・承認欲求・参加意識」が肥大化しそれが資本化してしまった事態を修正し、現代アートや社会起業などを巻き込みながら僕たちの「知る／伝える」意味を取り戻そうというのが、僕がめざすポストメディア運動である。

二十世紀後半のポストメディアは、言うまでもなくインターネットをめぐるメディア環境である。メディア環境の同時代性を考える上で、もはやインターネットなしに考えることは不可能である。だからといって、先にも述べたように、インターネットがもっている分散環境や相互リンクのアーキテクチャに依存しているSNSが特別なのではなく、インターネットの相互リンクが広告的コミュニケーションを呼び込むように商業化されてしまったに過ぎない。インターネットになぜ「知る／伝える」のエコロジーが必要なのか。簡単に言えば、資本主義のなれの果てが、インターネットになってしまったからだ。だからと言って、インターネットが何を変えたか、SNSで社会はどうなったか、あるいはAIによって社会はどう変わるのかという議論はあまり意味はないように思う。すくなくとも僕にとってはどこか遠いところで起きている火事のようで興味がもてない。そのほとんどが先に挙げた広告的コミュニケーションや資本化のプロセスに関する話に帰結してしまう恐れがあるため、「知る／伝える」のエコロジーを目的としたポストメディアの議論としては、決定的に何かが欠落しまうように思えるからだ。

ベイトソンの人間の脳＝心を精神として統合化し、サイバネティクスやコミュニケーションという形式で論理的に解読しようとするアプローチは、いまだにメディア論にとっても、ポストメディアという運動にとっても、先鋭さを失っていないように思う。言い方を変えると、科学的であるようでいてベイトソンの思想は心地よい謎に包まれている。この謎は鋭い問いからできているので、その問いとじっくり向き合って、答えを丁寧に探っていくことを通じて、僕たちは「知る／伝える」のエコロジーの核心に近づいていくことができるはずである。

表現者としての端末市民

さて、「知る／伝える」のエコロジーを探究したり実践したりするうえで、どうしても考慮に入れておくべき問題がある。それは先に述べた「主体」「自己」あるいは「個人」を重視した認識をどれだけ低く見積もってゆくかという問題である。難問である。難問ではあるが、ここにはたくさんの乗り越えるべき問いが詰まっている。この問いに向き合うために、ちょっと迂回して考えてみることにする。

八年近く激しい内戦の続くシリアから逃げてくるシリア難民たちは、船に乗り歩いたりしてギリシャにたどり着く。たどり着けた難民たちはまだラッキーだ。途中海に転落したり、病気になったりして命を落とす者も一人や二人ではない。まさに命がけである。命からがらギリシャをはじめとして、ヨーロッパ各地の都市にたどり着いた難民がまずはめざすのがマクドナルドだ。ハンバーガーを食べたりコーヒーが飲みたくてマクドナルドに集まるわけではない。スマホの電源とWi-Fiを求めて集まって来るのだ。スマホを充電してWi-Fiを得た難民たちは、SNSなどで連絡を取りながら次の行動をそこで決める。接続している状態が人間の証。そう思えるほどのエピソードである。

こういう話がさまざまな場所で聞かれるようになるにつれ、あるいは報道等でそういったことが伝えられるたびに、僕はいつも妙な気分になる。もともとシリアの内戦は二〇一〇年のチュニジア革命[★22]を発端とした「アラブの春」[★23]がもたらした結果ではなかったのか、だとするとソーシャルネットワークが「アラブの春」をもたらしたと主張する人もいる[★24]くらいだから、シリアの内戦はソーシャルメディアがもたらした「なれの果て」であるとも言える。

一部の国家権力の指導者たちやそれを支えるテクノクラートたちは「アラブの春」から何を学んだか。炎上や拡散はこれまでの民意とは違うかたちで形成されることを目の当たりにして、検閲や弾圧にそれまでとは違うスピード感が必要だと学習したのだ。実のところ、中国やロシアはその後、信じられないほどの速さで検閲や弾圧の方法を洗練化させていった。

国家権力だけでなく、インターネットを使う一般の人びとも、フェイクニュースやデマの拡散、あるいはヘイトスピーチ、SNSによる個人への誹謗・中傷など、対立や分断あるいは差別を助長する表現に関与したり流通させてしまうことにもなった。インターネットをめぐる表現についての議論はこれまでも多く見られてきたし、これからも重大な問題として向き合うことになるだろう。

さらには、インターネット上の表現がどんな共同体（メンバーシップ）をつくるのか、そこから得られる利得や矛盾を分析する方法についても改めて問われることになろう。

文化研究、メディア研究あるいはジャーナリズム研究などメディアを対象とする領域では、オーディエンス研究をひとつの柱にして研究が積み重ねられてきた。いわゆる視聴者と呼ばれるメディアの受容者を対象とした分析である。たとえば、文化研究の先駆であるスチュアート・ホールがメディアについて批判的に論じる際に用いた受容／抵抗のパラダイムは、支配的な価値観や権力をメディアを通じてどのように受容し、それに対して抵抗するための分析をおこなう方法論だった。しかしながら、これだけ端末からインターネットに接続した状態が社会的な関係をつくり出し、ユーザとしてさまざまな個人を使い分けながら「端末を使うユーザ」として接続状態にあるという日常は、社会集団をますます多様化させている。また一人の人間がメディア機器を活用して、複数の集団に所属し続けることも容易になっている。その受容／抵抗のパラダイムは今でも有効に機能しているだろうか。

そのパラダイムを論じる上で、ここではとりわけアイデンティティが問題視されてきた点を取り上げておきたい。「主体」「自己」あるいは「個人」が重視され、個人と社会との関係という文脈からアイデンティティが抽出されメディアの受容について論じられている。個人と社会との関係という文脈でもアイデンティティが重視されてきた。ただよくよく吟味してみると、アイデンティティという考え方そのものがそもそも社会構成主義的、つまり社会を構造としてア・プリオリに想定していて操作的で胡散臭く思えてくる。アイデンティティという用語を一般化したのはエリク・エリクソンだとされている。エリクソンはアイデンティティについて大きく分けて二つの定義を与えている。ひとつは自分自身のなかにある特有性を自己同一性として維持していくこと。もうひとつは人間の本質的な特性を永続的に他者と共有すること。この二つをアイデンティティの定義とした。[★25] ただこのアイデンティティという用語には、操作的な手続きが用意されているように思う。どうも個人の自己同一性という意味が流通し過ぎてしまって、いろいろな齟齬が起こっているような気もする。アイデンティティは権力側に好都合な分類として使われてしまうことも少なくなく、マイノリティにアイデンティティを強制しているのはむしろ権力の側であることが多い。マイノリティというのはもはや少数という意味ではなく、アイデンティティという強迫観念を強いられている人たちのことを意味すると言ってもよい。つまりアイデンティティがマイノリティをつくったとも言える。

便宜上の分類でしかない「日本人」や「アフリカ系アメリカ人」という強迫観念は、「日本人」や「アフリカ系アメリカ人」について考えたり表現したり議論したりすることによって、いつの間にか「日本人」や「アフリカ系アメリカ人」が主体として個人に内面化されてゆくことになる。アイデンティティはいろいろな局面で障害となり、むしろ分析のボトルネックとなっているのだ。ここを抜け出さない限り、「近代という病」からは抜け出せないのではないか。アイデンティティを暗黙知とするオーディエンス論はメディア論としての公正さや客観性を欠くのではないか。この主体への刷り込みはメディアが加担してきたのではないか。そうした疑念や問いに、僕は「端末市民の連帯意識」を思考していた一九九〇年代からずっと向き合ってきた。

先に挙げた「シリア難民」は権力者や既成のメディアからアイデンティティの強迫観念を押し付けられている人たちだと僕は理解している。権力争いによって死に直面し日常生活を奪われ、国境を越えて逃げてきて、公民権がなく社会保障が受けられなくなった人たちに、既存のメディアは国境を越えてきたならず者のごとく、あるいは国家というアイデンティティを失った哀れな浮浪者のごとく、「難民」というアイデンティティを強いている。この強制もまた暴力以外の何物でもない。見世物として好奇心に沿うような言説が付加され、「移民」や「難民」を柵で囲って「国民」から分断し特別な存在に仕立て上げるかのようにオーディエンスには伝えられる。この結果、「移民」や「難民」が膨大な数にのぼってもマイノリティというアイデンティティを刷り込んで、「移民」や「難民」に、差別という空爆と同じくらいの辛苦を与えるのである。

いわゆるカルチュラル・スタディーズの研究者や知識人は「発話の位置 speaking position」にとても意識的だ。つまり自分だけが「アラブ系フランス人」「ホモ／ヘテロ」「男性／女性」といったことを語る資格があると言わんばかりに、自らの境遇や立場をアイデンティティと呼んでカテゴリー化し、自らの主張を正当性しようとする。ここに僕はどうも落とし穴があるように思えてならない。その態度を貫いてしまうと、主張がどうしても当事者意識や自らの出自や経験だけに収斂し自閉した状態に陥ってしまうため、言説として客観性をもち得ず、かつ多様で柔軟な対話がむずかしくなってしまいかねない。植物になったこともないのに、植物の研究なんできるはずない、と言われているような気になってしまう。アイデンティティという考え方と多文化主義を維持し寛容を呼び出すことによって、かなり定式化された個人主義しか立場として取り得ず、この窮屈な選択肢しか残らないことになってしまう。[27] ここも僕にとってはずっと気になってきた点である。

オーディエンスがアイデンティティという考え方で分析されようとしていることも、僕の「メディア論思考」にとっては見過ごせないことだった。アイデンティティという立場を特定したオーディエンス分析は、論じ方としては安定した方法を提供するかもしれないが、ユーザという マジョリティのことを考えると、アイデンティティによる素朴な共同体意識ではインターネットにはなかなか通用しない。したがって、アイデンティティはインターネットのメディア論には通用しないのではないかと感じていた。

メディアの受容は否応なくメディア原理に帰結する。テレビやラジオは特定の周波数の電波を受信機で受信することから始まる。受信機がどんな受信をしているのかが重要で、アイデンティティなど「発話の位置」を前提としてしまうと、受容者の立場を固定的なものにしてしまい、「主体」「自己」あるいは「個人」に回帰してしまうようなレトリックに回収されがちである。一九九〇年代に「端末市民の連帯意識」をメディア論的思考として論じるときにも、「主体」「自己」あるいは「個人」への回帰をかなり警戒しながら論じた。いや、むしろそれに抗うために、端末市民という端末を使い接続状態によって人間の平等や自由という倫理的価値と尊厳を重視する、世界市民のような存在を想定したと言ってよいかもしれない。「知る／伝える」のエコロジーをめぐって、ポストメディアとともに僕が重視してきたのは端末市民という、平等という倫理的価値と尊厳をもっているある種のコスモポリタニズムである。

したがって、僕にとってのポストメディアとはコスモポリタニズムとしての端末市民をじっくりと考えて論じていく思考と実践でもある。それを通じて、僕たちは「知る／伝える」のエコロジーの核心に近づいていくことができるはずだと考えている。

支配的なイデオロギー（たとえば一党独裁による政治的な支配の権力や男権社会の深層など）をメディアをとおして受容することはいまでもしばしば出くわすことだ。ニュース原稿のなかにも、ドラマのシナリオあるいはアイドルのつくられ方にも、そんな支配的イデオロギーは静かに、そして確実に暴力として浸食している。教育よりも影響力が強くスピード感があるため、その支配的なイデオロギーは教育では手に負えない事態にもなったりもする。もちろんオーディエンス論は、そうした暴力的な受容に対してどのような抵抗をしているのかという批判的な分析を目的として展開されてきた。特定の民族や階級あるいはジェンダーを基準とした集団を想定して、支配的なイデオロギーがメディアが伝える内容によって押しつけられることにどのように抵抗できるかという、実践的な意義深いモデルである。北海上からオランダに向けて放送を続けたラジオ・ベロニカ（Radio Veronica）を草分けとして、一九六〇年代から海賊ラジオやゲリラＴＶなどがヨーロッパの各地で誕生した。★28 この独立系メディアはまさに批判的な観点からメディアそのものをＤＩＹで所有し、国家権力に掌握されないという抵抗の姿勢を実践するという試みであった。これらはコスモポリタニズムとしての端末市民の起源でもあるし、ガタリによるポストメディアの提唱もまさにこの延長線上にある。

現在でもインターネット上には、独立系を標榜するインターネットラジオが数多く運営されている。ただデジタル技術の相互作用性は人間の知覚と経験を超えた速度と規模で、人間を疎外の状態に追い込んでしまうこともあるし、監視と検閲も緻密かつ広範におこなわれる。人びとが接続状態にあるとき、アカウントとも言われるユーザＩＤは、まさにインターネット上のアイデンティティとして用いられている。銀行口座にアクセスしたり買い物したりするときには、それぞれのアプリでログインすることが求められている。運営する側からすると、認証という手続きでログインしようとしているユーザが本人であるかどうかを特定しなければならない。それはまさにアイデンティティの応用である。ユーザというアイデンティティの挙動はなかなかおもしろい。アカウントやＩＤをつくっているのがユーザ自身である。それにもかかわらず、ユーザが自己表現、承認欲求、参加意識を発揮すればするほど、そのアカウントやＩＤではそのユーザがつくったアイデンティティがそのユーザ自身から離れ、逆にそのユーザを支配するような疎遠な力として現れる。その疎遠な力が強くなると、そのユーザは人間があるべき自己の本質を喪失してしまうこともある。まさにユーザ・アイデンティティの疎外である。

いまつい「力」と書いてしまったが、この力はもちろん物理学的な力と大きく異なっている。端末市民の接続状態は「計算」によって成り立っている。計算を計画し実現しているのはもちろんプログラマやエンジニア、つまり人間である。計算の結果を享受するのも人間である。ところが、その過程でいろんな相互作用が起こることを前提にしているのもインターネット上で起こっていることの特徴である。この相互作用はそして「力」は最終的には、「間メディア性（Intermediality）」[★29]に依存している。

間メディア性という異なるメディアを介した言説や行為の相互作用も、インターネットは速度と規模を伴ったデータとアルゴリズムに抽象化してしまう。そうした速度と規模を伴ったデータとアルゴリズムの分析に、アイデンティティを前提としたオーディエンス研究が有効に働くかと言えば、もはやむずかしいと言わざるを得ない。端末市民のコスモポリタニズムはその実、「計算」によって成り立っているから、アイデンティティは計算上の便宜に過ぎない。「主体」や「自己」といった考え方も計算上の相対的なものに過ぎないのだ。

インターネットがもたらす間メディア性は、古くて意味がなくなっている習慣や制度をあっという間に解体する力をもつと同時に、美学的な統合をもたらす表現力も兼ね備えている。ハイパーテキストによる相互リンクがＳＮＳの「いいね」をもたらし、通信技術の圧縮技術が動画配信サイトを実現したように、インタラクティヴ性は単なる形式の融合ではなく、表現力そのものを大きく前進させてきた。この表現力が働くことや衣食住のエコロジーをもたらすことは、すでに多くの試みがあって実感できるレベルになっている。もちろん伝統的な美術におけるメディウム論（ポストメディウム論）、アナログメディアとデジタルメディアの相互関係など、間メディア性はさまざまな局面で露わになっている。イメージとサウンド、言語と音楽、新しいメディアと美術館や劇場といったマルチメディアの関係[★30]もそれに含まれるし、ゾートロープやソーマトロープあるいはパノラマ装置といった動画装置と映画との関係、アートにおけるビデオディスプレイやプロジェクターを用いたインスタレーションという表現形式などにも間メディア性は認められよう。また、メディアがもっている技術的な機能や目的を大きく逸脱して、さまざまな形式の表現の同時性をもたらすこともある。

常にインターネットをはじめとする間メディア性から立ち現れるコスモポリタニズム、つまりすべての人が地球市民の一員として、また「人類」という種として、自由や平等という倫理的価値と尊厳を維持しなければならないことがますます重要になっていると僕は思っている。[★31]「知る／伝える」のエコロジーが更新されなければ、資本主義の暴走を止めることなどできず、地球環境の保護などとてもおぼつかない。

端末市民を基礎とするメディア論的思考は、自らの属する民族・国民・国家を超越して、ベイトソンがそうであるように人類という種だけでなく自然環境も包括的に同胞と見なす世界観だから、当然とりあえず国家の「主権」思想、たとえば国家主義者または共同体論者（コミュニタリアン）[★32]の立場と向き合い乗り越えなければならない。

インターネットが間メディア性を日々拡大させ、その間メディア性が資本主義の餌食になっている以上、端末市民というコスモポリタニズムに基づく「知る／伝える」のエコロジーはますます重要になっていると僕は考えている。もはやインターネットはTCP/IPという通信規約を規制原理として、国民国家が否応なく背負っている排他性を克服できることを事実上実証している。これはコスモポリタニズムという点からはあまり論じられることはないが、実はとても革命的である。国家主義者または共同体論者（コミュニタリアン）を乗り越える実践としてもあるいは倫理的な思考にとっても、インターネットは思想的な基盤を提供しているように思う。その倫理的なコスモポリタニズムこそ、そもそも僕のメディア論的思考にとっての「端末市民の連帯意識」の核心である。[★33]本書はそうしたコスモポリタニズムとしての端末市民をめぐって、とりわけ自由や平等という観念の倫理的価値や尊厳について、さまざまな観点から探究してきた論考の集成である。

本書が論じるポストメディアは「次のメディアとは何か」という未来学などでは決してない。「知る／伝える」をめぐるエコロジーを論じるものであると同時に、端末市民として生き続けるためにはどのような政治的な態度が必要かというメディアポリティクス論にもなっている。

ガタリが構想した「知る／伝える」をめぐるエコロジーは、いったん一九九〇年代にはインターネットとして実現されたように見えた。しかしながら、そこに新自由主義を根拠とする、グローバリゼーションの波がどっと押し寄せて、企業統治が進行し、相互監視あるいは警察国家化もすっかり一般化してしまった。この企業統治が先に述べたように、インターネットのさまざまな利用に広告表現を呼び込んでしまい、この「知る／伝える」をめぐる負の債権は時々刻々と蓄積している。

「知る／伝える」をめぐるエコロジーにとって、新自由主義はかなり難敵である。市場における国家の介入を退けるという前提がありながら、税制や規制によって自由な競争を促しているという点では、国家による介入が必要条件になっている。このデヴィッド・ハーヴェイが指摘した矛盾[★34]が解消されることもなく、インターネットは「知る／伝える」の標準的なプラットフォームになってしまった。市場の自由からいったん撤退して、本当の意味での豊かさと多様性をもういちど発見しなおすことが、コスモポリタニズムとしての端末市民にとっては必要になってきている。

端末市民を基礎とするメディア論的思考はいまや、「メディア」との新しい契約の形態を、積極的につくり出さなければならない時期にさしかかっている。新自由主義の矛盾に満ちた「自由」を乗り越えない限り、「地球環境保護」などという考え方もまだほんとうの意味にたどり着いているとは言えない。インターネットとの新しい契約の形態を、表現力を駆使して更新し続けることがメディアのエコロジーと呼べるものだ。メディアのエコロジーを、技術の面から、そしてコスモポリタニズムとしての端末市民という側面から、あるいはテクノロジーを駆使して表現し続けること、そして人間と自然、人間と社会、人間と芸術を思考し続けること。そのメディア論的思考が「ポストメディアの条件」にほかならない。

では、ここに願う。本書によって、「メディア・エコロジー」の扉が開かれんことを。

註

★1 桂英史『メディア論的思考――端末市民の連帯意識とその深層』青弓社、一九九六年

★2 ポール・ヴィリリオ（市田良彦訳）「領土安全保障の終焉」『アートラボ・コンセプトブック』キャノン・アートラボ（キヤノン株式会社）、一九九一年

★3 フェリックス・ガタリ（杉村昌昭訳）『三つのエコロジー』平凡社ライブラリー、二〇〇八年

★4 デヴィッド・グレーバー（酒井隆史、芳賀達彦、森田和樹訳）『ブルシット・ジョブ――クソどうでもいい仕事の理論』岩波書店、二〇二〇年

★5 デヴィッド・グレーバー（木下ちがや、江上賢一郎、原民樹訳）『デモクラシー・プロジェクト――オキュパイ運動・直接民主主義・集合的想像力』航思社、二〇一五年

★6 エリック・レイモンド（山形浩生訳）『伽藍とバザール』USP研究所、二〇一〇年

★7 エコゾフィーという用語は一九七三年にディープエコロジーの創始者であるノルウェーの哲学者アルネ・ネス（一九一二－二〇〇九）が提唱したもの。「環境哲学」という意味で使っていたが、いわ

ゆる「エコロジー」と同義と考えてよいであろう。アルネ・ネス（斎藤直輔、開龍美訳）『ディープ・エコロジーとは何か――エコロジー・共同体・ライフスタイル』文化書房博文社ヴァリエ叢書、一九九七年。

★8　Stuart Hall, "Deviancy, Politics and the Media," CCCS Stencilled Paper, 11, 1971.

★9　Cohen, S., "*Folk Devils and Moral Panic: The Creation of the Mods and Rockers* (Third Edition)," London: Routledge, 2002.

★10　Clemens Apprich, Josephine Berry Slater, Anthony Iles and Oliver Lerone (ed.)"*Provocative Alloys: A Post-Media Anthology*," Mute (Pml Books), 2013.

★11　グレアム・ハーマン（上尾真道、森元斎訳）『思弁的実在論入門』人文書院、二〇二〇年

★12　カンタン・メイヤスー（千葉雅也、大橋完太郎、星野太訳）『有限性の後で――偶然性の必然性についての試論』人文書院、二〇一六年

★13　グレアム・ハーマン（岡嶋隆佑、山下智弘、鈴木優花、石井雅巳訳）『四方対象――オブジェクト指向存在論入門』人文書院、二〇一七年

★14　Ray Brassier,"*Nihil Unbound: Enlightenment and Extinction*," Palgrave Macmillan, 2007.

★15　Iain Hamilton Grant, "*Philosophies of Nature After Schelling*," Continuum International Publication Group, 2006.

★16　マルクス・ガブリエル（清水一浩訳）『なぜ世界は存在しないのか』講談社選書メチエ、二〇一八年

★17　ブリュノ・ラトゥール（伊藤嘉高訳）『社会的なものを組み直す――アクターネットワーク理論入門』法政大学出版局叢書・ウニベルシタス、二〇一九年

★18　個体が実体なのか概念なのかという問いははっきりしているものの、物理学、生物学、情報学などで用いられている用語や概念が参照されるたびに論点が大きく揺さぶられるため、これを技術

についての哲学的な思考として読み取ることはかなりの困難を伴う。ジルベルト・シモンドン（藤井千佳世監訳）『個体化の哲学——形相と情報の概念を手がかりに』法政大学出版局叢書ウニベルシタス、二〇一八年。

★19 グレゴリー・ベイトソン（佐藤良明訳）『精神の生態学』新思索社、二〇〇〇年

★20 Peter Harries-Jones, "*A Recursive Vision: Ecological Understanding and Gregory Bateson*," University of Toronto Press; 2nd Edition, 1995.

★21 ジョック・ヤング（青木秀男、伊藤泰郎、岸政彦、村澤真保呂訳）『排除型社会——後期近代における犯罪・雇用・差異』洛北出版、二〇〇七年

★22 Syed Muhammad Jamal, "*Jamal, S: Jasmine Revolution in Eastern & Western Media*," LAP Lambert Academic Publishing, 2018.

★23 アラブの春とは、二〇一〇年十二月十八日の「ジャスミン革命（チュニジア革命）」を発端として始まった、アラブ世界の各地での民主化運動と反政府運動の総称である。チュニジアの民主化運動では、翌年一月十四日に約二十三年にわたるベン・アリー政権が退陣。続いてエジプトでも反政府運動が拡大し、約三十年にわたって君臨したムバラク大統領が退陣。リビアとイエメンでも反政府運動が起こり、政権交代が実現した。その民主化運動はシリアにも飛び火したが、複雑に勢力が入り乱れた内戦に発展し出口の見えない混乱が続くことにより、多くの難民が国外に流出することになった。

★24 S. Bebawi and D. Bossio (ed.), "*Social Media and the Politics of Reportage: The 'Arab Spring*'," Palgrave Macmillan, 2014.

★25 エリク・エリクソン（西平直、中島由恵訳）『アイデンティティとライフサイクル』誠信書房、二〇一一

年、一一二頁
★26 テッサ・モーリス＝鈴木（大川正彦訳）『辺境から眺める――アイヌが経験する近代』みすず書房、二〇〇〇年、一九一―一九二頁
★27 ウェンディ・ブラウン（向山恭一訳）『寛容の帝国――現代リベラリズム批判』法政大学出版局、二〇一〇年、二〇四―二一〇頁
★28 Keith Skues, David Kindred & et al, "*Pirate Radio: An Illustrated History (English Edition)*," Amberley Pub Plc, 2014.
★29 Jensen KB, "Intermediality" in "*Donsbach W (ed.) International Encyclopedia of Communication*," Malden, MA: Blackwell, 2385–7, 2008.
★30 Elisa Mandelli, "*The Museum as a Cinematic Space: The Display of Moving Images in Exhibitions*," Edinburgh Univ Press, 2019.
★31 コスモポリタニズムに関しては、ここでは古賀敬太『コスモポリタニズムの挑戦――その思想史的考察』（風行社、二〇一四年）を参照した。このなかで、古賀はコスモポリタニズムの思想について、国民国家の排他性を乗り越えようとする「道徳的コスモポニタニズム」と人類共同体の法制化をめざす「法制的コスモポリタニズム」に分類し、自由主義、反自由主義、コミュニタリアニズムといった相互に対立する識者のコスモポリタニズム論を明晰に整理している。
★32 批判を展開する代表的な思想家としては、カール・シュミット、ジョン・ロールズ、マイケル・ウォルツァー、デイヴィッド・ミラーなどが挙げられる。
★33 ここでの端末市民のコスモポリタニズムは、マーサ・ヌスバウムの「共感」コスモポリタニズムに近い。ヌスバウムのコスモポリタニズムに関しては、マーサ・C・ヌスバウム（小沢自然・小野正

嗣訳）「世界市民」『経済成長がすべてか？――デモクラシーが人文学を必要とする理由』（岩波書店、二〇一三年）一〇五‐一一三頁。

★34 デヴィッド・ハーヴェイ（渡辺治、森田成也、木下ちがや、大屋定晴、中村好孝訳）『新自由主義――その歴史的展開と現在』作品社、二〇〇七年

第一章　消失と終焉　端末市民の「残余」をめぐって

000／問いのありか

まず向き合わざるを得ない問いは、地震と津波が持ち去ったものは何だったのかということだ。はっきりと自覚しなければならないことは、天変地異が人間という動物の生命と近代的な自我を一瞬のうちにどこかに持ち去ってしまった事実である。

001／形容詞が足りない

事実を目撃し言葉にしてみる。信じられない。誰の口からも、そんな言葉しか出てこない瞬間だった。テレビの画面に映し出される、見たこともない凄惨な光景は人びとの耳目をメディアに釘付けにし、日常生活を止めてしまった。豊かであるはずの日本語の形容詞も、あの凄惨な破壊の前にはまったく通用しない。妥当な形容詞が決定的に足りなかった。

002／消失は終焉ではない

生命の消失を形容することは事実上不可能である。なぜならば人間は皆生命を失った者に対して「悲しい」と声を掛けても届かないことを知っているからだ。ひとりの人間にとって生命の消失は終焉である。しかしながら数多くの生命が図らずもはかなく消失したからといって、世界はただちに終焉を迎えるわけではない。

003／ある終焉の始まり

事実僕たちはこうして生き残っている。消失は存在の反対語ではない。存在についての思考を喪失することであって、その喪失が異なる始まりを迎える、あるいは異なった思考や構想を呼び込む。二〇一一年三月十一日を契機に、ひとつの終焉もはじまってしまった。その終焉とは地震と巨大津波によって引き起こされた、東京電力福島第一原子力発電所の津波による事故である。

004／二十世紀の異物

巨大地震と巨大津波。そしてそれらが残したあまりにも大きくて重い二十世紀の負債を、僕たちは背負っている。負債は重力もなく人の精神に襲いかかる。ほとんどの人が「あっ、原発」と虚を衝かれ、一部の識者たちは「それ見たことか」と憮然たる表情を隠さなかった。原子力という二十世紀の異物が視覚的に人びとの心を破壊した。

005／例外状態

原子力という二十世紀の異物に対して、人びとの口から飛び出してくる批判と罵声そして不安。ところがその背後には全貌を見せることのないタブーや沈黙が暴力的に居座っている。いずれにしても、暗くて深い例外状態。

006／社交から危機管理へ

震災はソーシャルメディアの威力をまざまざと見せつけた。社交はすぐさま危機管理の場となった。伝えたいことを伝えたい人に届けるメッセージが飛び交った。社交と危機管理は表裏一体で、インターネット上の社交は情報の交換や共有の場となったように見えた。そしてその動力源は、皮肉なことに電気エネルギーだった。

007／端末市民のジレンマ

電気エネルギーをめぐる皮肉だけでなく、インターネット上での知識共有や危機管理あるいは社交を手中にしたはずの端末市民も、知りたいことを知ることができず、伝えたいことが伝わらないというジレンマに陥ってしまった。もはや「知る」とは何か。「伝える」とは何か。そんな簡単なことがわからなくなった。まさに例外状態。

008／テクノロジーの必然性にまでさかのぼる

「知る」や「伝える」ためのテクノロジー。そのテクノロジーの必要条件になっている電気というエネルギー。そのどちらも根幹が揺さぶられている。近代的なテクノロジーが直線的にめざしてきたひとつの到達点。それが例外状態という皮肉だった。

009／小説『カンディード』

例外状態を論じる上では、凡庸な事例では太刀打ちできない。いささか荒唐無稽なケーススタディをおこなってみる。モチーフは十八世紀の小説『カンディード』。『カンディード』は一七五九年にフランスの啓蒙家・ヴォルテールがある種の楽観主義的な社会思想を諷刺し、発表した小説である。

010／一七五五年十一月一日リスボン大震災

小説『カンディード』は一七五五年十一月一日にポルトガル・リスボン沖で発生した地震が強い引き金となって書かれたと言われる。今回の東日本大震災に匹敵するような強い揺れが大西洋沿岸沖で起こり、リスボンなど大西洋沿岸地区は大きな津波に襲われ、西ヨーロッパの広い範囲で壊滅的な打撃を受けた。

011／詩情を呼び込む例外状態

犠牲はひとつの「生け贄（サクリファイス）」として考えられることがある。人口の三分の二が犠牲になったとも言われているリスボン市。ポルトガルは全土にわたって壊滅的な被害を受け、ヨーロッパ全体で六万人以上の死亡者を出したとされる。神の存在感を尊重すれば、

「生け贄（サクリファイス）」という神学的な詩情がもっとも見合う。

012／ポルトガルの衰退

「生け贄《サクリファイス》」という詩情は凄惨な現場ではやさしい声として響く。目の前の他者を拒否してしまうような太刀打ちできない現実の前では、不安だけが唯一の詩情となる。海外での植民地経営でスペインや大英帝国などと覇権を争っていたポルトガルの国力は大きく後退。天変地異への脅威は経済のみならず、ヨーロッパ諸国の思想や政治に大きな影響を与えた。

013／衰退と消失

世界が割れてしまったのではないかという衝撃。当時の人びとが「生け贄《サクリファイス》」という詩情ではとても説明できない惨状。その惨状とともにヨーロッパ各国の人びとが受けた衝撃もはかりしれない。衰退と消失と同時に浮かび上がってきたのは、神の善とは何なのかという懐疑。そんな懐疑が人びとのあいだから起こっても不思議はないほどの惨状。

014／ポンバル様式

神の善に懐疑を抱く。それは苦悩にほかならない。でも歴史上、人びとはいつもその問いを何らかのかたちで背負っている。苦悩を乗り越えた再興の姿が現在のリスボン旧市街に当たっている。それはポンバル様式と呼ばれる。啓蒙主義者でもあったポンバル侯が再興にあたった社会観や世界観を反映した都市計画を実践し、リスボン旧市街はその名残をいまに残している。

015／天真爛漫な主人公・カンディード

巨大な震災の四年後に発表された小説『カンディード』は「あなたは神を信じますか」という究極的な問いを読者に突きつける。神がもたらすはずの善への懐疑。当時としてはかなりラディカルで、いま読んでも「あなたは神を信じますか」と問われているような小説である。主人公・カンディードが無邪気な天真爛漫さを隠さない人物として紹介されるところから、小説『カンディード』ははじまる。

016／最善の目的

カンディードは愛情に恵まれて育ってきた。カンディードに愛情を注いできた人たちは、人間というのは善的な存在で人生も素晴らしく輝いた時間であることを疑ってやまない人たちだった。ライプニッツがモデルとされる哲学の恩師パングロス博士から「すべてのものは何らかの目的があってつくられているのだからして、必然的に最善の目的のためにある」と教えられ、高い身分と何ら不自由のない豊かさに充ち満ちた楽園に身を置いていた。

017／重大な転機

ある日カンディードに重大な転機が訪れる。キュネゴンドという女性との恋話が城内に知れわたり、あっけなく城の外へ追放され、行くあてもなく歩き出さなければならない身となったのだ。あまりにも唐突な仕打ちに戸惑う暇もなく、その後は、容赦なく苦難が次から次にカンディードの身に襲いかかる。

018／旅行記あるいは歴史小説としての『カンディード』

襲いかかる苦難から逃れるだけで大西洋を横断するような大旅行を強いられる主人公カンディード。当時の政情がカンディードの逃避行に沿って描かれているという意味で、読み方によっては、『カンディード』は一風変わった紀行文であり歴史小説でもある。

019／『カンディード』のなかの大震災

当然ながらカンディードはリスボンの大震災に巻き込まれてしまう。その巻き込まれ方がいかにもとってつけたように悲劇的である。ただ『カンディード』ではむしろ拍子抜けしてしまうほど、不自然なくらい大震災のディテールが描かれていない。

020／祈禱の儀式

三分の二が壊滅したとされるリスボン。地震と津波の被害によって収奪などの犯罪が頻発。

その悪行に対して、時の施政者は見せしめで犯罪者の公開処刑を断行した。震災の惨事を鎮める祈禱の儀式というのがその大義名分だった。この最悪のスペクタクルにカンディードは、唐突に旅の道中で再会したパングロス博士とともに巻き込まれそうになる。

021／「すべての出来事が繋がっている」

カンディードの苦難からの逃避行はヨーロッパ全土のみならず、アメリカ大陸にまで及ぶ。物語の佳境にあって、「能うかぎりのこの最善の世界では、すべての出来事が繋がっている」とパングロス博士に言わしめる。最後に「何はともあれ、わたしたちの畑を耕さなければなりません」と主人公がつぶやいて小説『カンディード』は終わる。

022／淡泊な語り

ヴォルテールの地震や不運に巻き込まれる状況の淡泊な描写は、「善」を強調することへのイロニーかもしれない。天災で善を否定するよりも、天災を機に施政者たる王が発揮した「善」にカンディードという主人公が巻き込まれそうになったことを考えても、「善」をめぐる万能感そのものが、歪んだイデオロギーだというメッセージにもなっている。

023／太陽王の季節

『カンディード』の著者ヴォルテールが大震災後に生きていた場所と時間を垣間見るために

簡単に十七世紀の「伝わる社会」を遡ってみる。十七世紀のパリは絶対王政全盛期。その名の通り、富も知も暴力も王が独占していた。時は太陽王（Roi-Soleil）と呼ばれたルイ十四世（在位＝一六四三〜一七一五）が在位中の頃。妃はスペイン国王フェリペ四世の娘マリー・テレーズ（マリア・テレサ）である。

024／フランス＝バロック

ヴェルサイユ宮殿は現在でもその威容を誇るが、フランス＝バロックがうんだ歴史的異物である。ブルボン朝最大の特徴は芸術や文化も独占しようとしたこと。アカデミーをつくり宮廷画家や御用建築家を育成し、わざわざヴェルサイユにすべてを抱え、パリに文化的な空白をつくった。結果的にこの空白が新しいパリにおける都市文化の呼び水となる。

025／オネットム・ジェントルマン（優雅な人びと）

フランス＝バロックの規模が拡大するにつれて、ヴェルサイユ宮殿に通いつめて宮廷の官僚となって貴族化した人びと、「優雅な人びと（オネットム・ジェントルマン）」が登場していた。もちろん宮殿の富に関わって、特権的に成金的な階級となっていった。

026／貿易というビジネスモデル

いまとなっては当たり前の貿易。優雅な人びととは、簡単に言えば植民地貿易で初めて成金としてある階級を形成した人びとである。貿易とは植民地で物資を安い価格で買い付けて母国で大きく利益を見込んで売り抜けるというビジネスモデルである。貿易で巨万の富を得て「優雅な人びと」は、フランス＝バロック様式の宮廷文化を特権的に享受する貴族的な上流階級となった。

027／多忙な人びと

優雅な人びとの豪奢な生活は「アンデュストリエル・ビジネスマン（多忙な人びと）」とも呼ばれる、雑事をこなす労働力を必要とした。貿易は新しい雇用を生み出したのだ。多忙な人びとは優雅な人びとに雇用され、いまで言うところの会計や納品や営業の仕事に従事し、安定した収入を得るホワイトカラーの労働者である。

028／パレ＝ロワイヤル地区

多忙な人びとが集うパリには、独自な気風をもつパリの空白を埋めるに余りある都市文化が生まれていく。パリのパレ＝ロワイヤル地区に、カフェ・化粧店・出版社・賭博場・演劇館などが集まって歓楽街を形成し、種々雑多の都市文化を熟成させていった。

029／コーヒーという時代のシフター

コーヒーなどの嗜好品を提供する飲食業としてのカフェは、この忙しい人びとに憩いの場を提供した。勤労中層市民はけっしてお城に出入りすることはないが、生活は安定していた。忙しい人びとは優雅な人びとの優雅さを模倣するようになる。

030／模倣という学習

どんな時代にあっても模倣は何よりの学習である。コーヒーをカフェで飲むことが爆発的に流行することになる。貴族的な上流階級にあこがれる勤労中層市民が一杯の贅沢を求めて殺到するようになったのだ。模倣はひとつの社会をつくっていった。

031／ル・プロコープというカフェ

シチリア人フランチェスコ・プロコピオが一六八六年、上流階級の人びとを対象としてカフェ「ル・プロコープ」を開業した。パリで最も古いカフェ（レストラン）として知られる名店。プロコープはかつてコメディ・フランセーズ（フランスの歴史的な劇団）があったアンシェンヌ・コメディ通りに立地し、文学者や哲学者、啓蒙思想家のたまり場になっていった。時はまだブルボン朝最盛期だった。

032／イエズス会がつくる「忙しい人びと」

イエズス会の教育によって、新しいメディアが社会にとって重要な役割を担うようになる。「ヨーロッパの教師」とも言われたほどイエズス会は文盲を減らすことに熱心だったこともあり、そこから読み書きのできる「忙しい人びと」が労働力としてヨーロッパ全域に供給された。つまり読み書きで伝達ができる労働力の供給に、イエズス会は大きな役割を果たしたことになる。

033／カフェと雑誌

読み書きできる人びとのカフェでの社交を促したのが新聞や雑誌である。十七世紀のフランスでは、政府発行の『週報（ガゼット）』に対抗するような定期刊行物が発刊されるようになっていた。反権力的な成金の市民がパトロンとなって、新刊書評や社会批判を掲載する『月刊知識人（サヴァン）』（一六六五〜）、社交界のスキャンダルから芸能界のエピソードまで、雑多な内容を扱う大衆誌『メルキュール・ガラン』（一六七二〜）などの雑誌が発行されるようになっていった。

034／社交とは「知る」「伝える」機会である

カフェでの話題も読み書きの教育を受けた市民層はこれらの雑誌を買って読むだけでなく、さまざまな投書を書いて送り、雑誌を出す側と読者とのあいだにそれまでにないコミュニティが誕生していた。

035／バロック知としてのカフェ

ル・プロコープが十八世紀のフランスを象徴する場としての名声を博したことは間違いない。一七五五年に起きたリスボン大地震は社交場あるいは伝える装置としてのル・プロコープに、衝撃的な話題を提供した。もちろんヴォルテールもその渦中にあった。

036／『百科全書』に向かう集合的知性

ル・プロコープは、ヴォルテールのみならず、文学者で思想家のルソー、劇作家で金融家のボーマルシェ、思想家ディドロなど当時の著名な役者、作家、劇作家、音楽家などが集う芸術サロンとして先端的な人びとの社交場となっていた。この名前を見れば、『百科全書』を思い起こす人もすくなくないはずだ。

037／終焉の始まり

リスボンが大震災の後、パリをモデルとして復興したことを考えると、フランスに伝わった惨状は大震災の被害だけでなく、王権の失墜とともに伝えられたはずだ。リスボンの消失は王権終焉の始まりだった。

038／機は熟した

ヴォルテールがリスボンへ向けた王権への懐疑、そして王権が犯してしまった根拠のない虐殺など、当時の政治体制に対して、あるいはそれを支持するような（あるいは利用され得るような）思想を批判することはごく自然の成り行きだった。いよいよ『百科全書』の編集も機が熟していたと言ってよい。

039／『百科全書』

ディドロとダランベールを中心として編集がはじまった全十七巻、図版十一巻という巨大な書物である『百科全書』は国家事業ではなく、いまで言うところの民業として立ち上がったプロジェクトである。このプロジェクトが画期的だったことは、パリという都市における社交を基礎に集団的知性として編纂されたことだ。

040／世界をつくる方法

ルソーやモンテスキューなど当代きっての思想家はもとより、ヨーロッパ中の専門家が階級や信仰を超えて参加した知的なパーティー。それが『百科全書』である。そのパーティーは一貫して「体系的な知」の整備をめざし、その後のさまざまな学問や分野にあたえた影響は計り知れない。『百科全書』そのものが世界であり、その編集は世界をつくる作業だった。もちろん世界の構築は一筋縄ではいかなかった。

041／理性と哲学が女神のベールをはぎとる

一七五一年に『百科全書』の第一巻が創刊されると、貴族階級や宗教界など保守層は猛然と反発した。無理もない。その扉絵にもあるように、この理性と哲学が女神のベールをはぎとることが真理とされ、世界の複数性を合理的に解読していこうとする進歩的な内容だったから。世界を創造した主としての神を否定していると言われても仕方なかった。

042／弾圧と軋轢

「忙しい人びと」をつくり出したイエズス会はヨーロッパの学校でもあったが、百科全書への弾圧は執拗だった。編集のプロジェクト内部でも内紛は一度や二度ではなかった。有力な協力者のひとりであるルソーは、考え方の違いから「ダランベールへの手紙」を書いて訣別し、そのダランベールも弾圧や軋轢に嫌気がさして編集から手を引いてしまう。

043／『百科全書』の完結

最後まで編集作業を続けたのはディドロである。ディドロの驚異的な粘り強い作業で、本巻の第八巻から十七巻がリスボン大震災前年の一七六五年に完成した（本巻の図版は一七七二年完成）。一七八〇年の補巻刊行をもってビッグプロジェクトはようやく完結。刊行開始から実に三十年の歳月が流れていた。

044／階層構造

三十年の歳月が流れるうちに、ヨーロッパ中に啓蒙主義が浸透していた。『百科全書』では、知を分類し、階層構造として秩序づけることによって、知の階層が系統樹を基本として表現されている。この階層構造では、もっとも個別的で具体的な知が最下位におかれ、もっとも形式的で一般的な知が最高位におかれることになる。知そのものにヒエラルキーが構成され、知の価値はこの階層構造のうちにおいて序列化されることになる。

045／「諸学問、諸技術、諸工芸の合理性を開いていく」

図版を駆使して事項を説明していくスタイルは、まさにバロック的な知性を象徴している。もちろん現在の事典や用語集、そして教科書のモデルである。このような体系的な知を収集し公開していくことが、百科全書の副題にあるとおり、「諸学問、諸技術、諸工芸の合理性を開いていく」という意味での近代社会の基礎となった。

046／「知の連鎖 enchaînement des sciences」

「百科全書」という「知の連鎖 enchaînement des sciences」は系統樹によって概念の上下関係が決められ、相互参照やアルファベット配列などで水平方向の関係が表現された。ここでの水平方向の表現はネットワークという関係の表現形式に道を開いたとも言える。水平方向や垂直方向への推論能力を英語では wisdom と呼び、ギリシア語ではソフィア（知恵）と呼ぶ。

047／大きいことや強いことや速いこと

実は集合知（Collective Intelligence）はホモ・サピエンスを想定している時点で、近代という時代にとって避けて通れない観念である。集合知がなければ力を独占している国民国家を形成することも、また逆に監視することもできない。近代社会は「知の連鎖」が合理的であるとする観念の力に賭けたのだ。結果的に大きいことや強いことや速いことが「知の連鎖」の結果としてできあがっていった。

048／秩序のモデル

大きいことや強いことや速いことは人間の集団にも応用された。現在でも、図書館資料の分類や大学の学部構成はもとより、産業の分類や企業などの組織構成などにおいても、この階層性をもつ「枝ぶり」は、決定的な意味をもっている。その実、「刈り込み」をおこないながら「枝ぶり」を整えることが「政治」とか「経営」とか「研究」とか「教育」とか呼ばれることもある。現在でも、地域や分野あるいは社会的な立場の違いを超えて普遍性をもったという意味で、世界中の秩序という抽象を表現するモデルとなっている。

049／ホモ・サピエンス

秩序をデザインするためのモデルを使う主体。それを結果的に定義したのも百科全書である。百科全書派の知識人たちは知を擬人化し、その主体にホモ・サピエンス（知恵ある人）という観念的な人間を位置づけた。ホモ・サピエンス（知恵ある人）という観念は世界観にとっても生活世界にも観念としての力が備わっていた。

050／知の支配というエクスタシー

ホモ・サピエンスを知の支配者として表現すると何とも言えないエクスタシーが訪れる。『百科全書』が都市文化の産物である以上、科学技術や経済成長が重視されているのは言うまでもない。集団的な知性としての都市文化は中世的な世界を否応なく後退させていく。そして真理こそ光であると位置づける『百科全書』が、フランス革命に向かう個人という観念の力を与えていった。

051／忙しい人びとの本性

さすがにディドロやヴォルテールも、自分たちが「忙しい人びと」であり、自分たちの身体そのものが労働に包摂されていることを十分に理解していた。個人という身体的な抽象は知の支配からはじまっている。植民地経営、つまり貿易がもたらした「ホモ・エコノミクス」も個人という観念の力を支えている。

052／推論エンジンとしての『百科全書』

『百科全書』は、異なる領域の知を互いに比較可能な状態とするとともに、価値を相互に参照するための規準となっている。その意味で、『百科全書』は単に便利な参考図書ではない。書物である以前に、価値を判断する基準を示した参考書であるとともに、「個人」を定義するエンジンにもなった。

053／労働のコノテーション

「ホモ・エコノミクス」という労働の感慨は知の支配を凌駕することもある。カフェは単に社交の場になったわけではない。実際にヴォルテールたちが議論を交わしていたル・プロコープには挿絵を見てもわかるように、給仕が立っている。カフェに来て社交する人のために働いている人がいるという現実（リアリティ）がある。またヴォルテールたちが飲んでいるコーヒーや紅茶、あるいはココアなどにも労働のコンテクストが含まれている。

054／南からやってくる甘美さ

甘美さは南からやってきた。カフェにおける紅茶やココアやコーヒーの流行は、同時に砂糖の需要を急激に伸ばす。そのため、ブラジルやキューバなどの中南米植民地においては、その原材料であるさとうきびのプランテーション（単一商品作物の大規模生産）がおこなわれるようになる。

055／甘美さは労働を呼び込む

甘美さは植民地の労働に支えられていた。この手間のかかるさとうきびの栽培と加工のための労働力調達の手段として、イギリスの王立アフリカ会社（一六七二〜）、フランスのセネガル会社（一六七三〜）・ギニア会社（一六八五〜）などが十七世紀につぎつぎと設立され、アフリカからの黒人奴隷の「貿易」をさらに拡大していく。甘美さは労働の搾取を呼び込む。ホモ・サピエンスという観念には労働のコノテーションを呼び込む力が伴っていることをヴォルテールらは自覚していた。

056／経済力というジェネシス（創世神話）

砂糖は海を越えた植民地からやってくる。いわば現地調達の特産品である。その特産品をアフリカのプランテーションで働く労働を含めた成果を含めて「嗜好」している。この搾取の構造は「スウェットショップ」とも呼ばれ、スニーカーの生産などで国際競争力やグローバリゼーションの下部構造となっている。

057／自由の根拠

植民地主義の発展とともにヨーロッパの「市民の自由な気風」は成熟していくことになる。市民や自由は植民地経営という貿易による世界の獲得とその獲得に対する感慨にあった。自由の根拠のひとつとして貿易というビジネスモデルがあったのだ。

058／「ホモ・エコノミクス」という個の自覚

「忙しい人びと」つまりヴォルテールら啓蒙主義派が『百科全書』で集大成した「ホモ・サピエンス」には、「白い商品（砂糖）が黒い商品（奴隷）を生む」と言われる「ホモ・エコノミクス」という個の自覚がある。ヴォルテールがカンディードに託した「わたしたちの畑」。それはとりも直さず、近代が生み出した国民国家の寓喩となっている。カンディードが最終的にたどりついたのは「わたしたちの畑」を繁栄させることだった。

059／知とは力である

「市民の自由な気風」に満ちた「わたしたちの畑」には「白い商品（砂糖）が黒い商品（奴隷）を生む」といった暴力が内蔵されている。「わたしたちの畑」にいったん暴力を預けること。それが市民社会としての国民国家の大義名分であった。そういうとき、ホモ・サピエンスという優越性は常に有効にはたらく。

060／力の装置化

とりわけいつの時代も人間は力に神経質となる。自然の力。誰かが捏造した力。人類の歴史は力について思考してきた歴史であったといい。しかしながら、力はいつも測定できるとは限らないし、知覚が可能であるわけでもない。力は（演繹的であっても帰納的であっても）常に推論の結果として人びとに伝えられることになる。

061／「ひとつの世界」の後退

ヴォルテールの疑問。それは「すべての出来事が繫がっている」のかどうかということだった。ヴォルテールがそうであったように、多くの思想家が論ずる、人間という存在についての思考を深め、大震災後に新しい啓蒙家として自分の思想を立て直した。

062／崇高というポスト震災の思考

大震災の翌年一七五七年にアイルランドのエドマンド・バークが『崇高と美の観念の起源』を刊行。続いて一七五八年、神秘思想家スウェーデンボルグが「最後の審判」を霊感したとする『天界と地獄』を刊行。そのスウェーデンボルグを崇高であると絶賛したのが哲学者イマヌエル・カントである。大震災は崇高と美という内省の力を呼び込んだ。内省は《推論される「わたし」》を基礎としていた。

063／内省的な推論

カントは地震後に「地球の軸回転の変化」「地球の老化」「地震の原因」「地震の報告」「続、地震の考察」「風の理論」という自然科学のエッセイ（イマニュエル・カント『地震の原因　他五編』）を残している。自然や本性などに目を向けるとき、神の善という暗黙知に妥当性があるかどうかという内省的な推論を動員せざるを得ない。その内省的な推論こそ、実は抽象思考のひとつの昇華。

064／内省は美と崇高へと向かう

リスボン大震災を契機とした内省は最終的には理性のあり方を批判し、一七六四年の『美と崇高の感情性に関する観察』や一七九〇年の『判断力批判』によって美や崇高を主題的に論じる思考が本格化する。もしそれらが地震に端に発したのだとしたら、カントはきわめて人間的な啓蒙家だということになる。カントの内省はバロック知におけるひとつの到達点である。

065／後退した季節を振り返る

哲学や文芸という伝達の形式では、中世的な「ひとつの世界」は後退していた。小説『カンディード』は中世的な「ひとつの世界」が後退していることと同様に、王のあり方に関して間違いなく中世的な世界とは異なる、伝わる社会ができあがっていることが前提となっていた。だとすると、中世的な「ひとつの世界」が後退し「伝わる社会」はどのようにできていったのか。

066／「知る」「おこなう」「欲する」ことの批判

カントにしろ、ヴォルテールにしろ、中心の課題は「神の善」。「知る」のは誰か。「おこなう」のは誰か。「欲する」のは誰か。神なのか、人間なのか。この二つは究極的な哲学的な問い。『カンディード』にパングロス博士として登場するライプニッツも神を考え抜いた人だった。神の善を肯定することもまた人間の存在を肯定している。弁証法も批判も方法であって、言葉の淵に立ったすれすれの内省。

067／自らの身体を超越するための装置

神に向かう思考の一方で、人間の創造性は人工的な力へと向かった。十七世紀から十八世紀のヨーロッパは力を機械として装置化した。スコットランドでジェームズ・ワット（James Watt）によって一七六九年に実用化された新方式の蒸気機関が、産業革命や工業化社会の根幹をつくり出すきっかけをつくった。機械が身体的な力を超越する存在として人びとに意識させるきっかけとになった。「知恵ある人」としてのホモ・サピエンスは自らの身体的な超越を百年ほどで成し遂げてしまう。言わば暴力を機械化することになった。

068／歴史によって人はつくられる

人間は、人間が都市をつくり歴史をつくっていると思いがちだ。リスボン大震災は『カンディード』という小説やカントの内省をもたらした。ホモ・サピエンス（知恵のある人）が「ホモ・エコノミクス」と「ホモ・テクニクス」という断片となって、知そのものからも疎外されている状況を考えると、人間が歴史をつくっているのではなく、歴史が個人、いわば「近代的自我」をつくっているとも言える。人間という種は自我を通じた推論結果としての類《クラス》に過ぎない。

069／知覚の装置化

自我を通じた推論結果としての類《クラス》、その到達点が端末市民である。情報端末を操作して「知る」あるいは「伝達する」ことを日常としている二十一世紀人。彼らは間違いなく市場経済とテクノロジーに否応なく従順である。その従順さが端末市民を生む。端末市民は知覚を装置化され、政治的な主体をユーザとして抽象化された、政治的な主体である。

070／「無知の知」に直面する端末市民

「ホモ・エコノミクス」と「ホモ・テクニクス」を内蔵した端末市民は原子力発電所という異物の暴走を知るためにテレビを見て、インターネットでその様子を知ることから逃れられない。いまや放射能にも耐性のあることを強いられている端末市民は、ソクラテスの有名な「無知の知」に直面する。「無知の知」はデルポイの神託という命題で知られる問題である。

071／デルポイの神託

デルポイの神託はソクラテスを主人公とする。ソクラテスが「ソクラテスより知恵のある人間はいない」というお告げ（神託）を聞いたとする命題である。その命題をソクラテスは

「そんなはずはない」と疑う。ソクラテスは自分の無知を自覚していたからだ。デルポイの神託という命題は「知っている」ことをめぐる思考実験である。

072／「無知の知」は「無知の無知」にまさる

ソクラテスは自分よりも知恵を多くもっていそうな人物に、人生の意味や美の問題あるいは究極の真理に関する疑問を投げかけた。その結果わかったことは、単に知ったかぶりをしていて、叶いそうにもない夢を語り、自分の無知にぜんぜん気づいていない人が多いことであった。結果的に無知を自覚している自分とそうでない人たちとのあいだには、とても大きな違いがあることに気づいた。すなわち「無知の知」は「無知の無知」にまさるという点で神託の正しさを、ソクラテスは推論で導いた。

073／「無知の無知」の体現者かもしれないソクラテス

ソクラテスの推論にも欠点がある。自分の無知にぜんぜん気づいていない人が多いことがわかっても、ソクラテスが「無知の知」を自覚している証明にはならないからだ。さらに言えば、かく言うソクラテスがいちばん「無知の無知」の体現者であるかもしれないのだ。

074／テクノロジーという魔法

近代が生んだ、伝達や交通あるいはエネルギーをめぐるテクノロジーという力の行使は、科学的に無矛盾でありながら「無知の無知」を忘却させてしまう魔法でもある。小さなコストで多くの恩恵を手に入れる近代社会が生んだテクノロジーは、国民国家の防衛を大義とした戦争の優位性に利用された。「知る」ということに鈍感になり、力を過信してしまうのだ。

075／テクノロジーが「無知の無知」になり果てるとき

テクノロジーで武装した過剰防衛あるいはその先にある、臨戦態勢と実戦は「無知の無知」の典型である。それはホモ・サピエンスの思考停止を呼び込み、一般的には全面戦争と呼ばれる状況をつくり出してしまう。ホモ・サピエンスであるはずの人間が兵力という数として換算されることにもなる。大きな力をさらに大きな力で追い越そうとするとき、テクノロジーは「無知の無知」になり果てる。核抑止力は冷戦という過剰防衛をめぐる最終的かつ政治的な解離性障害である。

076／力は甘美さと陶酔をもたらす

ホモ・サピエンスは市場経済や技術革新と結びついた、ホモ・エコノミクスやホモ・テクニクスとして「疎外」されている。労働や伝達あるいは生産といった行為はその行為そのものからも、国民国家という想像の産物からも疎外される。自然への行使としてのテクノロジーには暴力が内蔵されているからだ。プランテーションや植民地主義がそうであったように、力は甘美さと陶酔をもたらすのである。

077／二十世紀のコーヒーと砂糖

甘美さと陶酔は、どこか暴力的で倒錯的である。もちろん科学的な発見というのは暴力的で倒錯的な直観に基づいているからこそ、飛躍的な結果をもたらす。キューリーとベクレルがほぼ同時期に相次いで放射能という現象と放射性物質をそれぞれ発見し、結果的に暴力の二十世紀を準備することになった。

078／物質主義

近代科学は物質に特別な地位を与えた。この物質主義はいささか思考を伴って考慮されなければならない。実験を重ねて論理的に無矛盾に構築された科学的体系はホモ・サピエンスの新しい終焉の始まりでもある。二十世紀のコーヒーや砂糖。それが放射能と放射性物質である。

079／人生は短く、知るべき事象は計り知れないほど多く存在する

もちろん一人ひとりの科学者に責任はない。限りない好奇心と途方もない才能で、複雑な自然現象の一端を精密に観察し記述するのだから。他方、どれだけ多くの知識をもつことが許されたとしても、人生は短く、知るべき事象は計り知れないほど多く存在する。宇宙の一部を解読した超絶的な科学者であっても、インターネットにプラグインされた端末市民であ

っても森羅万象の事象について無知同然で生物学的な死を迎える。

080／物質とは暴力である

放射性物質を独占的に所有した国民国家。それが近代という時代と資本主義のなれの果てだった。その問いそのものが本当のポストモダンである。人間が歴史をつくるのではない。歴史が人間をつくり始めている時代を思考すること。それがポストモダンの思考であるはずだ。そのとき、暴力という力の観念はどうあっても避けては通れない。

081／暴力の寄託

暴力は国民国家に預けられている。でも端末市民は暴力の定義まで預けてはいない。見えないあるいは、わからないからと言って暴力ではないと主張するのは、明らかに暴力の定義を遥かに超越した超＝暴力である。

082／暴力の独占

国家に暴力を預けていることとは、逆に言えば国家に暴力を独占されていることを意味する。だから暴力を行使する国民を国家は裁くことができる。たとえば自分の実子を虐待している人を国家は裁くことができる。「俺の子に何をしようが勝手じゃねえか」は通用しない。暴力をめぐる倫理を国家が管理しているからだ。

083／「無知の無知」としての暴力

暴力が自然と人工、隠蔽と露見といった二項対立に舞い込むと、自分たちには神秘がないことを気づくだけで、「無知の無知」の淵を歩かなければならない。「無知の無知」は国民国家の権力とともに思考されなければならないのだ。こう考えるとき、ライプニッツが投げかけた問題、あるいはヴォルテールがそれを楽観的として退けた啓蒙思想。そういった世界の複数性を生き抜くことが何であるかを再考することは端末市民にとって、メシアが遍在する不死の千年王国を想起させる有力な系譜学となる。

084／残余を歩く

東日本大震災で直面したのは「無知の無知」よりも、もっと深刻で根源的な問題である。「知る」あるいは「伝える」ことの困難さ、不可能性である。都市計画、地震予知そして原子力という知のあり方をめぐる不全。これらは営々と積み重ねてきた知的な営みと資本主義という経済的な体制がもろくはかなく否定された、近代の残余である。端末市民はいま残余という闇の淵を歩いている。

085／「核へのノー」という凡庸さ

精神と物質の二元論と折り合うことに機械を利用する世界観は、錬金術の時代から続いてきた。この人工的な力への思考は避けられない。このとき特に懸念されることは戦争や天災が起こって、人びとの日常生活に大きく影響して、直接的であっても間接的であってもテクノロジーの暴走による広範で深刻な不安が拡大してしまうことのリスクである。凡庸な「核へのノー」というメッセージはどんな手練手管を駆使してでも、芸術家や思想家であれば必ず剝き出しの凡庸さで伝えなければならない。

086／僕たちも畑を自分で耕さなければならない

『カンディード』が教えてくれること。それは「世界の複数性について語り得ること」である。とりわけ『カンディード』は暴力と向き合っている。暴力的な自然の脅威や人間のもたらす暴力が滑稽なまでに必然的に「世界の複数性」について想像させることを、ヴォルテールはピカレスク小説のかたちを借りてメタドキュメントとして描いている。僕たちも畑を自分たちで耕さなければならないときである。

087／非実在の暴力

自分たちで耕さなければならない畑に情報とエネルギーのフローとストックは欠かせない。ところが厄介なことに情報やエネルギーには時制もなければ人称もない。非実在とはまさにこのことだ。非実在の現実。その現実は非実在の権力が主役であったし、いまでもその座を譲っていない。「非実在青少年」などが問題なのではない。非実在に政治権力が蹂躙される事態。それが「東京電力福島第一原子力発電所事故」という現実である。

088／アクチュアリティ（実在）を剝奪された現在形

非実在はテクノロジーによって、アクチュアリティ（実在）を剝奪された現在形である。その現在形は電力という甘美な力を人びとにもたらすことを想像させる。コーヒーや砂糖あるいは労働にも似た、暴力のもっとも洗練されたかたちである。その非実在性の高い暴力的な資本主義に対して、深層の体系を描き込みながら「核へのノー」を叫ばなければならない。

089／ダニの都合

テクノロジーによって洗練された暴力はどんな生命体にも大きな負荷をかける。ユクスキュルが言うように、ダニも生命体のひとつであることは間違いなく、ダニはダニなりの都合で生き、世界を創造している。その創造を無視してホモ・サピエンスがダニの世界を損なう権限などあるはずがない。こういう観点からも、アクチュアリティ（実在）を剝奪された現在形としての暴力とその暴力を預ける権力に対しては、メディアを駆使した新たな内省の方法を発明しなければならない。

090／いまはまだ終焉を語らず

東日本大震災は消失と終焉への思考をもたらした。何よりも震災によって数多くの生命が消失した。さらには、原子力発電所の事故で多くの人びとの生命と財産を脅かした。原発は資本主義のスピードとスケールの申し子だ。人間という特殊な種が支配している地球に終焉をもたらしてはならない。その権利が人間にあるはずもない。「核へのノー」は行き過ぎた資本主義のスケールとスピードをダウンさせることだ。その内省を抱えた端末市民について思考しなければならない。

091／希望のかけら

端末市民が従順な身体をもっていたとしても、知ることの困難さやフーコーのいう規律・訓練型社会に従順であったことをまずは自省したいと思っている人たちは少なからずいるはずだ。そのなかから動物的でも人間的でもない、至福の生や連帯意識を見出そうと必死になっている人たちも少なからずいるに違いない。それらのことは端末市民という政治的な主体にとって希望のかけらである。その限りで「核へのノー」は凡庸さと新鮮さを失わないだろう。いや、失ってはならない。

参考文献

カント（田中豊助、原田紀子、大原睦子訳）『地震の原因　他五編』内田老鶴圃、二〇〇〇年
ジョルジョ・アガンベン（岡田温司、多賀健太郎訳）『開かれ――人間と動物』平凡社、二〇〇四年
ヴォルテール（植田祐次訳）『カンディード　他五篇』岩波文庫、二〇〇五年
水林章『『カンディード』〈戦争〉を前にした青年』みすず書房理想の教室、二〇〇五年
ディドロ、ダランベール編（桑原武夫訳）『百科全書――序論および代表項目』岩波文庫、一九七四年
金七紀男『ポルトガル史』彩流社、二〇〇三年［増補版］
ディドロ（島尾永康編）『百科全書――産業・技術図版集』朝倉書店、二〇〇五年
上村忠男『バロック人ヴィーコ』みすず書房、一九九八年
桂英史『メディア論的思考』青弓社、一九九六年
ヤーコプ・フォン・ユクスキュル、ゲオルグ・クリサート（日高敏隆、羽田節子訳）『生物から見た世界』岩波文庫、二〇〇五年

第二章　「期待の地平」と「再帰性」をめぐるメディア論的省察

「正しい情報」をめぐって

二〇一一年三月十一日に起きた東日本大震災以降、さまざまな「メディア論」が展開されている。これほどメディアのあり方をめぐって議論されたことは、日本ではこれまでになかったであろう。

「正しい情報」を伝えないために内部被曝したという話がまことしやかに論じられたことがある。「正しい情報」を得られる機会をわれわれは与えられていない、テレビやラジオあるいは新聞は「正しい情報」を伝えてないという不信感はずっと拭えないままである。SNSを飛び交う情報も身近ではあるが、デマも多く信用できない。記者クラブは原子力ムラと同様の談合組織で、「知る権利」は保障されていない。もし「正しい情報」が伝えられていれば、結果は違っていたであろう。こんな話が多く聞かれるようになったのが二〇一一年三月十一日に起きた東日本大震災以降のメディア論である。

大震災発生までのメディアをめぐる環境はソーシャルメディアを含めて、協調的に「正しい情報」を獲得できるチャンスが多くなってきたという楽観的なメディア論が支配的であった。窓の外を見て傘をさしている人がいれば、雨が降っていることを知る。それをみんなで伝え合えば、どんな天気予報よりも正確で身近な情報となる。そんな情報を獲得するための協調的な様式が「web2.0」であり「ソーシャルメディア」だった。このような一見日常的でコミュニケーションの地平を広げるようなメディアの可能性を語ることが、大きな潮流となっていた。確かにそのようなことは旧来のマスメディア論やジャーナリズム論では不可能で、知のあり方としては新しい局面を迎えていた。そうした新しいメディアの可能性を論じることは楽しい。しかしながらそのときはそれなりに楽しいが、結果的には退屈で不毛である。その人が獲得している人生にとってメディアの役割は大きいが、すべてではないことを前提にしている話だからだ。

さんざん意見が交わされた後に、議論の行方は「メディア環境が多様化する今日にあって、ますます個人にメディアが伝えるメッセージを批判的に見抜く能力が必要とされ、さらには適切に発信する能力も必要される」といった暫定的で、凡庸な結論に落ち着く。ところが、東日本大震災に伴う東京電力福島第一原子力発電所の事故が発覚した当時から、真実 truth どころか事実 fact すら伝えられず、という事態が露わとなった。

恐れられたのは、伝わったときのパニックと風評である。原発事故は政府と、これ以上ないというくらい公益性の高い大企業が関わっている事故であるため、批判といってもそう簡単ではない。「原子力ムラ」と呼ばれる歴史的に利害で強固な結びつきをもち、官民学、そしてメディアも絡む複雑な事情もあるので、情報を操作せざるを得ないと当事者たちは信じている。でもその利害に関係ない人たちからすれば、生命を左右するような情報が恣意的に操作されるのはたまらない。

情報伝達としてのコミュニケーションがこれほど政治的で、さらには場合によっては機能不全に陥ることを多くの人びとが知ったのは事実上初めてだったのかもしれない。このようなメディアをめぐる機能不全をコミュニケーション・ハザードと呼ぶとすると、このコミュニケーション・ハザードを引き起こしたのはそもそも政治不信である以上に、マスメディアに対する不信である。

このコミュニケーションに関する不信には、いくつかの事件が蓄積してきた経緯もある。日本では戦後すぐから言論に関する規制は日常的なものとなってきていた。[★1] とりわけ原爆報道に関する政治的抑圧や自己規制、あるいはそれに伴う政治的な配慮などは現在まで被爆者でさえ知るところにはなっていない。[★2] 戦時体制とは直接関係ないここ数十年ほどのものでも松本サリン事件報道、NHKのETVシリーズ「戦争をどう裁くか」への政治介入問題[★3]、関西テレビ「発掘！あるある大事典」のねつ造問題など、メディア・リテラシーのあり方を論じるための事例には事欠かない。記者クラブの問題も何度となく議論されていることである。しかしながら、ここでは個別の事例を挙げて「正しい情報」や「メディアの役割」や「メディア・リテラシー（media literacy）」を論じることは目的としていない。むしろそれらを避けて、メディアをめぐるアカデミズムの事情を歴史的に概観しつつ、ここでは「解釈学」という観点からメディア論あるいはメディア研究の役割を改めて論じてみたい。

メディア・リテラシーの諸相

一般的に言って、メディア研究の背景は文学理論や美学を起源とする「解釈学的研究（Interpretive Tradition）」、ジャーナリズム研究や大衆文化研究などを含む「社会科学研究（Social Science Tradition）」あるいは映像メディアの爆発的な普及に伴う「映画・テレビ制作研究（Creative Tradition）」という三つの歴史的経緯（Tradition）をもっている。★4

メディアのメッセージを批判的に読み解こうとするアプローチは、イギリスにおける映画教育（film education）に起源をもつ。★5当時は、映画教育や視聴覚教育という教育的な立場からのアプローチが数多く試みられていた。批判的な読解と情報や知識の受け止め方という意味でのメディア・リテラシーの草分け的な試みは、映画を対象として実践されていた。さらに一九六〇年代にはじまった映画の教育利用が、テレビの爆発的な普及とその影響力も考慮され論じられるようになった。★6その試行錯誤の延長線上にメディア・リテラシーという用語が定着していくことになる。★7

一九八〇年代になるとレン・マスターマンによる「メディア・リテラシー18の基本原則★8」がひとつの方向性として示された。リテラシーという以上、教育的である。どの原則も正しいように思えるが、どこか全体的に息苦しい。さらにここで気になる点は「評価」である。

マスターマンは評価について自己評価が理想的であるとする。だが、自己評価できるくらいだったらそもそも学習の機会は必要ないのでないか。また自己評価ではなく何らかの学習成果の指標があったとしたら、それはそれで誰かの定性的な評価の設計が必要となる。マスターマンは映像を活用した教育、つまり視聴覚教材を活用した学習という教育学者的な立場で原則をつくっている。しかしながらそれはインターネットなどの技術革新や市場経済の変化に対応できるようなものではなく、本来の意味での情報を伝達するさまざまなメディアを批判的に読み解いて、必要な情報を利活用する能力を向上させるという意味での教条主義的な原則にとどまっている。そして、この原則が図らずも露呈しているように、メディアを批判的に読み解くという行為に関しては、もう一度メディア批判に戻っててていねいに論じる必要がある。

「メディア・リテラシー18の基本原則」がそうであるように、メディア・リテラシーは教育を重視する観点から一九八〇年代になって再構成され、メディア研究（media studies）から、分野として確立したものである。

メディア研究には大きく分けて二つの知見がある。ひとつは十九世紀から事実を確認して人びとに伝達することで権力を監視することを目的とする報道（press）という意味でのメディアを対象とした研究、すなわちジャーナリズム研究や文化研究あるいは社会学的な知見である。もうひとつが二十世紀以降のエレクトロニクスや情報通信技術など、制御や通信をあるいは情報を数学的に処理することによって、電子情報通信技術などの技術革新を取り入れつつ、軍事技術や市場経済とも密接に関係しながらその伝達の様式を洗練させてきた情報学的な知見である。

今日、前者の社会的なコンテクストと後者の技術的な成果が一体化して論じられるようになったのは、言うまでもなく、デジタル技術とインターネットの普及が大きく影響している。このようなメディアの技術的な側面と社会経済的な側面との関係が同時代的なテーマになったことを、文化史の重要な側面として強調しているメディア研究も多い。そのひとりがパトリス・フリッシーである。フリッシーは世界的になったメディアの影響について以下のように述べている。[★9]

十九世紀初頭は、国家のメディアから市場のメディアへと変化し、十九世紀から二十世紀への過渡期には家庭のメディアへと変わった。二十世紀後半にはメディアは経済分野にも個人生活分野にも及ぶようになり、その意味では世界レベルに到達したということができる。

フリッシーも述べているように、二十世紀後半からは現在に至るまで経済のグローバル化など、メディアをめぐる環境は激変している。もはやメディア・リテラシーが本来的に目的としていた「批判的な読み」も、技術的な問題や経済社会的な変化を考慮して、再検討する必要に迫られている。そこで次節以降では、解釈学的な観点から「批判的な読み」の可能性を詳述していく。

文学理論とメディア批判

メディア批判はアドルノとホルクハイマーに代表されるフランクフルト学派による「批判理論」がしばしばその起源として参照される。いわばメディア批判の「本流」である。この批判理論はマルクス主義を基礎に資本主義、個人、文化という三つの対象を批判の射程としたマルクス主義と精神分析を融合した社会哲学として位置づけられた。

社会哲学と呼ばれるだけあって、「社会」を構成している文化産業による文化の市場的画一化あるいは資本主義による知識の独占や支配が批判的に考察された。アメリカの大衆文化や消費社会に対する批判として登場してきた言説のひとつであるとも言える。このフランクフルト学派による批判理論は、後に社会学やポピュラーカルチャー批判の先達にもなっている。したがって批判理論としてのメディア研究を考えるとき、まずは批判理論そのものに目を向けておく必要があるだろう。

メディアをめぐる文明史観は当然ながら科学技術史と運命をともにしてきているので、メディア批判は近代的理性の矛盾を衝く象徴的な言説空間となる。合理的に啓蒙と教化を実現する伝統的かつ近代的な理性を、もっとも具体的に体現しているのがメディアであり、それに対する批判理論としての言説がメディア理論である。メディア理論によるメディア批判の延長線上にハリウッド映画、広告、ラジオなどの普及がもたらした大衆文化への警戒や対抗あるいは不信からの批判あるいは理論化の試みが登場しても不自然ではない。

ここで、近代的理性の矛盾に対する批判の背景を少しだけ立ち入って復習しておこう。近代的な理性の根拠となっている科学的な認識、つまり批判理論が問題視した「伝統的な理論」は対象を限定し、その限定した範囲で観察し思考し、既存の状況を確実に規定しようとする。科学的認識によって自然を支配し、宗教的教義の拘束あるいは信仰の抑圧から脱するとき、理性は実は自然と社会とを搾取する道具として働いている。批判理論はその搾取に批判の矛先を向ける。

ホルクハイマーが批判的に論じたように、道具的理性[★10]は自然を技術的に支配し、社会の合理化を推し進めるための道具でしかなくなり、結果的に自然と社会とを搾取する道具として働いてしまうという批判である。フランクフルト学派はその考え方に基づいて、既存の社会的な全体性やそれが成立する条件の是非を問い直すことをめざした[★11]。この理論化の試みがマルクスの影響下にあり、ユダヤ的なメシアニズムを強く志向していることを差し引いても、自然と社会の双方に人間が疎外されている近代において「何が理性であるか」という問いを発していることにかけて先鞭をつけたことは間違いない。

言うまでもなく、批判は否定ではない。伝統的な理論や科学的な理論あるいは科学技術の開発史をすべて否定しているわけではない。むしろ社会的な分業のあり方として、科学的な理論などが社会において恩恵をもたらすのではなく、結果的に人間に負荷をかけているのではないかと問題視したのである。批判理論は変化に対して強い緊張を強いることを目的としているために、既存の体制を、実際に大きく変えていこうとする強い志向が内在している。

近代的な理性あるいは科学的な認識の偏重に対する批判は、フランクフルト学派よりも以前に、小説や詩などの文学の分野ではじまっていた。単に読むものであった小説や詩などの文学を、科学のように学問として対象とし、さらには「理論化」することが学問的に学究のあり方としても正しい態度だと考えられるようになる。より確固とした真理を探究する学識(knowledge)として文学を研究するようになった。そのきっかけのひとつとなったのが、イギリスのケンブリッジで一九二〇年代に提唱された文学批評運動である。その中心的な人物がケンブリッジ大学のフランク・リーヴィスとその後継者たちである。

リーヴィスによる文学批評運動[★12]は、印象批評にとどまっていた上流階級の趣味的な批評を乗り越えるべくはじめられた。「お高くとまって文学を愛好し、いわば貴族的な趣味で印象批評を紡ぐ」というそれまでの批評に一石を投じたのである。作品全体の印象批評ではなく、テクストを精読して批評するという方法論は批評という行為のアカデミズムのなかでの地位を向上させることになった。

このリーヴィスがめざした批評の理論化は要するに「文学とは何か」あるいは「なぜ文学を読むのか」という素朴な問いに答えることである。その結果、文学の読解と文学批評という行為によって、善良な人間になれるという持論が当時としては独特な説得力をもつことになった。またリーヴィス以前には、一九〇四年にオックスフォード大学ではじめて英文学教授に就任したウォルター・ローリーのように、文学の理論化を通じて、国民国家としての文化的な威信や価値を内外に高めようという政治的な使命を訴える英文学者がアカデミズムで確固たる地位を得ていた。[13] いずれにしても「英文学」がアカデミックな地位を得たのは二十世紀に入ってからということになる。[14]

一九三二年に「精査」や「吟味」を意味する『スクルーティニー（Scrutiny）』という文学批評雑誌が創刊される頃になると、リーヴィス派ともスクルーティニー派とも呼ばれる文学研究はアカデミズムのなかでも大きな位置を占めるようになる。[15] マーシャル・マクルーハンもこの時代のケンブリッジに留学生として在籍し、後のカソリシズムや吟味・精査に基づく「メディアの理解」への道筋を得ることになった。吟味の対象となる論議の場こそ英文学という研究領域であることを主張し、文学は政治、法律、歴史、科学などより、はるかに重要で権威のある学問であることも主張した。これらの「精査」と「吟味」を通して、厳密な批評的基準を追求したのである。

スクルーティニー派はほとんどタブー視されていた文学作品の分析を研究としてアカデミズムのなかに位置づけた。文学を読み解くうえで歴史や心理学や文化人類学などの社会的な現象や歴史的なテーマを読解に持ち込んで、作品に描かれている人生観や歴史観、登場人物の性格や人間関係などが「分析」されるようになった。主人公の社会的な位置、文中の一節に盛り込まれたメタファーやそれを言語として表現する著者の意図など、作品に社会や日常との共通点を見出そうとする「分析」を方法論としている。人間や動物を解剖してこの臓器はどんな働きで、どんな状態にあるかといった「分析」をするのと同様である。

このスクルーティニー派をはじめとする黎明期の批判理論は文学から大衆文化へ適用されることになり、さらにはソシュールの記号学やフロイトの精神分析も組み込まれ、構造主義の登場によって、一九五〇年代くらいからテクスト批評や文化批評は新たな局面を迎えることになった。当時流行していたマルクス主義に基づく資本主義批判もあり、当然のように政治的なイデオロギーも導入され、文学批評はある種の社会運動のようにもなっていく。

このような批判理論や文学理論がメディアといったい何の関係があるのか。それは資本主義批判や大衆文化批判であると同時に、メディアが伝達する（伝達しようとする）メッセージが言語表現であることに関係する。どんなに映像が優位となっても、映画であれテレビであれインターネットであれ、身体と言語との不可避な関係性、すなわち言語表現をめぐって制作者（作者）と鑑賞者（読者）といった存在論的な二元論から逃れられないという点で共通している。

フランクフルト学派からハーバーマスやルーマンなどに受け継がれていった批判理論[★16]は、メディア論だけでなくコミュニケーション一般にも応用され、議論されるようになった。また大衆文化批判という点からは「スペクタクル批判」（ギー・ドゥボール）[★17]、テクノロジー批判という点からは「ドロモロジー（速度学）」（ポール・ヴィリリオ）[★18]のような（いささか雑な）批判理論に受け継がれる一方で、テレビをはじめとする市場経済のなかのメディアあるいはジャーナリズム論的な役割も同時に大きくなり、社会学などにおけるメディア研究は重要になっていった。

解釈学的メディア論

メディアをめぐる受容理論のなかでも解釈学的なアプローチは、テクストを読むという行為によって読者が意味をつくり出すという考え方を応用して、映像や音声やテクストなどメディアが伝えるメッセージをいかに「読む」のかというメディア受容の理論として展開されてきた。メディア批判が理論化されていった背景には文学理論や批判理論がアカデミズムで一定の地位を獲得していく一方で、メディアをめぐる社会的な前提、たとえば技術革新や市場動向が大きく変わっていったことも密接に関係している。

こうした社会的な背景から浮上してきたのは受容という概念を美学的に転換しようとする新しい解釈学である。神学や文献学の補助的な役割に過ぎなかった解釈学は解釈することに関する原理や理論を体系化しようとする試みとして、十七世紀頃から十八世紀にかけてドイツではじまり、十九世紀には「一般解釈学」として知られていた。

二十世紀に入ってからもマルティン・ハイデガーが解釈学に独自な地位を与えていたが、それを「受容美学」の概念的基盤として再構築したのがハンス゠ゲオルク・ガダマー（Hans-Georg Gadamer）である。[★19] ガダマーの新しい解釈学は多岐にわたる影響を及ぼしたが、一九六〇年に出版されたガタマーの主著『真理と方法』は解釈に否応なく組み込まれざるを得ない「先入観」の自覚を提唱した。このような先入観が影響する歴史哲学的な態度を「影響作用史」として基礎づけたことが大きな特徴である。この作用史から生まれるさまざまな「解釈学的理解」は「学習過程」として位置づけられている。[★20]

解釈にははっきりとした「はじまり」はない。予断や先入観は好むと好まざるとにかかわらず働く。「歴史に学べ」とはよく言ったもので、過去はわれわれにいつも語りかけ働きかけている。この影響史を「影響史的意識」として自覚することになる。その自覚は影響史の効果を見過ごすことが事実上できないことを暴露している。過去が現在のわたしたちに何かのきっかけで語りかけると、無意識に働いていたわれわれの先入観が意識され、その妥当性を問うことになり、さらにはわれわれの問いが過去に対しても向けられる。過去がいつもわたしたちに問いかけているのだとすれば、その問いをめぐる解釈のなかに妥当性を求めざるを得ない。

ガダマーの解釈学はそういった作用影響史の優位性をめぐる態度表明だったとも言える。ガダマーの影響史や解釈学のなかでもとりわけユニークであったのは「地平」という概念に特別な地位を与えたことである。ガダマーはニーチェとフッサールを先駆者として挙げながら、「地平」について以下のように説明している。[★21]

有限な存在者にとって、自分がいる場所はすべて限界をもつ。状況概念は、まさに、見ることとの可能性を制限する立地点として規定される。それゆえ、状況の概念には、本質的に地平(Horizont)の概念が属している。地平はある地点から見えるすべてのものを包み込む視界である。これを思考に適用して、「地平（視野）が狭い」とか、「地平が広がるかも知れない」、「新しい地平が開かれる」などと言う。この地平という語は、特にニーチェおよびフッサール以来、哲学において、有限で規定された存在に思考が拘束されていること、視野が一定の歩調で拡張されること、を表現するために用いられている。

この「地平」を肯定的に反転し解釈学への導入を進めるとともに、ガダマーの作用影響史的意識を実際に文学の受容理論として定式化することになったのがロベルト・ヤウス[★22]とヴォルフガング・イーザー[★23]による「コンスタンツ学派」である。

いまだ解釈されていない作品の「期待の地平」がこの作者・テクスト・受容者の三極構造、とりわけ受容者（作者も読者のひとりとして位置づけられる）にどのような影響を及ぼすかということを探求すること。これが「受容美学」の基本的な立場である。受容美学は、「読む」という行為から「期待の地平」はどのように発見され、それは読者にとってどのような機会や学習となるかという問いである。結果的に、どのように「期待の地平」が著者と読者のあいだにどのように構築されるか、あるいは「期待の地平」がどのような企てとして読者と著者とのあいだで共謀されるかということを明らかにしていくことにほかならない[★24]。

作者、作品、公衆という三角形のうち、公衆は受動的な部分であるばかりか、つまり単なる反応の連鎖をなしているのではなくて、逆に歴史形成のエネルギーにもなっている。

ヤウスは受動する公衆、つまり読者などの受け手を、単なる読む人であることを超えて、新しい歴史をつくり出す担い手として期待している。いわば、作者・テクスト・受容者の三極構造がもたらす共同正犯行為としての読みという観点から、文学史という手垢にまみれた歴史観を刷新しようとしている。むしろ「正しく読み取る」あるいは「どう読まれるべきか」という評価の絶対化を退け、作品が成立した社会経済的あるいは歴史的な文脈（コンテクスト）を読み解き、読者がどのように受動したかという役割期待を重視する立場が強調される。

結果的に、受容美学は読者（受容者）の解釈行為のなかから作品の意味を考えていこう（再評価していこう）とする理論として発展していくことになる。当然のように、文学以外の分野でも応用されていった。

美術の分野でも、受容美学が応用され、鑑賞という行為が重視されることになった。社会経済的あるいは歴史的な文脈（コンテクスト）だけでなく、市場経済や市民生活における読者の役割期待を基礎に美術史や美学あるいは作品・作家研究を洗練させ、コンテクストと読者の役割期待を洗練させようとする試みである。美術研究の分野でも、作者、作品、公衆という三角形を重視し、公衆の作品受容という立場から「読む」というアプローチに高い関心が集まったのである。

たとえば、ヴォルフガング・ケンプはレンブラントの『聖家族』を分析するにあたって、受容美学で提唱された日常的な文化習慣と絵画表現の技術、そして美術史観との複合的で重層的な関係性を重視した。[★25] 絵画の「受容美学」は受容者としての鑑賞者への作品そのものが孕む意図はもとより、受容者側の経済社会的な背景の分析によって成立しているという立場である。たとえば、ひとつの秩序としての構成要素はどのような原理と原則とで成立したのかという問いを立てたり、その秩序がどのような歴史的あるいは文化的な背景をもっているのかということの「理解」をめざしている。作品を成立させている必要条件を当時の社会背景を考慮して分析するという態度を重視したことは、ガダマーが力説していた「理解」に近い。後年の歴史や批評が述べてきたことをいったん棚に上げて、作品がつくられた当時の時代精神をできるだけ丹念に整理して、当時の人たちが置かれた状況のなかで作品が作品として成立することのプロセスを分析することを重視した。

画面を成立させている鑑賞や批評は独立して存在する行為ではないが、作品が成立した時代背景からの影響は避けられない。受容という行為から考えていくと、作品を成立させた意味内容が神秘化され、「いかに美しいか」という普遍的かつ美学的な問いを避け、芸術や文学の特別な地位は維持され美学的相対主義が確立することでもある。この辺りは受容美学研究の諸刃の剣である。

そして受容の歴史的あるいは社会的な状況に積極的な意義を見出そうとする態度はメディア受容研究としても確立した。先にも述べたように、メディアに関する理論研究のなかに解釈学は哲学的な方法論として取り入れられ、結果的にメディア理論におけるオーディエンス論[★26]として独自の地位を獲得することになった。メディア受容研究はオーディエンス論とも言われ、そのオーディエンス論はカルチュラル・スタディーズの一分野として展開された。カルチュラル・スタディーズはスチュアート・ホールとディック・ヘブディジを中心に一九六四年に設立されたバーミンガム大学現代文化研究センター（CCCS: Centre for Contemporary Cultural Studies）を拠点として展開された。

一九七〇年代には彼らの構造主義的アプローチによるメディア批判はマスメディアの政治性に向けられた。人種やジェンダーあるいはポスト・コロニアリズムなど、従来の観点には見られなかった対象と方法を採用したため、フランクフルト学派以来の批判的なメディア研究の潮流となった。

彼らのアプローチがDIYメディアなどメディア・アクティヴィズムのきっかけをつくることになったことは評価されて然るべきである。しかしながら、その手法は、他の分野でも同様であるが、構造主義の問題と共通している。つまり分析を重視するあまり、その政治的な分析に有利な対象を恣意的に選択したため、メッセージの意味内容が極端に相対化されてしまうという致命的な方法論上の欠陥があった。ホールのメディア分析に対する批判については、後の記号学的メディア論の節でもさらに詳しく述べる。

ただ多少カルチュラル・スタディーズが政治的に偏向していたとしても、ホールによるメディアの受容理論には先駆的な意義があったことは間違いないであろう。ニール・ポストマンが論じているように、映像メディアの浸透によって、確かに誰もが尊敬し信念としてもち得るような権威が突き崩されている。つまり特権的に「表現する」あるいは「伝える」といった主体概念を後退させ、受容を研究し「理解」の地平を与える解釈学的メディア論にはメディア研究にとっての「期待の地平」がある。

メディアがもたらすメッセージはメディアが擁している技術と市場によって表出が可能となるのであって、メディアはメッセージの意味内容だけで構成されているわけではない。これまでカルチュラル・スタディーズを含むメディア論あるいはメディア研究は、メッセージとその意味内容の「読み」に特別な地位を与えてきた。「メディアはメッセージである」というマーシャル・マクルーハンの格言にも、メッセージの意味や表象に特別な地位が与えられているように見える。しかしながら、「表現する」あるいは「伝える」といった表現する側の行為よりも「伝わる」あるいは「知る」といった側面が重視されている点で、マクルーハンによる「メディアの理解」は解釈学的メディア論であるとも言える。マクルーハンはメディアがもっている構造と機能がもたらす意味作用を、メディアを介したメッセージの影響だけに着目し、それを丁寧に読み解きながらメディアの「理解」を可能にする方法を示した。

マクルーハンは一九三四年にケンブリッジ大学に入学し、途中アメリカで英語教師をした期間をはさんで、一九四〇年に修士号を得た。ケンブリッジ大学トリニティカレッジに留学したマクルーハンはリーヴィスの講義に感銘を受け、大衆文化を研究し始めたという。その当時のリーヴィスは、『実践批評』（*Practical Criticism*, 1929）を出版し実践し始めた頃だった。その影響が小さくなかったことは容易に想像でき、マクルーハンの「メディアの理解」[★27]は、「メディアを読む」という点からメディアの受容のガダマー的な「理解」をめざした、文字どおりの「実践批評」だとも言える。作者、作品、公衆という三角形において公衆を特に意識し、その知覚的な変容を丹念に記述しようとしているわけだから、方法としてはまさに解釈学的なメディア論である。

再帰的メディア論とは

解釈学的なメディア論では、表出と受容の関係が一体化していなければ解釈そのものが成立しない。著者と読者、放送局と視聴者などといったように、事前に表出と受容の関係が固定的でなければならない。ここから受容者側からのメッセージの解釈行為が、表出の相対化とともに成立する。

このように、差異を解釈の前提にしてしまうと、対象に対する言及がその対象自体に影響を与えることになる。これは再帰性と言われる現象である。とりわけメディア論ではその傾向が強くなる。自己と他者、観察者と対象、人間と動物あるいは心と体といった存在論の古典的な二元論を想定して分析しても、二項対立での分析が通用しない事態である。スコット・ラッシュは文化産業の対象は再帰的であることを的確に指摘し、いわゆるメディアと呼ばれている文化産業のほとんどが、媒介されていない「近似的媒介を伴う」という意味で、すなわち古典的な二元論によっては明晰に論じられないという意味でミメーシス的であるとしている。[★28]つまり、マスメディアをはじめとする文化産業と呼ばれている産業は、メディアと言われていながら、媒介ではなく模倣を追究している。模倣を繰り返せば繰り返すほど、再帰的な事態を招く。ここでいう再帰性（reflexivity）は一九九〇年代に入ってアンソニー・ギデンズが主張した概念[★29]に近い。

再帰という用語で思い起こされるのがコンピュータのプログラム言語である。プログラム言語における再帰性（Recursivity）とはギデンズの述べる再帰性とはいささか異なる。プログラム言語における再帰とは、あるものについて記述する際に、記述しているものそれ自身への参照が、その記述中にあらわれることをいう。定義において、再帰があらわれているものを再帰的定義（Recursive Definition）という。すなわちあるものを定義するにあたってそれ自身を定義に含むものをいう。再帰性は「「「『写真を撮る人の写真』を撮る人の写真」を撮る人の写真」を……」のように同じ構造を繰り返し適用できる性質を意味する情報学の用語である。再帰（Recursion）がコミュニケーションの一般化にとっても基礎となることを、多くの人が指摘している。

これを社会のなかで出現する再帰性と比較することはいささか乱暴であるが、社会を対象とする限り観察結果が観察対象に影響を与えることは避けられない。したがって、対象についての言及が対象自身に影響を与えることを考慮せざるを得ない。

プログラム言語はコンピュータの計算能力を最大限合理的に引き出すために考案された人工的な言語である。もっと素朴な言い方をすると、機能という名の信念を記号と計算手順で置き換え、コンピュータが答えを出す（計算できる）ように考案された人工言語である。

二十世紀は文学を理論化しただけでなく、さまざまな分野で状況や現象を記号に置き換え、それを物象化する方法論の確立に躍起になっていた。あらゆる事象について物のように扱えるようにモデルをつくり、それをゲームの盤面のように操作できるようにし、それを状況に応じて社会と呼んだり、世界と見なしたり、市場と位置づけてきた。自然言語を文学研究の実践批評のように理解するのではなく、さまざまな状況や現象を記号に置き換えて、科学として（あるいは科学のように）研究する対象とした。その記号化の究極がプログラム言語であると言ってもよい。いわば二十世紀は記号化の世紀であったとも言える。

その記号に関する研究に社会や自然のありとあらゆる現象や事象、あるいは状況を記号だけで思考し解釈という考え方を明示的に導入したのがチャールズ・サンダース・パースの「記号論」である。それに対して言語という伝達の形式に関して、記号を用いて一般化しようしたのがフェルディナン・ド・ソシュールの「一般言語学講義」である。[★30] ソシュールとパースはいわゆる記号論や記号学の始祖として名前が挙がることが多い。

ソシュールは人間がおこなう奔放な言語の使用について、「記号表現《シニフィアン》」と「記号内容《シニフィエ》」という二つの概念の関係で説明しようとした。「う」と「れ」と「し」と「い」という四つの文字（記号）から構成される「うれしい」という文字列（シニフィアン）と「うれしさ」や「喜び」の感情（意味されること、すなわちシニフィエ）との二項関係に記号の意味があらわれるという考え方である。

ソシュールはシニフィアンとシニフィエがつながりをもつプロセスにおいて意味作用

（signification）がつくられていくと考えていた。「記号表現《シニフィアン》」を物質のように見なし、「記号内容《シニフィエ》」を媒介している役割を果たす担い手として機能すること、シニフィアンとシニフィエを関連づけていくうちに意味作用（signification）ができあがっていく過程などに着目して論じた。つまり文字列のような記号表現《シニフィアン》の形式そのものがメディア的な性格をもつと考えたのである。もちろんこれには数多くの観点から批判することが可能だ。たとえば記号表現《シニフィアン》はメディア的性格をもちながらも、シニフィエは一意には決定できず常に近似的でしかあり得ない。事実それを「近似的媒介」とラッシュは婉曲に批判している。

さて一方のパースは二項関係ではなく、三項の関係を想定した。記号と対象との関係の違いで記号を「図像」「指標」「象徴」という三種類に分類した。「図像」は類似性で対象と関係づけられた記号、「指標」は指示関係によって関係づけられた記号、「象徴」は取り決めによって関係づけられた記号である。

ソシュールがシニフィアンとシニフィエという二項関係で、意味作用（signification）が発生するプロセスを説明しようとしたのに対して、パースは記号の意味を解釈で考えようとした。ソシュールで言う「意味作用」にあたる解釈作用（interpretance）を、対象（object）、表意体（representamen）、解釈項（interpretant）の三項関係で説明しようとしている点で異なっている。その結果として、記号が記号を無限に呼ぶ「記号過程」が生成され続けると主張している。★31

ソシュールとパースが問題にしたように、記号の意味が伝わるか伝わらないか、もし伝わるとすれば、どのように伝わるのか。それらは言うまでもなく、記号学がそうであったように、メディア論における最重要課題のひとつである。
文化記号論など文化や社会のなかでのメッセージの作成と受容を説明する際、一般的にはエンコーディングとデコーディングの関係で語られることが多い。ホールはテレビ放送での談話を分析する意味過程にあっては記号の解読者つまり受容者に特別な地位を与えた。これがオーディエンスの受容を分類し、分析するうえでの根拠とした。「伝わっている状況」を記号化し、その記号を分析していくのである。★32

デジタル技術とインターネットを社会そのものと考えるようになっている現在、データとプログラム言語という記号の体系を抜きにして、「伝わった結果」あるいはその社会的影響だけでメディアを論じることは事情上意味がない。プログラム言語の解釈はもちろん自然言語の解釈とは異なる。プログラム言語では解釈も同じ記号体系のなかでおこなうことになる。

プログラム言語そのものを思考することもひとつの方法論である。★33 どんなプログラム言語であっても、データを操作するための手続きがあり、その手続きに設計者の信念が組み込まれている。プログラミング言語そのものは信念の集合、つまり外部から手順に従ったデータが入力されて「伝えられるべき情報」が生産される、設計という信念に基づいてつくられた人工的な言語である。その信念が作動すると、それは機能とも呼ばれる。少なくともプログラム言語そのものは記号体系の解釈からは自由である。解釈の余地を残していては無矛盾に動作しない。それよりも、大きなスケールでさまざまな動作（計算結果）を生み出すようにプログラミングすることができる。その膨大な解答のパターンを人間が信念のように錯誤するようにつくられている。観察結果が観察対象に影響を与えるように計算結果のバリエーションを増やしておけばよいわけだ。

さらに言えば、信念は意味を要請しない。設計という立場から考えれば、結びつきのない記号は何の意味もない。したがって記号の意味とは、機会をとらえ状況に応じて（都合が良いように）理解しようとする可能性、つまりガダマーが述べる「地平」である。この地平に伝達の可能性がある。伝達の可否は自己にあるわけでも他者にあるわけでもなく、たとえば再帰的な呼び出しのようなプロセス、あるいは膨大な計算結果のバリエーションのなかに抽象化されている。意味は誰かがもっているものでもなく、誰かが決めるわけでもない。ネットワークによって協調的に計算結果を利用し合うような環境が現実にあるわけだから、ガダマーが述べるように、「意味の天啓」は共同性によって「生起」するのだ。★34

循環は形式的な性質のものではなく、また、主観的なものでも客観的なものでもない。循環的理解は伝承の動きと解釈者の動きが互いに働きかける関係である。テクスト理解を導いている意味の天啓は主観性の行為ではなく、理解する者を伝承と結びつけている共同性から規定されている。だが、この共同性は、理解する者が伝承へとかかわるなかで、たえず形成され続けている。それは単に、理解する者がいつもつねにそのうえに立っている前提ではない。理解し、伝承の生起に参与し、それによって自らこの生起を規定し続けることによって、この共同性そのものを作り出しているのである。

ガダマーが循環という現象から導きだした共同性は「真となるかもしれない」仮定や仮説的構造の集まり、つまり期待の地平として考えておくことができる。しかしながら、この共同性は膨大な解答の集まりかもしれないが、必ずしも真の命題になるとは限らない。デジタル技術とインターネットは「必ずしも真にならなくてもよい命題の集合」、つまり仮定や必要条件、あるいは反証可能性がある命題の集まりということになる。仮定や条件あるいは反証可能性がある命題の集まりは常に再帰性を伴っている。その再帰性は未熟な社会の実際の営みが、その営みに関して新たに得られた信念によって常に吟味され、解釈され、その存在理由を必然的に変えていく可能性となる。コンピュータが人間と同様に見かけ上、帰納的な推論をおこなったり、学習しているように振る舞ったりするためには、プログラムの定義のなかにさらにその定義されるべきものが抽象化されて含まれていなければならない。数多くの読み方のなかから、期待の地平が発見され、あるひとつの特定的な読みが優先される状況であるとするならば、意味が共同性によって獲得されるためには信念の共同体のような共同性が必要だとガダマーは主張しているとも言える。

人間は記号の再帰性を生得的に処理しているのに対し、コンピュータ自身が再帰性を定義することは自身では不可能である（プログラムはプログラム自身の意味をわかったりはしない）から、コンピュータ・プログラムの機能、すなわち信念を機械に委ねて社会に反映し解釈の余地を残すような想像力は再帰的定義のあり方にかかっている。その一方で、人間が生きている社会のすべてが記号化されているわけではないが、人間ですら「端末市民」という記号として抽象化され「処理」の対象とならざるを得ない状況にある。コンピュータによる記号処理と同様に、近代化が成熟すればするほど、再帰性に直面し一般的な解釈の可能性はむしろ後退する。記号化が進むに従って社会は合理化され、社会の予測可能性や制御の対象が増していくという近代化＝合理化論は幻想に過ぎず、国家社会主義によるファシズム、大量破壊兵器による国民国家間の戦争、原子力平和利用の誤謬、近年では世界的かつ連鎖的な金融恐慌など人間世界の危機状況は、すべて記号化された社会における解をもち得ない予測不能の状態である。これはアドルノとホルクハイマーが『啓蒙の弁証法』で論じた近代的な理性の「なれの果て」であり、致命的な欠陥である。

この致命的な欠陥とは必然的に自己実現としての再帰性の問題でもある。記号についての考察とは、究極的に記号処理における自己完結や自己実現の困難さについて思考することにほかならない。再帰的なメディア論とは、このような自己実現としての再帰性をコミュニケーションの地平として探究することである。

何のためのメディア論か

これまで見てきた解釈学的なメディア論と記号学的なメディア論は対立するものではない。メッセージの意味内容がメディアの形式に依存している以上、むしろ、「意味の天啓」が共同性によって「生起」するという点では相互に深く関係していると考えておかなければならない。

ではこれらのメディア論は何のために必要なのか。簡単に言えば、インターネットや経済のグローバル化、ソーシャルメディアの普及によって、人類の英知は向上し、世の中はよくなっているかということを問うためである。もちろんこの問いに対して早計に答えを出すべきではないし、そもそも出ることもないだろう。ここではメディア論を取り巻く状況について、ソーシャルメディアを例に整理しておきたい。

ソーシャルメディアやソーシャル・ネットワーキング・システムを取りあげるとき、「ソーシャル」という言葉がバズワードとして流行してしまうほど、インターネットがひとつの共同体のように論じられることも多い。その社会的な影響力についての調査研究もいろいろな方法で示されている。[★35]

携帯電話やパソコンなどの普及率に裏づけられたソーシャルメディアによって誰もが情報の発信者となれるとしばしば言われる。確かにそれに近い利点もあるにはあるが、伝えるために時間をかけるという重要な知的営為を自ら毀損しているという意味で一面的である。そもそも「誰もが情報の発信者となれるという命題」そのものがいささか間違っているのかもしれないと考えておくべきである。ユーザが身を置いている社会的な環境やそれに応じて費やされる時間、あるいはその瞬間ごとに置かれている状況、貧富やリテラシーの差が考慮されておらず、「いつでもどこから誰でも発信できる」というソーシャルメディアの効用はあまり精密に社会の諸状況が反映されているわけではない。多くの人が飛行機に乗って旅行することのできる時代であるが、飛行機にすべての人が乗れるわけではない。飛行機に乗るという経験は一般化し得ない。したがって、「誰もが飛行機に乗って世界中を飛び回れる」といった言明は論理的には真であるものの、社会的には普遍的な答えは導けない。それと同様に、「誰もが情報を発信できる」といった命題を議論の前提とすることは、メディア論としてはあまりにも偏向的で不公平である。

ソーシャルメディアの優位性は洗練された検索やタグ、あるいはリンクといった解の集合を社会（ソーシャル）と見なしている点である。タグやリンクを社会と見なしているなんて、何とも素朴な見立てであるが、それはいつの間にか一般化してしまっている。「シェア」や「フォロー」などは社会関係のシミュレーションである。社会関係のインターネット上におけるシミュレーションがソーシャルメディアである。このつながりや友だちといった「関係」は基本的に検索結果である。キーストロークやマウスクリックの履歴をたどったりしながら、過去のリンクを探索し参照することを「つながり」という。「シェア」や「フォロー」も、基本的には検索ロボットで集めた情報（ウェブ、ビデオなど）を分析した結果であり、推論上の「お友だち」である。

ソーシャルメディアがこれまでのテレビ放映やポータルサイト型ビジネスサービスと異なる点は、つながりが文脈を形成しているように見えるため、メッセージよりつながりの方が有為だと錯覚してしまう（させる）点にある。

ソーシャルメディアのような現在のインターネット上のアプリケーションでは、言論としてのメディアは単に話したり書いたりすることだけによって社会的に重要な役割を与えられているわけではない。メディアによって現実的な諸問題を発見することに重要性がある。解決ではなく発見が重要なのだ。再帰性を伴う定義に基づいた知識表現が見かけ上の言論、さらに言えば「つながり」や「友だち」といったインターネット上の関係を擬似的に成立させている。この素朴に組み立てられた擬似的な社会に感情や感傷を委ねてしまうような「どうしようもなさ」は、知覚の敗北であり、道具的理性の「なれの果て」である。

ソーシャルメディアが資本市場とリンクするようになって、本当に個人のメッセージや意味内容は尊重されているのだろうか、という素朴な疑問が生じるのも無理はない。ソーシャルメディアの発達によって、政治活動への動員や意見の集約が容易になったとする意見も一面では真実である。事実、脱原発や反安保法制改正のデモが規模を大きくしたのは、ソーシャルメディアによるところが大きい。ただそこにはどこかその方法で良いのかという疑問は常に残るし、現実的には直接的な見返りのない「どうしようもなさ」に直面することになるだろう。

この「どうしようもなさ」がある限り、どんな組織化であっても、そのプロセスには試行錯誤は避けられない。その点を考慮するとソーシャルメディアの影響で、政治的正当性の承認がお手軽になったとも言え、多様性が強調されるあまり求心力がなくなって、何を言ってもやっても影響力に乏しいという結果も招いてしまう。

確かに、自らの意見をリアルタイムに述べる機会が増えているのと相関するように、忘却の速度も増していく。ひとつのテーマについてすぐに反応して自らの意見を述べ、賛同や共感を集めて行動したい人が多くなったことは事実である。それまでの因習を批判することで自らの価値を可能な限り大きくしようとする事例も目立っている。インターネットを利用して活動を拡大し、経済的にもある程度自立できるようになった人たちの登場だ。この「新しき人びと」あるいは「新しき世代」ともいうべき人たちの一部は、「私＝メディア」といった自意識感染症に可能性と希望を見出す。単なるユーザとしての振る舞いを自由と見なし、マスメディアを表層的に批判し、その影響力を表面的に排除しようとしている。既存の社会の常識やモラルにもとらわれていないといった軽佻浮薄な態度表明が簡単にできるようになったことも確かで、自由な言論が可能になったと不自然なまでに強調する人たちもめだつようになっている。

インターネットは確かにメディアのひとつと言えるが、ソーシャルメディアは市場原理に基づく、ひとつの情報サービスである。もちろん旧弊だと批判されるマスメディアも市場に依存しているが、そのマスメディアとは違うかたちで市場に依存している。ソーシャルメディアがマスメディアと相互依存を強めながら同調圧力を強めている場合も少なくない。そうした傾向を抜きにして自由を論じることは錯誤を生じやすい。

ソーシャルメディアの効用をリバタリアニズム（libertarianism）と結びつけ、経済的な自由を享受していると信じているソーシャルメディア・エヴァンジェリスト（信奉者）の「新しき人びと」はソーシャルメディアで流れているメッセージのフローが金融化されていて、その金融化に抑圧されていることは論じられない。もちろん知っている（あるいはうすうすと気づいている）はずであるが、それはソーシャルメディアの社会的な効用とは別の問題だと思い込んでいる、あるいは政治的正当性に不都合が生じるので言及しない。しかしながら、自我をソーシャルという市場の渦中に放り込んで、伝えるとか知るといった欲望とは異なる種類の欲望に浸食されている事態はむしろ深刻だ。少なくともインターネットのトラフィック（通信量）を貨幣に変換する金融資本主義の到来によって、記号学的メディア論の再帰性を利用したビジネスモデルがたくさん登場するようになっている。日々の伝達手段が金融恐慌を起こし得るマーケットは批判的に検証されなければならない。

さらにこのようなソーシャルメディア・エヴァンジェリストはリバタリアニズムやコミュニタリアニズムからの批判に答えようとしているが、残念ながらソーシャルメディアの影響力だけで安易にリバタリアニズムやコミュニタリアニズムを応用することには慎重にならなければならない。

リバタリアニズムは政府による所得の再分配を否定しているため、究極的には資本市場での自由放任が原則である。リバタリアニズムの立場から言えば、その市場での抑圧は受容されるべきだということになる。だとすれば、完全な自由市場となっていない原子力発電をはじめとするエネルギー政策批判は批判そのものが説明不能なものになってしまう。

脱原発に関わる議論では、現状に即した議論をしようとする人たちも脱原発のニュアンスを少しでも小さくしてしまうと、途端にやんやの批判にさらされることになる。悪意がなくても、マスメディアと同様にソーシャルメディアも同調圧力をつくり出してしまうのである。それは解釈学的メディア論の期待の地平や記号学的メディアの再帰性のどちらをとっても、対象を深く言及すればするほど自己言及が顕著となり、その緊張から逃れようとするあまり、最終的には同調圧力に屈してしまうことになりやすい。その同調圧力から逃れようとすると、日本に限った話にするならば、日本的な良識や横並び意識といった愚直なコミュニタリアニズムに逃げ道を求めることになる。このように、ソーシャルメディアの優位性を説きながらリバタリアニズムやコミュニタリアニズムを語ることはあまりにも素朴である。ソーシャルメディアは、慣習的な序列や情緒、あるいは善悪の判断といった社会関係のインターネット上におけるシミュレーションであり、インターネットを現実として受け入れざるを得ない人びとが抱える緊張の逃げ道に過ぎない。

「どうしようもなさ」を論じること

ではメディア論は何をどのように議論すべきなのだろうか。言語学、記号論、文化人類学、情報学との親和性はそれぞれと高いものの、必ずしも一致しない。メディア論はより抽象度が高く、真理に近づけるための観念について思索を深めなくてはならない。

自由を例にそのことを整理しておこう。インターネットの特徴を利用してすべてのユーザが真正のリバタリアンをめざすと仮定しよう。真正のリバタリアニズムにとって、リバタリアンを追究することは究極の自由を手にすることなのだろう。いまさら自由に伴う責任は重いといった誰でもわかるようなことを議論しても仕方がないが、自由という観念を追究し過ぎるあまり、自由の本質をめぐる議論がむしろ置き去りになりがちであることに注意しなければならない。自由の理想化は現在の状況下では思想的にも現実的にも資本主義の否定にもなりかねない。そのような資本主義の否定はインターネット上の自由を行使するという前提と矛盾してしまうからだ。

ローレンス・レッシグの「Free Culture」★36では、著作権が、自由な市場という大義のもと、ごく少数の人たちに独占されていることを指摘し、クリエイティヴ・コモンズが提唱されているが、それも一歩間違えれば自由放任の資本市場原理に抑圧されながら自由を論じるという論理矛盾すれすれで自由を論じている。つまりメディアや言論の自由をめぐる哲学論争以前に、きわめて奔放な市場原理の前では単純な論理的な矛盾が生じやすいのだ。いまや私たちの精神活動や人間関係の多くはメディアに依存しているが、そのことに自覚的になるとき「自我」を課題として意識すると、精神病理（あるいは精神分析）への危険な接近を呼び込むことにもなる。自己と他者との関係に依存している以上、もはやインターネットのなかに「わたし」がいるといった慣習的な態度（経験知）を認めること、つまり自我といった過大な近代的な自意識などなく、自意識を低く変貌させ、このような「どうしようもなさ」をどのように議論するかという前提の方が重要となる。

メディアをめぐる意味の天啓は作者・テクスト・受容者の三極構造を批判的に分析することだけでは成し遂げられない。批判理論だけでは技術・市場・美意識というメディアを成立させている三極構造がもたらすコンテクストに介入することはむずかしい。批判理論のように資本主義のあり方を直線的に批判しても、資本市場が再帰的に抑圧をもたらす「どうしようもなさ」の罠にかかってしまうことになる。その意味でも「どうしようもなさ」はかなり手強い。さらに言うと、技術・市場・美意識の三極のなかでもっとも厄介なのは美意識である。そのなかには「こだわり」や「思い入れ」のような先入観も含まれていて、その意味では受容美学に近い。そのため、逆説的に「どうしようもなさ」をも美的経験として受容することについて「理解」する方法論が必要である。その理解はもちろん単にメディアをめぐる美的経験を絶対化することではない。美的経験の権威からの脱出についてヤウスは次のように述べている。[37]

美的経験の独自性とその成果を、歴史的には、プラトン哲学の権威主義的な遺産からの解放過程としてとらえ、体系的には、生産（ポイエーシス）、受容（アイステーシス）、伝達（カタルシス）という美的実践の三種の基本経験において把捉することであった。

生産（ポイエーシス）、受容（アイステーシス）、伝達（カタルシス）という三つの経験がもたらす「どうしようもなさ」はいまや資本の流動性と無関係でいられない。その資本の流動性を起こすなかに必ず投資や消費といった人間の生々しい欲望がともにある。その「欲望の共同体」、たとえば消費、都市、ネットワークあるいは資本主義に対する批判の体系化がメディア論の核心となりつつある。その意味で、期待の地平という思考はきわめて魅力的なメタ批判となるだろう。「どうしようもなさ」はもちろん自由にも関係するし、倫理や愛といった観念とも無縁ではない。すべてをコストで語ろうとする極論や他者の言葉を引き受けすぎて、自らの論を停滞させている「識者」など、「どうしようもなさ」を増幅させている事態の証しである。原発事故はもはや官僚主義や政治不在や大企業の倫理だけが問題なのではない。震災と原発事故の経験は理想化の論理に対して現実を照らし合わせているのではなく、そのあまりにも惨めな資本主義の「どうしようもなさ」の核心に触れることによって、実際的な社会的束縛としての言論統制や解体し、健全な政治的正当性について議論する基盤を整備することが先決であることを露呈している。

こうした「どうしようもなさ」を、コミュニタリアニズムはパースよりももっと現実に即したプラグマティズム（実用主義）で論じようとしている。つまり従来は市場で扱うべきではないと考えられていた自然の所与や人間の言動が次々と市場化するようになってきて、その過程で、社会の豊かさを支えていた福祉的な要素としてそれを担保することを、正しいとする承認を誰が担うのかという問題である。それは依然として未解決なままだということを論じる必要がある。さらには記号学的な再帰性にプラグマティズムは接近できそうにもないし、そこからもたらされる「どうしようもなさ」にも手が届きそうにもない。

生命を脅かすことがわかっていて設計をされた原子力発電所やその事故を批判する原発問題は、「原子力ムラ」など相互依存の構造的な経済原則や、その相互依存がグローバル経済や核開発の国際問題あるいは安全保障問題などにも通じている。そして、ある程度はコミュニタリアニズムで批判的に検証することはできる。コミュニタリアニズムにとってそれらは「性質の良い事例」である。原子力発電所をめぐる諸問題は、贈与と交換、互酬、利他的な行動、非営利組織、尊厳あるいは愛情の精神などが毀損される事例として事欠かないからだ。しかしながら、コミュニタリアニズムが自由な市場での競争という原則を前提としている以上、好むと好まざるとにかかわらず「地球の神経組織」（アメリカ国務長官ヒラリー・クリントン）と呼ばれるこのネットワークが私生活の一部として組み込まれている「どうしようもなさ」に直面せざるを得ない。

その実「知る自由」や「伝達の多様性」は自意識感染症に犯されているがゆえに、容易に抑圧される。言論統制や言葉狩りが露骨になっている反面で、「新たな人たち」が見かけ上声を上げるチャンスも増しているが、その「新たな人たち」さえも金融化されてしまう可能性がある。この市場に抑圧されている「地球の神経組織」のなかで、自由が亡霊となっている「どうしようもなさ」も同時に語られなければならない。

メッセージはすでに経済的なインセンティヴに変換され伝達される貨幣となっているので、外的な抑制（高度な専門性を伝えることの困難さ、報道のタブーや自粛、マスメディアと電力会社とのもたれ合い）が当初は機能しても、正義や倫理を追求する信念が疎外されてしまい、長期的に見ると経済的なインセンティヴが機能しなくなるばかりか、伝達しようとする意志や意欲をも減衰させてしまうような事態に追い込まれる。

以上のように、伝達が市場によって資本化され自由を阻害するという矛盾を問うことにメディア論としての方法上の本質がある。伝達の資本化や知の標準化はデジタル技術やインターネットの普及によって突然起こったことではなく、ピーター・バーク[38]やイアン・マクニリー[39]が指摘するように、太古の昔から工夫されてきたことだ。メディア論の核心的な問題はメディアがもっている同時代性を考慮しつつ、メディアの形式や社会性をいかに一般的に記述し得るかということである。

これまでに述べてきた解釈学的なメディア論と記号学的なメディア論をある程度統合し、メディア史としてもっとも精緻な記述をなし得たのはおそらくウォルター・オングであろう。内容が形式を規定し、その逆に形式が内容を規定する経験は、まさに生産（ポイエーシス）、受容（アイステーシス）、伝達（カタルシス）という三種の経験が交差し、再帰的な内面化をもたらす不可避の状況である。そのことをオングは「「一次的な声の文化（orality）」から文字の文化（literacy）への移行」として活版印刷術やそれに伴う市場形成を考慮に入れて論じている[40]。

旧来のシステムという亡霊を追い払っても、その後に自由が亡霊となる「どうしようもなさ」で身動きできなくなる。再帰的な緊張や抑圧から脱するための思考はすでにメディア論を超えた問題である。「どうしようもなさ」を乗り越え「人類の英知は上がり、世の中はよくなっているか」という問いがメディア論だとすると、論じることそのものが同時代性の強いテーマとなるはずである。オングのテクストが退色せず同時代性をもち得ているのは、道具的理性を承認するところから議論をはじめているからだ。それがノルベルト・ボルツ[★41]やフリードリヒ・キットラー[★42]の言説を生んでいるとも言える。技術革新や市場経済に翻弄されながらも、メディアをめぐる生産、受容、伝達という三種の経験について、「それは何か」(Was ist das?)というハイデガー流の問いに注釈を加える作業を執拗に続けるしかない。

このように考えていくと、メディア論は独特な哲学史をつくり始めているかもしれないとも思う。解釈学的なメデイア論も再帰的メディア論も近代哲学に一貫して見られる伝統とそれに対する批判、そしてその理論化とその弊害を包摂している。それはまだじゅうぶん検証されてきたとは言えないが、デカルトの心身二元論にはじまりカントによって体系化された認識論の伝統をたっぷり含みながらも、「どうしようもなさ」のような説明不能な問題群が数多く存在していることを暴露している。

近代的理性は正しさ(真理)を獲得するために知的基礎を確立しようとする営為であった。そしてガダマー、ヤウスだけでなく、ハイデガーやウィトゲンシュタイン、フーコーなどの哲学者による近代的な理性に対する批判は、知的基礎の確立や認識論の伝統に対する批判であった。そして技術と社会と市場を構造としてもち、伝達のスケールを圧倒的に大きくすることのできるメディアは「知る」あるいは「正しさ」という理性に対して、新しい問いを常に突きつける。再帰的なメディア論の立場を取ると、批判理論のように近代的な理性を批判することは必ずしもそれを克服することではないことを暴露することになるし、解釈学的なメディア論を突き詰めていくと期待の地平が資本市場に抑圧される「どうしようもなさ」に直面することになるだろう。

期待の地平は相対主義を批判する以前に相対主義となってしまう事態であるがゆえに、事実上の「哲学の終焉」と言えるかもしれない。これは哲学の歴史のなかで中心的な主題であった真理という問題を研究することがかならずしも現実の社会に適用できるとは限らないことに通じ、ポスト哲学的文化としてあらゆる種類の言説を相対化する文化へと移行することを意味している。「知る」あるいは「伝える」ことを思考するメディア論は、依然として新鮮で普遍的な期待の地平や再帰性というテーマに直面している。その意味で精神と身体、自己と他者といった二元論を超え、超越論にも陥ることのない、新たな哲学の指針を与えているのかもしれない。解釈学的メディア論であれ再帰的メディア論であれ、メディア論は知識や文化の基礎づけをおこない、認識論の伝統や因習を伴わない哲学的解釈学の可能性を要請している。このようなメディア論の更新は経験できない事象の真理を考えることはできないというプラグマティズム、あるいは野生を理性で考えるといったポストモダン哲学の行き過ぎた相対主義に一撃を加えることになろう。

はっきりとしていることとして、メディア論の存在意義は安易に技術開発の未来を展望することなく、「理性とは何か」を問い続けることに尽きる。「理性とは何か」を問い続ければ、必然的に「どうしようもなさ」にも直面することになろう。それらの問題群は期待の地平や再帰性というテーマとともに常に更新されなければならない。その更新こそコミュニケーションをめぐる期待の地平である。

註

★1　江藤淳『閉された言語空間　占領軍の検閲と戦後日本』文春文庫、一九九四年

★2　モニカ・ブラウ（繁沢敦子訳）『検閲　原爆報道はどう禁じられたのか』時事通信出版局、二〇一一年［新版］、あるいは繁沢敦子『原爆と検閲　アメリカ人記者たちが見た広島・長崎』中公新書、二〇一〇年。

★3　米山リサ「メディアの公共性と表象の暴力　NHK「問われる戦時性暴力」改変をめぐって」『世界』二〇〇一年七月号、二〇九〜二一九頁

★4　Manuel Alvarado and Oliver Boyd-Barrett, "*Media Education: An Introduction*," British Film Institute, 1992.

★5　一九六四年のユネスコ報告書『Screen Education』は一九六二年にオスロで開催された、ユネスコ（UNESCO）が主催する映画教育国際会議での合意に沿ったものとなっている。

★6　UNESCO(1962) Screen Education; UNESCO(1977) Media Studies in Education.

★7　IFTC（国際映画テレビジョン協議会）による次の定義が一九七三年に提出された（ユネスコ、一九七七年）。その後七〇年代と八〇年代を通じてBFI（BritishFilm Institute）がもっとも先駆的なリーダーシ

ップをとってきた組織のひとつである。BFI(ed.), "*BFI's Curriculum Statements on Primary and Secondary Media Education*," British Film Council, London, 1989; 1991.

★8　鈴木みどり編『メディア・リテラシーを学ぶ人のために』世界思想社、一九九七年

★9　パトリス・フリッシー（江下雅之、山本淑子訳）『メディアの近代史　公共空間と私生活のゆらぎのなかで』水声社、二〇〇五年、二四三頁

★10　マックス・ホルクハイマー（山口祐弘訳）『理性の腐蝕』せりか書房、一九八七年［改訂版］

★11　マックス・ホルクハイマー、テオドール・W・アドルノ（徳永恂訳）『啓蒙の弁証法　哲学的断想』岩波文庫、二〇〇七年

★12　F・R・リーヴィス（長岩寛、田中純蔵訳）『偉大な伝統　イギリス小説論』英潮社、一九七二年

★13　大橋洋一『新文学入門　T・イーグルトン『文学とは何か』を読む』岩波セミナーブックス、一九九五年、六四～六六頁

★14　テリー・イーグルトン（大橋洋一訳）『文学とは何か　現代批評理論への招待』岩波書店、一九九七年［新版］、四三～四五頁

★15　山田雄三『感情のカルチュラル・スタディーズ　『スクリューティニ』の時代からニュー・レフト運動へ』開文社出版、二〇〇五年。あるいは伊藤明己「マクルーハンのケンブリッジ」関東学院大学『自然・人間・社会』第69・70合併号、二〇二一年。

★16　J・ハーバーマス、N・ルーマン（佐藤嘉一ほか訳）『批判理論と社会システム理論　ハーバーマス＝ルーマン論争』木鐸社、一九八四年

★17　ギー・ドゥボール（木下誠訳）『スペクタクルの社会』ちくま学芸文庫、二〇〇三年。あるいはギー・ドゥボール（木下誠訳）『スペクタクルの社会についての注解』現代思潮新社エートル叢書、二〇〇〇年

★18 ポール・ヴィリリオ（市田良彦訳）『速度と政治　地政学から時政学へ』平凡社、一九八九年

★19 二十世紀における解釈学の系譜に関しては、新田義弘『現象学と解釈学』（ちくま学芸文庫、二〇〇六年、一二七〜一三二頁）にきわめて簡潔かつ的確にまとめられている。

★20 ジョージア・ウォーンキー（佐々木一也訳）『ガダマーの世界　解釈学の射程』紀伊國屋書店、二〇〇〇年

★21 ハンス＝ゲオルク・ガダマー（轡田收、巻田悦郎訳）『真理と方法　哲学的解釈学の要綱Ⅱ』法政大学出版局、二〇〇八年、四七三頁

★22 H・R・ヤウス（轡田收訳）『挑発としての文学史』岩波現代文庫、二〇〇一年、三二頁

★23 ヴォルフガング・イーザー（轡田收訳）『行為としての読書　美的作用の理論』岩波モダンクラシックス、二〇〇五年

★24 前掲『挑発としての文学史』三二頁

★25 ヴォルフガング・ケンプ（加藤哲弘訳）『レンブラント〈聖家族〉　描かれたカーテンの内と外』三元社、二〇〇三年

★26 デビッド・モーレー（成実弘至訳）「テレビジョン、オーディエンス、カルチュラル・スタディーズ」吉見俊哉編『メディア・スタディーズ』せりか書房、二〇〇〇年、一五八〜二〇二頁

★27 マーシャル・マクルーハン（栗原裕、河本仲聖訳）『メディア論　人間の拡張の諸相』みすず書房、一九八七年

★28 スコット・ラッシュ（相田敏彦訳）『情報批判論　情報社会における批判理論は可能か』NTT出版、二〇〇六年

★29 アンソニー・ギデンズ（松尾精文、小幡正敏訳）『近代とはいかなる時代か？　モダニティの帰結』而

立書房、一九九三年、三〇～三五、三五～四四、五三～六三頁

★30 フェルディナン・ド・ソシュール（小林英夫訳）『一般言語学講義』（岩波書店、一九七二年）に加えて、解説書としては丸山圭三郎『ソシュールを読む』（岩波セミナーブックス、一九八三年）。

★31 チャールズ・サンダース・パース（内田種臣編訳）『パース著作集2　記号学』（勁草書房、一九八六年）のほか、解説書としては米盛裕二『パースの記号学』（勁草書房、一九八一年）。

★32 Stuart Hall, "Encoding and Decoding in Television Discourse," in Centre for Contemporary Cultural Studies (Ed.): *Culture, Media, Language: Working Papers in Cultural Studies*, 1972-79, Hutchinson, pp.128-38.

★33 田中久美子『記号と再帰　記号論の形式・プログラムの必然』東京大学出版会、二〇一〇年

★34 前掲『真理と方法　哲学的解釈学の要綱Ⅱ』四六一頁

★35 Melissa Terras, "The Impact of Social Media on the Dissemination of Research: Results of an Experiment," *Journal of Digital Humanities*, Vol.1, No.3 Summer 2012. https://journalofdigitalhumanities.org/1-3/the-impact-of-social-media-on-the-dissemination-of-research-by-melissa-terras/

★36 ローレンス・レッシグ（山形浩生、守岡桜訳）『Free Culture　いかに巨大メディアが法をつかって創造性や文化をコントロールするか』翔泳社、二〇〇四年

★37 前掲『挑発としての文学史』「日本語版への序文」ix頁

★38 ピーター・バーク（井山弘幸、城戸淳訳）『知識の社会史　知と情報はいかにして商品化したか』新曜社、二〇〇四年

★39 イアン・F・マクニーリー、ライザ・ウルヴァートン（冨永星訳）『知はいかにして「再発明」されたか　アレクサンドリア図書館からインターネットまで』日経BP社、二〇一〇年

★40 ウォルター・J・オング（林正寛、糟谷啓介、桜井直文訳）『声の文化と文字の文化』藤原書店、一九九一年

★41 ノルベルト・ボルツ（村上淳一訳）『意味に餓える社会』東京大学出版会、一九九八年

★42 フリードリヒ・A・キットラー（石光泰夫、石光輝子訳）『グラモフォン・フィルム・タイプライター』ちくま学芸文庫、二〇〇六年

第三章　プロメテウスのための新しい命法
ポストメディア運動としてのメディア・アート

「メディア・アートは死んだ」

もはや旧聞に属することとして、「メディア・アートは死んだ」という命題がある。本当に死んだかどうかの議論よりも、この命題が出てきた背景をていねいにフォローしておいた方がよいかもしれない。メディア・アートあるいはデジタル・アートあるいはマルチメディア・アートと呼ばれてきたジャンルが、アートのジャンルとしての有効性を失っているのではないかという問いについてだ。

この問いの起源は諸説あるものの、二〇〇六年に開催されたトランスメディアーレという国際展についての展評を書いたアルミン・メドッシュ（Armin Medosch）が「メディア・アートは死んだ。でももはやそのことを気にとめている人はいない」と述べて、ちょっとした論争になった一件はそのひとつである。

自らの地位や評判を確認するために、扇情的な文言で観測気球を飛ばして世の中の反応を窺う批評家やキュレーターは少なくないので、ここでアートのひとつのジャンルが死んだかどうかの議論に深入りしても大した意義は見出せないだろう。それよりもメドッシュが「メディア・アートは死んだ」というテーゼを示した後に、「もはやそのことを気にとめている人はいない」と述べたことを問題にする必要があるかもしれない。

誰も目にしたことのない新しい作品形態について論じることはそれほど容易なことではない。ただそして誰も「そのことを気にとめていない」という指摘をすこし深追いしてみると、すでにテクノロジーを表現の根拠とした芸術作品そのもの以前に、美術館や美術市場といったアートの環境がコンピュータやインターネットなどメディア・テクノロジーの仕様に依存していて、もはや「ニューメディア」に対して本質的な理解が難しくなっているという主張なのかもしれない。

当然のことであるが、どんなアートの実践にあっても、爛熟した資本主義社会や「ニューメディア」の洗練度を受容した個人の生活というリアリティから出発している。ニューメディア・アートとなればなおさらである。だからこそ、もう一度議論をしなければならないテーマなのである。

メドッシュ以外にも、インスティチュート・オブ・コンテンポラリー・アーツ（ICA）の芸術監督エコウ・エシュン（Ekow Eshun）がニューメディア・アートの実践部門を廃止するにあたって「アートフォーム（芸術形式）がないうえに、深さと文化的な緊急性に欠けている」と述べた一件も、「メディア・アートの終焉」をめぐってちょっとした論争になった。

価は、ニューメディア・アートはテクノロジーがもたらした産物であって、伝統的な芸術の価値からはかけ離れたものであるという主張であろう。一九七〇年代から、メディア・アートは技術に依存し過ぎていて、さらには表現も大げさであると、一部のアート関係者から「それはアートなのか」と批判的な眼にさらされてきたことも確かである。

そもそもここで述べられている「深み」ということがどういうことなのかは謎であるが、美術批評の文脈を考慮すると「深み」を歴史化の可能性だと考えることもできる。汎用的なテクノロジーを改造し、芸術形式のなかに組み込んで表現力を高めているとすれば、それはそれこそ画期的で、すなわち歴史的でもある。

どんな芸術の形態であっても、たとえば絵画作品であっても、深みに欠け歴史化し得ない作品は世の中に数多く存在する。その一方で、ニューメディアをアートフォームとしてもつ作品のすべてがおしなべて深みに欠けるものであるという思い込みをもたらすのは、ニューメディア作品が旧来の芸術形態では計れない新規性があることによる。だとすると、鑑賞の経験という点では旧来の形式をすでに圧倒的に凌駕していることにもなる。

つまり「深み」が「われわれはどのように生きるのか」とか「人間とは何か」といった作品に込められた問いだったり、作品や作家の歴史化の可能性を意味するのであれば、この議論にアートフォームをもち出すことはまったくナンセンスだと言うほかない。

さらにもうひとつの「文化的な緊急性(cultural urgency)」のなさという、これまた不可解な問題提起については、アートワールドのエリート意識に帰する問題であるかもしれない。買い物したり本を読んだりタクシーを呼んだり金融商品の信用取引をおこなったり、といった具合に、コンピュータやインターネットが日常生活の基盤となっている。そのような同時代性をもつ社会にあって、「文化的な緊急性（cultural urgency）」という点では、メディア・テクノロジーこそ、アートにとって文化的な緊急性をもったテーマとなり得るはずである。にもかかわらず、革新性について議論しないばかりか、日常生活やオーディエンスを見下してエリート主義を隠さず、「芸術」を司っている専門家という特権意識に胡座をかいているアートワールドの住人たちの方がよほど文化的ではないとも言える。

ただ一方で、ニューメディア・アートのアーティストの態度表明の方法にも、いささか問題がある。アートワールドに生きるエリート意識を過剰に発揮するあまり、同時代性を考慮せず歴史化し得ない表層的な作品をつくってしまっていることにも、問題は起因するのかもしれない。

伝統的なアートワールドの住人が必ずしもエシュンの意見を支持するわけではないだろうが、エシュンはアートフォームという専門用語を使って、近現代美術という点で市場性のない作品群を排除しようとしているようにも見受けられる。そしてその排除こそが野心的な目的だったようにも思えてくる。

そうしたアートワールドの骨董趣味的な保守性を堅持しようとする人たちがいる一方で、アルス・エレクトロニカ（Ars Electronica）は一九九〇年代から二十年くらいのあいだに年々盛大になり、世界中のアートスクールにニューメディア・アートの専攻が続々と新設された。事実、ニューメディア・アートこそ、美術館や市場の膠着性を乗り越える試金石となるという意見も少なくなかった。[★1]

スティーヴ・ディーツ（Steve Dietz）は相互作用性（interactivity）、接続性（connectivity）、計算可能性（computability）という三大要素がニューメディア・アートを特徴づけていると指摘している。[★2]この三大要素は間違いなく、観客が関与できるプロセスに〈中庸〉〈媒体〉など「中間項」が関わるという意味で、「メディア」や「メディウム」がきわめて重要な役割を担っていることを示している。複数形の「メディア」として使われると、情報伝達の媒体として使われることが多いが、その単数形「メディウム」は伝統的な造形芸術にも関係してくる。たとえば絵の具、大理石、コンクリートなど美術作品の制作の材料として用いられる物質そのものを「メディウム」と表現することもある。[★3]

メディアは、そもそも秩序をどのように獲得し伝えてゆくかが大きな役割である。芸術という行為においては、物質に働きかけてほかにはないものを生み出すこと、あるいは思考や記憶という抽象を物質化すること、あるいは秩序をつくり上げる行為そのものが根源的な欲望となっているが、その考え方の根底にはそもそもメディウムあるいはメディアという概念が「中間項」として重要な働きを果たしている。もちろんメディア・アートもその例外ではない。だとすると、メディアという中間項に改めて向き合ううえでも、メディア・アートはその道筋を与えてくれる表現として議論されなければならない。

以下では、単に情報伝達の媒介物としてだけではなく、「中間項」としての性格や技術的な根拠としてメディアを位置づけ、とりわけこの三十年あまりにわたって議論されてきた「ポストメディア」という観点からメディア・アートについて考察していくことにしたい。

ポストメディアの系譜

「ポストメディア」の概念は、序章でも触れたが、一九九〇年代からさまざまな分野で議論されてきた。「ポストメディア」を字義どおりに理解しようとすると、「次のメディア」あるいは「脱メディア」などという意味になる。それだと直観的な理解がむずかしくなってしまうが、ここでは、新聞やテレビやラジオなどに代表される、いわゆるマスメディアを批判する用語として、いったん素朴に理解しておくことにしよう。

「ポストメディア」という用語は一九九〇年代初めにフランスの精神科医・哲学者のフェリックス・ガタリによって最初に示された概念とされている。ガタリはイタリアやフランスで実践されていた自由ラジオ、あるいはフランスではじまっていたミニテルの実験を念頭に置きながら、主にアメリカにおけるマスメディアの商業的なメガ構造を批判し、「ポストメディア」というコンセプトで「知ること」についての生態学を提案しようとした。[★4]

ガタリが批判の矛先を向けたマスメディアとは、グローバルな規模で、標準的かつ均質のコミュニケーション空間をつくり出す、資本主義と結託した、ある意味で洗脳の装置である。

マスメディアが「知ること」を独占し、反動的な超個人主義を大量生産している状況を、ガタリは「非常事態」であるとして批判したのだ。

それから三十年あまり、「非常事態」の状況はさらに深刻になってしまった。ガタリの批判は時代的にインターネット前夜のものである。一九九〇年代中盤からインターネットが爆発的に普及し、マスメディアの影響力は明らかに後退していった。ところがいまや、インターネットビジネスのメガ企業に取り込まれたいわゆるネットメディアは、権力の監視という能力よりも新自由主義に支えられた商業主義に舵を切ってしまった。商業的なメガ構造と均質なコミュニケーション空間は瞬く間に進んで、反動的な超個人主義はさらに拡大再生産され、インターネット上では思い込みの激しい懲罰意識や浅はかな差別意識が日常的にデマゴギーとして飛び交っている。単なるデマコギーを、正義やＰＣ（Political Correctness 政治的な正当性）であると思い込んでいる絶望的な状況も顕著となっている。インターネットを前提にしたアプリケーションはコミュニケーションのための装置ではなく、むしろ分断や対立を促すツールになってしまっているとも言える。

こうした状況に向き合うために、「ソーシャルメディアが社会にもたらした影響」とか「ＡＩでコミュニケーションはどのように変容するか」といった問いで、ガタリが警鐘を鳴らした「非常事態」を乗り越えることができるかと言えば、これもなかなかむずかしいと言わざるを得ない。なぜならば、事態は「知ること」に関わる以上、技術の仕様や脳の仕組みなどをはるかに超えて、精神や思考の本質に触れるテーマにほかならないからだ。

インターネットがマスメディアを後退させ、コミュニケーションの方法は一見すると多様で民主的で豊かになったように考えられている。ソーシャルメディアは新しい言論の場をもたらし、誰もがスマホから自分の考えを表明できるようになったようにも思える。原理的には、アメリカの大統領に直接メッセージを送ることだってできる。新しい民主主義のプラットフォームになったと位置づける識者もいたりする。でも、実際にはサイレント・マジョリティはますます多くなっているし、社会の分断が進み、さまざま陣営が悪口雑言の限りを尽くしている。ソーシャルメディアには不寛容さが渦巻き、誹謗中傷や個人攻撃の応酬が日常茶飯事となっている。ガタリのポストメディアが構想した「多様で特異な主体性と集団の集合体が出現できる異種メディアの生態学」は到底確立されているとは言えない。だからこそ、本書ではメディアのエコロジーとさまざまな観点から向き合ってみたいのだ。

ガタリの生態学的なアプローチはますます重要になってきているように思える。「知ること」あるいはコミュニケーションという点にも、エコロジー的な考え方が必要だという主張には、思い込みの激しい懲罰意識や浅薄な差別意識が含まれたメッセージの応酬がインターネット上で日常化している現在にあって、改めて耳を傾けるべき内容が含まれている。

ところで、メディアをめぐる用語ははっきりと整理されないまま、耳障りのよい用語だけがバズワードとして流通してしまうことが多い。「ポストメディア」もそのご多分にもれない。「ニューメディア」や「マルチメディア」といった用語も、ポストメディアとほぼ同じ意味で使われることもある。そこが論点を拡散してしまう原因となり、かなりの混乱をもたらしているような気もする。ここでは、従来のメディアに取って代わるメディアとして位置づけていくうえでの生態学を「ポストメディア」と総称することにして、その四つの異なる系譜をたどりながら、その相互の関連を、メディア・アート、デジタル・アートあるいはテクノロジー・アートといった芸術表現を念頭に置いて整理しておきたい。

ポスト・マスメディア

「テレビばっかり見ていると、バカになる」と言われた時代があった。そして結果的に本当にみんなバカになってしまった。ものすごく簡単に言うと、これがガタリが主張するポストメディアの背景である。いわば実用品のように普及してきたテレビや新聞などの従来のマスメディアは、人びとの深い無意識にいたるレベルまで情報を浸透させようと表現を洗練させてきた。さらに言うと、マスメディアは広告という欲望を拡大再生産する装置と結託して、映像や音楽を伴って無意識レベルに働きかけてくる。人の心の深いレベルに触れるようなものであればあるほど、その影響力は地球規模と言ってもよいくらいの拡がりをもつことになる。その結果、他者への意識ばかりが過大になって、自らの思考や判断を放棄してしまった状況が生じてしまう。だからこそ、ガタリは資本主義と一体化して、言論のあり方を歪曲してしまうようなマスメディアに対して、何らかの対抗手段の必要性を説いたのである。言論にも倫理的な要請が求められているという点も考慮して、「ポストメディア」を提唱したのである。

ポスト・ミディアム・スペシフィシティ

　美術の分野にあって、「メディウム」という専門用語が用いられることがある。メディウムはメディアという単語の単数形であるが、美術においては絵の具（顔料）を固着させたり、顔料同士を結びつける溶剤などを意味する。選択した物質と物質との仲立ちによって自らの表現を豊かにするという意味で、メディウムという語が使われている。スペシフィシティ（specificity）とは、字義通り固有性や特殊性のことである。それが転じてほかにはない、かけがえのない性質（本質）のことを意味することがある。ところがメディウム・スペシフィシティという言葉になると、物質の仲立ちという意味をはるかに超えて、突然概念的なものになってしまった。絵画であれば平面性、彫刻であれば立体性、建築であれば空間性などである。しかし、そもそも作品そのものの本質や固有性を一意に決定することは基本的には不可能なので、当然ながら議論が尽きることはない。むしろ議論が尽きることのないように、美術批評や美術史はあえて物質と技巧という関係を超えて、メディウムを概念的にしていったとも言える。

　絵画で語られることが多いメディウム・スペシフィシティであるが、映画、演劇、彫刻、建築、映像などといった芸術のさまざまなカテゴリーが直面する問題であることは言うまでもない。

ポスト・ヒューマン／シンギュラリティ

一九九二年から九三年にかけてフランス、ドイツ、イタリアなど世界七カ国を巡回した、ジェフリー・ダイチの企画による「ポスト・ヒューマン」という展覧会には、ダミアン・ハースト、フィッシュリ&ヴァイス、ポール・マッカシーなどといったいまをときめくアーティストが多数参加していたが、アーティストのほとんどが、コンピュータや遺伝子操作をはじめとする同時代の科学技術をテーマにしていた。

そのなかに自身が整形手術をおこない、そのプロセスを「カーナル・アート（肉の芸術）」として発表したオルランの存在感は異彩を放っていた。その後もオルランは美容整形のみにとどまらず、さまざまな文化における美の基準に合わせて自らを変容させるパフォーマンスをおこないながら、国家や文化あるいは性差を超えて人間（ヒューマン）というアイデンティティに対するその批判的な表現を積み重ねてきている。「人間ってそんな偉いの？」あるいは「人間が大事にしている美って、そんなに高級なの？」という問いを、愚直なまでに突きつけていた。

そのポストヒューマン展から三十年あまりを経て、人間とその文明が新たな段階を迎えて、さまざまな有限性を超越する可能性を楽観的に思い描くことがポスト・ヒューマン論として構想されるようになっている。レイ・カーツワイルがその典型で[★5]、コンピュータの計算能力が全人類の知能を超えた瞬間「特異点（シンギュラリティ）」を迎え、ＡＩ（人工知能）が神にも準ずる万能性をもつという、不老不死をめぐる未来学が展開される。特異点に到達したコンピュータの能力は現在の人類をはるかに超え、その存在はもはや人間のスケールでは語れないとされる。もはやパラドキシカルで滑稽な未来学と言えなくもない。ニューメディア・アートの拡張版として、バイオ・アートと称して遺伝子工学、精神薬理学の成果を取り入れている作品やプロジェクトもすでに登場している。またウェアラブル・コンピューティング、ブレイン・マシン・インターフェース、向知性薬などの知見と手法への応用も構想されている。

ソフトウェア・スタディーズ

二〇一一年十一月に創刊されたオンラインの学術雑誌「コンピュテーショナル・カルチャー」は、タイトルを直訳すると「計算論的文化」ということになるが、このジャーナルで議論されているテーマが、いわゆる「ソフトウェア・スタディーズ」と呼ばれる分野である。「コンピュテーショナル・カルチャー」は計算論的文化の担い手たちによる成果発表の場である。計算論を基礎としたソフトウェアが今日の仕事や遊びを支えていることは誰もが実感していることである。政治的にも、社会的にも、ソフトウェアは存在論的領域を構成し新しい日常を演出する。こうしたソフトウェアの進化が生活様式を変えている事態について、モバイル端末、ソーシャルネットワーク、ゲーム、金融システム、民主主義といった側面から思考するために、ソフトウェアの詳細な分析やプロトタイプのコーディングは避けられない。ソフトウェア・スタディーズの文脈では、あくまで文化的な文脈でリサーチしたり実験的なシステムを構築したりする。当然実験的に開発され共有されるソフトウェアは技術革新やメガ企業の独占に与しない、創造的で民主的なコーディングをめざしている。その一部が（ニュー）メディア・アートやゲーム開発に応用されるのは自然の流れだった。

これらの四つの系譜がそれぞれ批判的な分析であることは言うまでもないが、「ポストメディア」について「知ること」やコミュニケーションの生態学を考慮に入れながら思考するうえで、四つの系譜は相互に関連しており、アートあるいはメディア・アートという観点で比較しながらあえて丹念に検証していくと、メディアをめぐって新しいテーマの広がりを感じることができるはずである。

「ポストメディア」がメディアをめぐるテーマである以上、どうしても信号体系や符号や記号の処理方法、そしてその伝達可能性を問題にせざるを得ない。メディアは「知ること」であり、同時に「知ること」はメディアであるということを、われわれは日々深いレベルで痛感しながら日常生活を送っている。にもかかわらず、仮に技術的に「伝達可能性」が保証されていても、先にSNSの例で述べたように、意図や意味が確実に他者と共有されているかどうかの確からしさを証明することはむずかしい。もはやインターネットは個人という実在をも資本化し、そこでの伝達可能性だけが「つながり」としての意味をもち、ネット上の消耗品だけが人びとの意識と記憶を支配して、共通認識や歴史化の根拠となりつつある。その資本化の結果として人間の無生物化が加速している。こういう事態が進行しているからこそ、メディアがメディアとしての役割を果たすためには、どうしても「伝達可能性」の技術的な根拠が明らかになっていなければならない。

サバルタンをめぐる技術と芸術

そこで、まずは技術知というテクノロジーの「伝達可能性」について、すこし丹念に検証しておきたい。メディア・アートというジャンルを先駆したアーティストの一人であるピーター・ヴァイベルは、自らの「ポストメディアの状況」と題する論考で、ギリシャやローマの時代から現代にいたるまでの芸術における知の体系、技術知、社会の諸問題といったあらゆる側面を考慮した「ポストメディアの条件」を歴史の深層として論じている。★6 そのヴァイベルは「ポストメディア論」を論じるにあたって、芸術における社会的身体に焦点を当て、資本主義における知識、とりわけ技術知、労働などが価値づけられてきたことについて芸術の歴史を考慮しながら論じている。ヴァイベルは技術知がもっている「伝達可能性」を丹念にあきらかにしようとすることで、ポストメディア研究の成果としてのメディア・アートの作品群を歴史化しようとしている。

まずヴァイベルは、マケドニアの医師の息子でアレクサンドル大王の教師であるアリストテレス（紀元前三八四年から前三二二年）の時代にまで遡って、技術知がいかに不当な扱いを受けてきたか、という点について考察している。このヴァイベルの意図は技術が本来もっているはずの民主性を歴史的に検証することにある。

アリストテレスの技術をめぐる扱いは現在の感覚からすると、あまりにも不当である。アリストテレスは『ニコマコス倫理学』において、言語系三学（文法・論理・修辞）と数学系四学（算術・幾何・天文・音楽）からなるリベラル・アーツと実践的スキル、すなわち工芸、芸術からなるテクネを明確に区別し、リベラル・アーツがテクネに対して優位性をもつとし、リベラル・アーツを素養としてもつことが自由市民の証であると位置づけた。要するに、リベラル・アーツを身につけずテクネを縁にしている職人などをサバルタン（権力構造から社会的、政治的、地理的に疎外された人びと）として軽蔑し、真の市民たりえないと決めつけていたのだった。

アリストテレスは芸術品や工芸品について、心身の健康にとって有害で、健全な精神と思考を奪うと考えていた。自由な市民が都市の秩序に必要な精神状態や良識を育む妨げになるとさえ考えられていたからだ。ちょっと現在の感覚では解せないところも多いが、音楽も芸術や工芸と同様で自分で演奏したり歌ったりすることではなく、聴いて楽しむことだけが自由市民として許されることだった。音楽をつくったり演奏したりすることは、技巧を駆使するという意味で芸術や工芸と同様にバナウソス[★7]に相当する行動で、自由市民にとってはあるまじき行動だった。言い換えれば、アリストテレスが考える都市生活にとって、技術とは肉体労働者または奴隷が市民への奉仕のためにおこなうものだと考えられていたのだ。

算術からレトリックにいたるまでの科学（認識）は、自由市民のためのものだった。その一方で、建築や農業から絵画や彫刻にいたるまでの芸術や技術は、サバルタンの人びとのものだと位置づけられていたのだ。技術知はリベラルアーツよりずっと地位の低い知識でありノウハウであり技巧であった。

ギリシア神話でも、技術知に対する不当とも言えるような扱いが顕著に表れている。人類最初の女性とされるプロメテウス。そのプロメテウスが天上の火を盗んで人間に与えたときから、テクノロジーをめぐる歴史が動き始めたとされる。人間の生活のために、火を用途に応じてつくり代えることができる。プロメテウスによって火の使い方や道具を使う知恵を授けられた人間が集団化して不正や混乱がもたらされ滅亡しかけたため、ゼウスの怒りを買い、プロメテウスは鎖でつながれた。技術を歴史的に扱うような芸術作品や文学作品でも、プロメテウスはモチーフとしてしばしば好んで用いられる。

ローマ人もアリストテレスの考え方を踏襲し、技術知をいわゆるリベラル・アーツから区別した。算術から修辞にいたるまでの知識の形態は自由学芸《アルテ・リベラル artes liberales》、建築から農業にいたるまでの工芸的な技巧の形態は機械技術《アルテ・メカニケ artes mechanicae》といったカテゴリーに分類された。

ただこの分類もあくまで自由市民のためのもので、文法、弁証法、修辞学、算術、幾何学、音楽理論、天文学という七つの教養科目は、修道院の学校および十三世紀以降各地に開かれた大学のカリキュラムでも体系的に導入されている。

一方、芸術はルネサンスを経てもなお、十九世紀にいたるまでテクネにとどまっていた。絵画、建築、彫刻などの芸術がリベラル・アーツと見なされるようになったのは、ブルジョアジーの出現と台頭まで待たなければならなかった。

二十一世紀になって、ようやく実技系のアートスクールでも博士課程が設けられ、芸術家にも博士の学位が授与されるようになったが、これは歴史的な経緯を考えれば、かなり画期的なことである。

裏を返せば、そのくらい技術と芸術は自由学芸から意識的に分けられてきたとも言える。五千年とも言われる人類史のなかで、技術は物の見方や考え方を根本的に変えてしまうことがあることが実感されてきた。実感されてきたからこそ、人間のあり方を大きく変えてしまう悪魔のように考えられてきた。その悪魔に対して、ハンス・ヨナスが言うように「人間の禍いとならないように私の力を押えてくれ」とプロメテウスは叫んだのかもしれない。★8

火や石斧といった道具の使用、あるいはルネサンス期に確立した航海技術や印刷技術、火薬製造技術、そして産業革命期に蒸気機関が大きく世界を変化させ、植民地の経営と資本主義がもたらされた。この悪魔が人間の欲望を呑み込んでしまうと、技術は身体機能の拡張となり人間に万能感があるように勘違いさせる変化さえもたらす。技術は新しい発明のたびに劇的に世界を変化させてきただけでなく、人間のあり方そのものに「変化」を与えてきた。技術は人間を悪魔に変えてしまうような狂気をはらんでいるのだ。技術にはそれを手にした人間に、他者への優位性を思い込ませる魔法があるからだ。ここでわざわざ核兵器や生物兵器あるいは化学兵器を例として持ち出すまでもなく、生命体としての人間を脅かすような技術は、一方で「便利」や「快適」とともにあり、また一方で「脅威」とともにある。近代以降における技術には「便利」や「快適」はもとより、脅威や危険をも実感させる「伝達可能性」が備わっているのだ。そして、「伝達可能性」としての技術の能力に賭けていたという点では、芸術はその中心的役割を担っていたと言える。

「伝達可能性」と都市生活

芸術が西欧の宗教性＝霊性をめぐって「伝達可能性」の役割を担うようになると、教会キリスト教がパトロンになって、芸術作品は特定の宗教的な伝統を意図的に色濃く反映させるようになった。その反映が芸術の条件となっていることを西洋美術史は教えてくれている。教会キリスト教にとって、意趣を凝らした表現が「強さ」や「豊かさ」を表す装飾になっていればよかった。その目的が基本的に力の誇示布教である以上、芸術としての独立性など、考慮になかったはずである。いわばある種のプロパガンダ（宣伝機関）である。

このように考えるまでもなく、芸術がもつ宗教性の内実はやはり伝達可能性にあることは否定できないだろう。教会キリスト教の側に立つ思想家・神学者などの宗教エリートの言説や実践が圧倒的な質と量を誇っていたこともあり、「強さ」や「豊かさ」の装飾が芸術であると位置づけられてきたからだ。いまでも典礼芸術のない宗教は非文化的なものだと決めつける識者は少なくないし、芸術は宗教性において人間の内面を支えるものとして考えられ、宗教は基本的な要素として典礼芸術を伴うものだと位置づけられてきた。そこから、典礼にとってどのような芸術のジャンルがもっとも適しているかという、宗教ごとの「コンテクスト」が開発されるようにもなった。

美術史においてイタリア語のパラゴン（Paragone 比較）は、現代に発達した「芸術間のコンテクスト」を意味する。この言葉が現れるとすぐに芸術の比較優位をめぐって議論がはじまった。十五世紀から十六世紀のフィレンツェに登場したレオナルド・ダ・ヴィンチとミケランジェロなどの天才たちも巻き込んで、絵画と彫刻はどちらが優位性があるかという、いまの時点から考えると一見バカバカしい論争がうやうやしく展開された。どちらがリベラル・アーツ（自由学芸）に近く、ギリシャの都市住民に受け入れられるようなジャンルかという議論にも聞こえてくる、いわばどちらが「古典」にふさわしいかという、優位性をめぐる議論であった。

そのような優位性の議論は、必然的に forma（形式）と芸術家が思い描く concetto（構想）との関係について論じることを呼び込むことになる。ここから生まれているのが、イメージについての原理である。

ティツィアーノによって一五四〇年頃に描かれた《ベネデット・ヴァルキの肖像》という油彩の肖像画にも描かれている詩人ベネデット・ヴァルキ（Benedetto Varchi）[★9]は、一五四七年にアカデミア・フィオレンティーナ（フィレンツェの芸術アカデミー）で二回の講演をおこない、forma（形態）と芸術家が抱く concetto（概念／意匠）との関係について、l' imagine du Cœur（心のなかのイメージ）が創作の原動力であるとしている。

またアーウィン・パノフスキーの『イデア』[★10]でもヴァルキが引用され、ミケランジェロの

concetto（概念／意匠）がギリシア語の idea（理念）、ラテン語の範例（exemplar）あるいはイタリア語の模範（modello）と同じ意味をもつと論じられている。さらにそれがアリストテレスの能動的形相（forma agens）に相当する言葉でもあると強調した。

現在われわれもつい便利に使ってしまっている「イメージ」。世界はイメージという言葉であふれているが、その実イメージに触れたりしたことのある人など、有史以来誰ひとりとして存在していないはずだ。めまぐるしく変化しているようで、実は同じ原理の反復からなるイメージについて、われわれ人間はあらゆる知覚を動員して使い回している。その意味で、芸術とはイメージ（想念）を追い求める信念である。その信念がエンジンとなって、イメージをめぐる知覚は動き始めるのだ。

さらに重要なこととして、アリストテレスの能動的形相（forma agens）がもち出されていることがある。パノフスキーの語り口は意外なほど淡白であるが、ヴァルキの言説は視覚芸術を自由学芸に近づける野心的な試みだった。

「形相（eidos）」はアリストテレス学独自の哲学用語で、芸術作品に関して言えば、「形相」は作品を作品にしている固有の性質にほかならない。ここからメディウムに対する探究は芸術が芸術であることの条件へと切り開かれる。

これまで奴隷扱いされ続けてきた職人による工芸技術は、自由な市民の芸術を形成するために使用された理論と科学が整備されたルネサンス期を経て、すこしずつ「特別な何か」、つまり芸術と一体化し始めていた。そこへヴァルキの先駆的な理論構築によって、近代のヨーロッパにおける「宗教」と「芸術」が発明されることになった。ヴァルキは「宗教」から切り離した「芸術」を発明したという意味でも、先駆的な理論家だったことは間違いない。

端末市民ドクトリン——技術者と芸術家

技術の影響力で有史以来もっとも大きな影響力をもってきたもののひとつが印刷技術である。その印刷技術が生み出した本は、知の権威であると同時に、さまざまな「伝達可能性」を引き受けるメディアとしての役割を発揮してきた。その本のなかでももっとも歴史的なものが『百科全書』である。

一七五一年から一七八〇年の二十九年間にわたって、ドゥニ・ディドロとジャン・ル・ロン・ダランベールは全三十五巻の『百科全書』を刊行した。百科全書は反聖職者と反絶対主義者の急先鋒となり、個人をめぐる革命を促した。この革命によってもたらされた個人は信仰のあり方を思考する民主的な読者であり、印刷機が生み出す書物という端末を使う端末市民である。何よりも『百科全書』は知としての世界をもたらし、端末市民という個人を発明したという意味で、世界史に刻まれた金字塔である。

都市生活の配置を更新しようとする端末市民の挑戦は、印刷というテクノロジーを介して都市生活における民主的な結びつきをもたらすための、新しい挑戦にほかならない。その挑戦を通して、人間の脳でいまこの瞬間にも繰り返されている知的な生活を、本というメディアによって都市生活の日常に平等に行き渡らせようという「伝達可能性」が、黎明期の端末市民が誕生した基本的背景なのだ。

ディドロはリベラル・アーツとアルス・メカニカの地位を同等なものにしようと努めた。つまりディドロにとっては、『百科全書』の存在そのものが「伝達可能性」であった。リベラル・アーツとアルス・メカニカとの断絶は人類にとって言語道断の損失だった。ディドロにとって、機械と技術は社会変革に希望を与えるものだった。その希望がもてるように、『百科全書』という世界観の普及に心血を注いだのである。ディドロのテクネ重視の姿勢は一貫していて、芸術、工芸そして言語でさえ、技術という観点から考えようとしていた。『百科全書』が重視したのは、社会の再構築を促すために伝達する技術を正当に伝えることにあった。まさに知識革命だった。

「市民」は貴族や領主に対抗する勢力として誕生した階級である。貴族や領主に対する対抗手段は機械の使い手となることだった。あたかも、歴史的で権威的で旧態依然とした自由学芸に対して対抗するかのように。産業革命が進展するにつれて経済的に自立し、資本を蓄えた新興の都市住民たちである「ブルジョワジー bourgeoisie」という階級がその「市民」となった。

ディドロは技術知の拡大は現在のインターネットのように、合理的で公正な社会につながり、啓蒙政治の基盤となると考えていた。アルス・メカニカの解放によって社会を変え改善することにより、市民の社会的地位を向上させようとしたのである。物資の生産なくして社会は成立せず、知への憧れなくして学問や文化はない。古代から営々と差別されてきた技術は『百科全書』の誕生によって、史上初めて社会の表舞台で重要な役割を果たすことになった。技術の体系化はやがてフランス革命の主役となるブルジョワジー、つまり新興の都市住民たちに支持、歓迎され、実際に大きく彼らを動かし市民革命の原動力となったのだ。[★11]

都市生活のあり方を刷新しようとするこの端末市民の挑戦は、技術に都市生活との民主的な結びつきをもたらすための、新しい挑戦にほかならなかった。その挑戦を通して、知的な生活を都市生活の日常に広く行き渡らせようというのが、基本的に端末市民がめざすところなのだ。

印刷技術と蒸気機関がもたらした革新は、資本主義の基盤技術となっただけではなかった。機械は単なる物理的な実体ではなく、大きく世界を動かす想像力でもあり、リアリティ（現実）でもあったという意味でまさに革命的だった。機械論的世界観とは、時計のような因果関係の連鎖、すなわち動作の再現性が高くて、矛盾がない論理で世界との関わり方を考えようとする。したがって、テクノロジーを用いた芸術が資本主義の申し子であることは否定し得ない。十九世紀の半ば以降、テクノロジーを用いた芸術的な表現は、機械（マシン）の動作原理を用いた「イメージ」の生産をもたらすことになった。

一八三九年、フランスのルイ・ジャック・マンデ・ダゲールが太陽光で撮った銀板写真（ダゲレオタイプ）を発表したり、一八四一年、ウィリアム・ヘンリー・フォックス・タルボットがカロタイプという写真術を発表したりする頃になると、科学的な根拠のある装置でイメージ（像）をつくり出し、そのイメージを独自の表現として広く公開することが「芸術」の文脈をもつという理解が先導的に示されることになった。その当時の社会状況は、「産業industry」「工場factory」はもとより、「技術者engineer」「中流階級middle class」「労働階級working class」といったように、機械がもたらす社会において新しく登場した専門家や社会階層が新しい言葉によって名指しされるような時代となっていた。★12

技術の啓蒙性を利用して、独自の表現として広く公開することはアリストテレスの時代からおこなわれてきたが、技巧・技術が芸術に直接的な影響を与えるようになったのは産業革命以降、とりわけ十九世紀の半ば以降、つまり写真術が発明される前後のことである。具体的には「近代デザイン史」の先駆として語られることの多い、イギリスのアーツ・アンド・クラフツ運動、フランスのアールヌーボーやドイツのユーゲントシュティール、そしてドイツ工作者連盟、バウハウスへと継承されるデザイン運動が、技巧や技術を通して、テクノロジーがもつ影響を素材や手法に取り入れて革新的な表現を試みる「前衛（アバンギャルド）」であった。

「芸術とは非機能的なもの」という考え方をくつがえして、職人集団をモデルにモリス商会を設立したウィリアム・モリスはもとより、モリスに傾倒し「機械・職人・芸術」という三つの組み合わせが日常のあらゆる場面で直面する問題を調和的に解決する方法に関心を寄せていた、ベルギーの建築家でもありデザイナーでもあったアンリ・ヴァン＝デ・ヴェルデ、ドイツの政治家でもありデザイナーでもあったヘルマン・マテシウス、タイポグラフィや造形美術全般に「合理的な客観性 Rational objectivity」を導入することを提唱したニコラス・ペヴスナー、さらには「客観性（Sachlichkeit）」、「応用芸術（Nutzkunst）」および「機械様式（Maschinenstil）」などの概念を芸術や教育に取り入れ、芸術愛好家（ディレッタント）の広範な組織を実現した美術史家アルフレッド・リヒトヴァルク[★13]など、社会に向けられた芸術のまなざしは好むと好まざるとにかかわらず、政治や経済などの「前衛」と関わらないではいられなくなった。

芸術の専門用語として使われている「前衛」は絵画、音楽、映画、演劇、舞踏など芸術的表現をおこなう幅広い分野にわたって、「時代の先端をいく革新的な芸術活動をおこなう人やその芸術」を意味することが多い。

また、前衛は一八二五年にフランスのサン＝シモン主義の社会主義者オランド・ロドリグが、同志である芸術家をアバンギャルドと呼んだことがその起源とされている。[★14]一八二五年にサン＝シモン（本名クロード＝アンリ・ド・ルヴロワ）が亡くなると、弟子たちはサン＝シモンの思想の体系化および布教につとめた。その弟子たちの活動が総じてサン＝シモン主義と呼ばれている。サン＝シモン主義は、空想的社会主義などとも言われるが、政治的・倫理的な改革により理想郷を実現しようとした思想運動である。その運動は技術や産業を否定するものではなく、むしろ技術や技巧に長けた者を「産業者」という社会集団として改めて位置づけ、その社会集団が他の階級を率先するという考え方に基づく社会改良運動であると言える。現在の言い方をすれば、倫理や道徳を新しい宗教が引き受けることをめざす一方で、新たな社会を構築しようとするアクティヴィズムということになるだろう。

いまでも宗教団体が芸能人やアーティストたちを自分たちの宣伝のために使うことは常套手段としておこなわれているが、「新しいキリスト教」が綱領のひとつになっていたサン＝シモン主義だけに、自分たちの思想を社会に広める「前衛部隊」として芸術家を利用しようとする意図があったのかもしれない。作曲家のフランツ・リストや作家でフェミニストのジョルジュ・サンドも集会に参加していたが、それは「新しいキリスト教」への期待というよりも、新しい社会に向けて何かできるのではないか、社会における芸術の地位を変えられるのではないか、という「問い」ゆえにだった。その「問い」に革新性や新規性や先進性を期待したのだ。

「前衛」は単なるスローガンではなく、芸術家が向き合うべき課題が凝縮した「問い」となった。その「問い」には芸術家たちが直面する二つの背景がある。ひとつは、何と言っても機械の想像力、職人の技巧などに対して、「芸術作品」を成立させる態度表明がどうしても求められるようになったこと。もうひとつは、芸術と科学、人間と機械といった問題から生じる「合理性」や「客観性」がこれまでの芸術の地位を大きく変えてしまうかもしれないと期待されたこと。そして、この二点は同時代、すなわち生きている時代の現在形といつも関係することになった。

媒体特有性とインターメディア

写真術の発明を前後として発明された、ゾートロープ（一八三四年）、プラキシノスコープ（一八七七年）、写真家エドワード・マイブリッジによるズープラキシスコープ（一八七九年）などもメディア・アートの起源としてしばしば語られる。

たとえば、一八三四年に発明されたとされるゾートロープは、視覚効果をもたらす機械装置（ハードウェア）と処理機構（ソフトウェア）からなっている。等間隔にスリット（隙間）を入れた円筒の内側に、連続する動きのある絵を帯状にして貼り付けたもの。つまり複数の静止画を素早く入れ替えることで、あたかも動いているかのように見せる仕組みと一体となって、動くイメージが現れる。

等間隔にスリットが開けられた円筒や回転台およびそれをまわすためのハンドルがハードウェアとして用意され、回転台の上に等間隔に立てられた静止画がソフトウェアとなってイメージが現われる。つまりどちらが欠けても、イメージは獲得できないアーキテクチャ（構想設計）となっている。

こうしたアーキテクチャがイメージ生成に明らかな影響を与えたと考えられる二十世紀初頭の芸術様式として、未来派、ダダイズム、構成主義が挙げられるだろう。未来派は動きと速度を賛美し、自分たちが実践を進めていくうえでの理想とした。ダダイズムは世界中のあらゆる形態が抽象レベルでは等価となるような作品を追求し、構成主義は芸術とは自立的で自律的な精神活動であることを基本的な態度とした。そのどれもが、光や運動をめぐって、新しい解釈や利用法に並々ならぬ関心を示した。デュシャンやウラジーミル・タトリンなどは、実際に機械の動きそのものが作品の一部として働くような作品を芸術史上初めて手がけた。これらの芸術の起源をたどると、一九一〇年代から一九二〇年のあいだにさかのぼることができる。メディア・アートという考え方に立てば、キネティック・アートやルミオキネティック・アートに代表されるような、光や動きに注目して当時の技術を駆使した表現も、重要な系譜のひとつと言えるであろう。

とりわけ一九二〇年代のロシアでウラジーミル・タトリンが主導した「素材の文化」という、素材への科学的かつ客観的な探究が、その後のテクノロジーを利用したアートにひとつの道筋を与えている。

また音楽や文学を意識しつつ、異なる素材を等価に扱い、平面上に平衡関係を成立させることに抽象を求めたクルト・シュヴィッタース、あるいは具体的な物質性と切り離して、色彩や形態や素材の抽象性と創造性を理論的に分析したバウハウス運動など、近代絵画は抽象化と新しい素材の探究というテーマを同時に更新した。前衛は前衛の条件、つまり「媒体によって表現に関する自己反省を促し、自己の存在を自覚的に態度表明しようという批評的な実験あるいは実践」を基本とする。そしてその検証や評価が表現のメディウムをめぐって固有性や特殊性つまり「媒体特有性」がどのように発揮されているかという点で、新しい芸術に道を切り拓くのだ。

ジャンルを超えた、あるいはメディウムを横断するアーティストが登場した背景には、当時のマニフェストでは、すべての素材を分け隔てることなく平等に扱うことが「前衛」の条件になっていたという歴史的な背景がある。この前衛の条件が詩人、画家、彫刻家、写真家、デザイナー、編集者、建築家などさまざまな専門家を巻き込んで、一九二〇年代以降、傑出した前衛芸術運動が駆動する背景となった。前衛であることを自らも公言するようになった芸術家たちは、二次元の画面に描画されたペインティングから三次元の空間を追究する建築にいたるまで、モリス、ヴァン＝デ・ヴェルデ、リヒトヴァルクらをはじめ、無矛盾に動作する機械や装置の論理性に表現の客観性を求めた。この素材に対する探究や抽象化の追究がそれまで見たことのなかった作品の原資や芸術の本質と理解され、その「媒体特有性」が「前衛」を指向するうえで必要条件になったのである。

「媒体特有性」は文学の後塵を拝していた視覚芸術の地位を向上させるための理論的なアプローチとなり、それにより「前衛」の条件を宣言することによって、先進性と革新性を担保しようとしたのだ。また「媒体特有性」を追究することで、前衛芸術家たちは各芸術ジャンル間の境界をなくそうとして、長く続いている絵画と彫刻のどちらが芸術として優位か、といった無意味なジャンル間の競争に終止符を打とうとも努めた。たとえば写真の場合、アートのメディウムとして認められるための格闘は長く続き、いまでは芸術のジャンルとしても確固たる地位を獲得している。

黎明期のメディア・アートは、写真や映画というイメージ生成のメディアに対して、絵画や彫刻の伝統的なメディアで実現されていたのと同じような「媒体特有性」を得ようと努めていた。そしてこの「媒体特有性」にいたる作業の多くは、それぞれのメディア固有の特徴を探ることや固有性や特殊性など本質を議論することにとりわけ向けられていた。絵画であれば平面性が問題視され、彫刻であれば空間性に焦点が当てられる。映像であれば時間性が検証される。こういった表現の本質を議論するための入り口は「媒体特有性」という抽象化と素材の探求が中心的な課題となった。「現代美術は抽象的でわかりにくい」と言われるのはもっともなことで、より抽象的となることで古典という権威を乗り越えて、近代の要件を満たそうとしたのである。

ここでもう一度シュヴィッタースの媒体特有性に戻って、抽象芸術のあり方を考えてみよう。シュヴィッタースは本質的には、考えられるあらゆる素材をひとつの作品のために分け隔てなく利用することをめざして、個々の素材に原則として同じ価値づけをする技法を「メルツ」と呼んだ。

シュヴィッタースは古典という秩序を大きく揺さぶるような、ある種の前衛をめざした。その前衛運動が突きつけられるとき、古典に生きるスノビズムの住人は、これをどんなふうに思考して芸術として理解すればよいのかとしたり顔で考えてみるはずだ。シュヴィッタースにとって、「メルツ」はその支持者の獲得をめざすだけでなく、古典という権威の表象を壊してしまうことも厭わない、ある種の「賭け」を伴う破壊行為でもあった。

この破壊行為とも言える「賭け」をさらに、シュヴィッタースはカンディンスキーの論考「舞台コンポジション（über Bünenkomposition）」★15に影響を受けつつメルツシアターと呼んで拡張し、あらゆる要素が融合し特定の知覚に依存しない体験によって鑑賞されうる芸術をめざした。

さらに、シュヴィッタースも心酔していたカンディンスキーにとっては、ワーグナーの「総合芸術」も古典というものを強く意識した権威主義のひとつに過ぎなかった。すべての素材が等しく演劇あるいは舞台を構成する要素となることを、シュヴィッタースは演劇に求めたが、カンディンスキーは舞台上であらゆるジャンルの素材を等価に扱うこの運動を、「コンポジション」と呼んで理想化していた。まずは舞台上のすべての要素を独立的かつ等価に扱いつつ、筋書きなどない抽象度が高い作品を上演した。破壊からすべてがはじまると宣言するかのような、古典や伝統の否定だった。さすが画家だけあって、カンディンスキーは色彩の抽象度とその表現力から運動について思考を展開した。それは「音楽の運動」と「絵画の運動」「舞台芸術の運動」といった運動に拡張されたが、ここでも前衛は運動として考えられていた。芸術は歴史化されれば普遍的なものである。当然のことながら、前衛は歴史化されて古典となれば、前衛ではなくなる。表現という行為のあり方は時代とともに変わり、ある目的を達するために活動したり、科学や技術の速度や運動といった概念と重ね合わされ、社会に対して働きかけ、人びとの同時代に生きる精神を揺さぶる行為として芸術が理解されるようになった。単に科学や技術の用語が非常にかっこよく聞こえた時代だったのかもしれないが、運動という自覚的な働きに、芸術の社会に対する関与の可能性を見出していた。速度や運動あるいは光（色彩）は、破壊の先から溢れ出る前衛のビートだった。

同時代の多くの芸術家が共感したダダの「反芸術」というテーゼには、速度や運動を作品の条件にしようとした前衛の破壊衝動が集約されている。シュヴィッタースにしろカンディンスキーにしろ、ダダの「反芸術」を追うように、オペラでも演劇でもないものを舞台上で起こすことを図った。劇場がもたらす古典的なアーキテクチャに対する批判はさほど実践として現れていないものの、さまざまな素材と要素が「伝達可能性」をもっていることを尊重して、運動し変化を起こすエネルギーのように働く表現が、シュヴィッタースやカンディンスキーにとっての媒体特有性を志向した実験だった。

第二次世界大戦後になると、シュヴィッタースのメルツシアターやカンディンスキーのコンポジションに触発されて、いわゆる「パフォーマンス」と呼ばれる新しい形態が登場する。アメリカの美術作家アラン・カプローによって一九五九年に上演された《6つのパートに分かれた18のハプニング》がきっかけだった。

カプローはここでハプニングという形式を提案し、時間・空間における出来事のコラージュを作品として発表した。[★16]ハプニングは字義どおり、偶然に任せた予期せぬ出来事である。ハプニングが「事故」といったニュアンスで理解されると、一般的にあってはならないアクシデントとして受け止められる。でも見方を変えれば、事故や事件という切断は日常の継続を切断してしまう、人びとの耳目を集めるイベントとして理解することもできる。カプローはこの切断に着目した。この切断は作品と観客の関係を変化させ、作品が観客を巻き込んだ

「環境」をつくり出すと考えた。その意味でハプニングとは、劇場というアーキテクチャが形式としている空間的な要素やシークエンスをわざと破綻させ、観客の知覚の状態を特別にし、特に決められていない場所で観客でなかった人たちも観客にしてしまうような、ある種の受容者実験でもある。

ハプニングというくらいだから不確定的な行為が頻出するのは言うまでもないが、そこでは即興という演劇的な要素も排除されていた。したがって、一般的な演劇のような見方では観客は鑑賞を完結させることができない。観客も否応なくその得体が知れない出来事のコラージュのひとつの素材となり、ハプニングの要素として組み込まれる。

カプローの構想したハプニングはアッサンブラージュ[★17]やエンヴァイロメント（環境芸術）と並置しながら、パフォーマーがある空間において何かを遂行する点で一見すると演劇と多少似てはいるものの、似て非なるものになっていた。台本があっても物語の構造はおおむね非論理的。パフォーマーは機械部品のように動いたり最小限の身振りだけ。観客がそこから何かカタルシスを得ようとしても、それはいくら待っても訪れない構成になっていた。

ハプニングといえば、アメリカで一九六〇年代にはじまり一九七〇年代に急速に注目を集め広がっていったグラフィティという社会現象のようなカテゴリーも、確立された社会規範に対する意図的な切断が都市のなかで展開されていったプロジェクトとして受けとめられるべきかもしれない。グラフィティは当時の都市生活者からすると、意表を衝いた方法だった。日常的基準からすれば破壊的で反社会的だったが、新たな階級の人びとを巻き込んで観客をつくり出すという意味では、言うまでもなく革新的だった。

さらには都市空間を表現の場とするアクティヴィズムとしては、壁画運動も忘れてはならないであろう。さらには地域社会を念頭に置いた芸術活動の形態として壁画運動は、一九六七年にサウスシカゴ通りで壁画家ウィリアム・ウォーカーらにより描かれた『敬意の壁（Wall of Respect）』が試金石となった。ウォーカーは壁画運動を先導したひとりだったが[★18]、ホイト・ウィリアム・フラーによる黒人アメリカ文化の組織（OBA-C）でも重要な役割を果たしていた。壁画運動はOBA-Cとリンクして、自由、正義、機会均等を啓蒙する活動となり、その活動は世界的に波及した。とりわけメキシコでは、ディエゴ・リベラ、ダビッド・アルファロ・シケイロス、ホセ・クレメンテ・オロスコらの活動が世界的に影響を与えることになった。

壁画運動はアメリカでは公民権運動と連動していたこともあり、地域住民は自分たちの日常に直接関係のある問題として壁画運動を受け止めた。壁画運動は地域住民を巻き込んだ集団的な活動を主旨としていたため、文化的・芸術的・社会政治的思想の確立に身体と精神を効果的に融合させるアクティヴィズムとしても展開されたのだ。

カプローにとって環境とは、ハプニングがもたらす日常や社会の切断面を暴露することにもなる。その環境化と同様の動きが、演劇や音楽でも現れてくる。このハプニングとしての環境そのものはフルクサスのディック・ヒギンズによって、インターメディアと呼ばれるようになる。インターメディアとは、環境そのものが運動として社会に何らかの投げかけがおこなわれるか、あるいはこのような運動が歴史に参加できるかという「伝達可能性」をめぐる実験であった。それは場合に応じて、メディアと形式を決定する。言い方は悪いが、かなり場当たり的でいい加減である。この形式は当然ながら、あらかじめメディウムの混淆を前提に構想したミクストメディアとも性格を異にする。たとえば視覚詩や音声詩のような、既存のメディアが概念的かつ機能的に融合することで、その作品の本質を成すような領域を指すものである。ヒギンズが述べるような芸術の「環境化」については、同時代の広範な領域の芸術家が関心を示していた。[★19] 領域横断的な活動としてのインターメディアは、さまざまな相互作用により作品を成立させる実験の環境としての役割も担っていく。その環境は必ずしも物理的な空間とは限らない。環境はさまざまなメディウムのあいだに生じる未踏の領域として発展し、組織や参加や運動も環境として考えられた。[★20]

インターメディアや壁画運動のようなアクティヴィズムは一九六〇年代や一九七〇年代にハプニング、アクション、イベント、パフォーマンスをつくり出した芸術家たちの作品においても顕著となった。機械は単なる物理的な実態ではなく、大きく世界を動かす想像力でもあり、リアリティ（現実）でもあった。機械論的世界観とは、矛盾がなく客観性が高いことを重視して世界との関わり方を考えようとする世界観であり、アクティヴィズムはいきおい受容者実験の様相を帯びてくることになる。テクノロジーのユーザや消費者を超えて、ディレッタントとして特別視されるようになる。

ここからインターメディアという概念はエンヴァイロメント（環境）とも密接な関係をもち、

最終的には鑑賞者を巻き込んで作品の一部となるような参加型作品を生み出していくことになる。センサやビデオを駆使したインタラクティヴィティを前提としたインスタレーション作品も数多く制作されていくが、その流れもこうしたインターメディアやエンヴァイロメントあるいは壁画運動を母型としているといってよい。

さらには、この近代と前衛が新たに更新した啓蒙は、バウハウスやブラック・マウンテン・カレッジのような革新的な教育システムにも組み込まれた。とりわけ、アメリカの南部ノース・カロライナ州アッシュビルに創立されたブラック・マウンテン・カレッジは、アート・スクールとして構想されたわけではなく、実験的な芸術を基礎にした新たなリベラルアーツ（自由学芸）をめざしていた。経験する主体の主体化実験を重ねる環境をつくるという意味では、まさにインターメディアの運動のひとつにほかならない。またアリストテレス以来の「自由学芸」を根本的にくつがえそうとする新しいエンヴァイロメントでもあった。ジョン・デューイのプラグマティズム教育論を基盤としたり、黒人女性を学生として受け入れたり、学生が農業や土木に従事するホーリスティックな生活をおこなったりと、学生と教師といった上下関係のない相互支援の学習環境が創造の場として醸成されていった。

コードのメディウム・スペシフィシティ

ここに挙げた人たち以外にも、芸術と技術の協働により、前衛的な運動を展開していったフルクサス、エクスパンデッド・シネマあるいはE.A.T.[21]などの芸術家と技術者が、決して単なる実験ではなく不断の創造を継続するためにテクノロジーを積極的に導入しようとする、まさに前衛運動を展開していった。インターメディア、パフォーマンス、コラボレーションなどの新たな芸術形態、さらにここに映像というメディアが加わると、その運動はより一層加速することになる。

そもそも映画の発明は視覚の認知機能をめぐる科学的な検証からはじまった。一八二四年、生理学者ピーター・マーク・ロジェ[22]は、脳のなかに浮かんだ映像のイメージは、次の映像がやって来るまでのあいだ、脳に一次保存され、次の映像が重なることで動きを感じとれることを発見した。ここからイメージの連続的な運動をもたらす映像の歴史がはじまったと言ってよい。映画が発明されて以降、映画は文学や音楽を引き受ける、ある種のエンヴァイロメントとなっていた。たとえば、ヴィジュアル・ミュージックは音楽を視覚的に表現、もしくは音楽と視覚表現を融合させる試みで、映像と音楽の完全な同期を図るインターメディア運動となっていた。[23]新しい伝達可能性に遭遇したとき、芸術家は興奮を覚える。映画がもたらしたイメージの運動は、エクスパンデッド・シネマ、ヴィジュアル・ミュージックやアニメーションなども含めて映像表現に大きな転機をもたらすことになる。映像だけでなく、音楽や演劇も含めていよいよコンピュータと向き合わなければならない、新たな展開を迎える時期が来ていた。もちろんマルチスクリーン（多重投影）などの手法もそこには含まれるが、コンピュータだけで描画する、いわゆるコンピュータ・グラフィクスを実現しようとする人たちも一九六〇年代後半から現れるようになった。コンピュータ・グラフィクスは平面性（絵画）、空間性（彫刻）、時間性（映像）と比較して、抽象度は高いものの複雑な操作を可能にする。したがって、伝達可能性も非常に高いものだった。アメリカではケネス・ノウルトンが一九六〇年代にベル研究所でモザイク写真の実験を開始し、BELFLIX「ベル・フリックス」というＣＧアニメーション言語を開発した。BELFLIXは１８４×２５２ピクセルのフレームを操作することを基本とした言語で、１画素３ビットの情報をもち、この３ビットで８階調のグレースケールを表現することができた。その他、BELFLIXでは、ピクセルの読み書き、図形の塗りつぶし、透視投影などの操作も可能だった。歴史上初のＣＧを作成するためのプログラミング言語である。

BELFLIXは計算で思い通りに画像を生成させることに成功した。それはソフトウェアを構成するコードとそれを成立させるアルゴリズム（計算の手順）に媒体特有性があるという意味でも画期的だった。

アートワールドの側でも、コンピュータへの応答はどうあっても求められた。一九六八年ポントゥス・フルテンが、ニューヨーク近代美術館で「The Machine as Seen at the End of the Mechanical Age（機械時代の終わりに）[★24]」と題して、テクノロジーをベースにした作品を数多く集めた展覧会を開催した。それは「機械芸術」へのオマージュであると同時に、「計算芸術」への予感を表明した展覧会でもあった。

一九六〇年代にはアメリカだけでなく、ヨーロッパでも特にドイツを中心に、コンピュータで作品を制作する人たちが登場した。アメリカでは企業の研究所やハリウッドからコンピュータ利用がはじまったが、ヨーロッパでは主に大学など学術機関から芸術とコンピュータとの出会いがはじまった。

コンピュータの芸術との関わりを、アルゴリズムや計算という観点から考えると、コンピュータ・アートのパイオニアで、五十年以上にわたってアートをアルゴリズムで思考してきたフリーダ・ナーケ[★25]が必然的に思い浮かぶ。数学者でもありコンピュータ・サイエンティストでもあるナーケは、コンラート・ツーゼが開発した伝説的なプロッタ"ZUSE Graphomat Z64"を使って初めて作品を制作して以降、A・マイケル・ノルやゲオルク・ニースとのコラボレーションで作品を発表した。一九六五年にはシュトゥットガルトとニューヨークで展覧会を開催し、さらに一九六八年にはロンドンで開催された「サイバネティック・セレンディピティ(Cybernetic Serendipity)」展[★26]にも出展している。

ナーケはインタビューで以下のようにアルゴリズムの重要性を強調する。[★27]

デジタルという言葉を、私は急いで訂正しなければなりません。イメージをコーディングするデジタル形式は重要な側面ではありません。重要なのは、イメージの生成が、大なり小なりアルゴリズムによって可能となっているということです。アルゴリズムの存在が、私たちが直面しているアルゴリズム革命の本質なのです。そして、アルゴリズム革命の本質は、社会のすべてのプロセスが計算可能な形式に変換されることにあるのです。

ここでのナーケの言葉は、ニコラス・ペヴスナーが近代運動の核心であると主張した「Rational objectivity（合理的な客観性）」はもはやアルゴリズムのなかにしかない、という主張でもある。

アルゴリズムについては、プログラムとの関係からここで簡単に説明しておこう。プログラムはコンピュータなどの機械が理解することができる機械語で書かれた、いわばコンピュータへの指示書である。この指示書を書くために、人間が理解、記述しやすいプログラミング言語を使って記述されたものをソースコードと呼ぶ。ソースコードをコンパイル（機械語への翻訳）してできたものがプログラムとなる。いわば、一般的に「プログラムを書く」と言われているケースのほとんどが「ソースコードを書く」ことである。プログラマと呼ばれる専門家のほとんどがソースコードを書いていると言ってよい。一方アルゴリズムとは、何らかの問題を解決するための計算手順で、いわゆるプログラムを作成する根拠となるものでもある。計算手順を決めてその手順をプログラム言語で記述し、コンパイラ（翻訳システム）で機械語に翻訳することで、コンピュータは問題の答えを出す。それがコンピュータの答えの出し方である。当然ながら、CGのグラフィックスもコンピュータが出した答えとして出力されたものにほかならない。

コンピュータの利用がさまざまな局面で当たり前になっているわれわれの日常は、アルゴリズムで合理化されている。こうして原稿を書いているテキストエディタと呼ばれるソフトウェアでも、コンピュータに文字を入出力する計算手順に応じてコンピュータの処理がおこなわれている。

われわれの日常がそうであるように、今日すべての芸術の実践は、何らかのかたちでメディアの動作原理とそれへの介入方法に関わっている。このメディアの概念は、写真からコンピュータにいたるまでの新旧の技術メディアだけでなく、絵画や彫刻などの古いアナログメディアも包摂しようとしている。したがってナーケのアルゴリズム革命とは、すべての芸術の実践において、メディアの媒体特有性に帰することが、表現としても常に革新的なことをもたらすという宣言なのだ。

あらゆる芸術的な分野はこれまで見てきたように、それがメディアという概念で認識されてきたかどうかは別にして、技術とそれを用いる技法によって変容してきた。伝達可能性をもち観客をつくるメディアの影響は芸術史にとって普遍的である。メディアというパラダイムはすべての芸術を包含している。だからこそコンピュータという計算装置がもたらしている革命的な表現力については、メディア・アートというジャンルの問題を超えて、いま一度向き合っておかなければならないのだ。それはナーケがアルゴリズムを芸術の諸分野にとっても重要な概念であるとし、計算が媒体特有性をもっていて、いまやこれを議論せずして芸術は語れなくなることを、一九六〇年代から芸術家や技術者とともに確信していたことの意味でもあろう。

アラン・チューリングは一九三七年に書いた「計算可能な数について」という論文★28のなか

で、彼のコンピュータのモデルを称して、ユニバーサルマシンであるという主張した。この普遍性が、コンピュータという機械をメディウムとして考えるうえでの手かがりとなる。裏を返せば、コンピュータの限界に計算芸術の本質があると考えることもできる。その計算理論は計算可能性理論（computability theory）として知られている。★29

この計算可能性理論とは、コンピュータを使って解ける問題の範囲を把握することでコンピュータの限界を見定めることができ、問題解決の構想設計（アーキテクチャ）が可能になるという考え方である。ここに計算芸術のメディウム・スペシフィシティ（媒体特有性）がある。アルゴリズムはプログラムを実行する規則である。ソースコードで書いたプログラムが実行できれば計算可能ということになる。もちろんプログラミングにおけるアルゴリズムは、効率良くエラーが少ないプログラムを作成するために不可欠な手順や計算の規則が求められるため、秀逸なアルゴリズムはプログラミング能力を向上させるための必要条件となる。

しかしながら、エラーなくコンピュータが実行できて答え（出力）を得たからといって、必ずしも問題が解決できているとは限らない。そもそも複雑な問題をアルゴリズムで表現できているかという問いはいつも残る。厳密な意味で明示的な記述ができない計算不可能な関数が存在するからだ。

人間は原子爆弾や原子力発電所などバカバカしいものを含めて、複雑に過剰なことを考えてしまう生き物である。自分で手に負えないようなことまで考えてしまうからこそ、コンピュータは必要とされたのである。計算は数によっておこなうが、数と言っても数学はさまざまな数を定義している。物理学もさまざまな数を使って自然の法則を記述する。でもコンピュータはこれらすべての数を計算の対象とできるわけではない。計算不可能なものは、たとえ間接的な表現ができたとしても明示的かつ一意には記述できない。計算として記述できることと表現として得られるものは、コンピュータにとっては異なるのだ。その際、コンピュータが計算可能となるような近似的な関数がアルゴリズムに組み込まれることになる。その近似によって世界が記述され、コンピュータは世界を出力として見せてくれる。それがコンピュータをめぐる媒体特有性のスリリングなところでもある。

コンピュータについて思考したり実験したりすることのスリリングな緊張感は、作品が作品として成立するのかという、そもそものアーキテクチャへの問いに帰するところにある。つまり問いではじまり、問いで終わるのだ。

問いではじまり、問いで終わるという、コンピュータにとっての媒体特有性にとって重要なのは、この「近似」である。この「近似」に創造の秘密が隠されていることは、ソースコードの「メディウム・スペシフィシティ」という点からもきわめて重要である。

この「近似」について、すこしコンピュータから離れて考えてみよう。芸術によって何かを表わそうという姿勢は、否応なく物質や身体との関係から決まってくる。かの葛飾北斎が描く、極度に色もパースも誇張された『凱風快晴』と題された「赤富士[★30]」が伝えているのは、現代の観光客がデジカメで撮った富士山とはまったく違った、作品としての必要条件があるということだ。人や物（あるいは超自然的存在）を知覚する人間が、それをマッスや画材のパターンに変換するときのコードに、その芸術家だけがもっている「創造の秘密」が書き込まれる。メディウムへの関心と探究は、この「赤い富士山」というメッセージが本質なのではなく、描くという記述にあたって画材などのメディウムに働きかけているコード（「彫り」の方法や「摺り」の回数など）に『凱風快晴』の本質があるのだ。

このコードについても補足しておこう。親と子はそれぞれ親子という関係のパターンのなかでコードが決められている。親と子はそれぞれ違う関係のパターンのなかでは、異なるコード化のルールが適用され、それぞれ会社員（親）と高校生（子）といったコードが決められる。関係を構想した途端、コードは必然的に決められることになる。つまりコードには伝達可能性が記されているのだ。だからこそコードへの関心はきわめて重要な問題となる。メッセージのなかにコード化されている「意味」を解読することではなく、選び出されたコードそのものに記述された「近似」あるいは「関係」のもつ「本質」を探っていくことができるかもしれないからだ。「近似」あるいは「関係」がコンテクストとして現れることが、コンピュータを用いたコミュニケーションの正体であり、そのコンテクストはソフトウェアの自律性や民主性をもたらす核心でもある。

いわゆるインターメディアの活動に映画や映像あるいはコンピュータが応用されると、個人の作品にしろ美術史的な観点での議論であるにしろ、自己のメディウムの本質を追究した表現ではなく、たいていの場合メディウムの特性を借用し擬似的に表現（シミュレーション）しているだけのものが多い。他のメディウムに自己のメディウムを従属させる寄せ集めに過ぎないように見えてしまう。その成果物はコラージュやアッサンブラージュの同様の「出口」である。一方で、その成果物があまりにも表層的なものに見えてしまうがために、計算芸術が芸術としての評価を低くしてきたという面もある。「コンピュータにできることなんて知れている」と思い込む、あるいは思い込みたい人たちが偏見に満ち満ちた表情で作品を見てしまうことになる。先に述べた絵画と彫刻との優位性を、その媒体特有性で議論することは、そもそも不毛であるし、単純な比較論は美術史にとっても美術批評にとっても、何の意味もない。少なくとも、コードに埋め込められた「近似」や「関係」からコンテクストを読み取らなくてはならない。

テクノロジーをメディウムとするメディア・アートも同様に考えることができるだろう。メディア・アートのコンテクストとは言語も身体もガジェット化してしまうようなスリリングな表現の欲望と、きわめて厳密な知性の手続きとが一体になって、ダイナミックな動きを近似としてつくり出していることにある。ここからメディア・アートとは、伝達を関係の基礎としている人間たちの知覚そのものを、伝達可能性に変換したものだということが見えてくる。

メディウムへの意識によって表現する自己の存在についての反省と問いを促し、個人の存在を自覚的に思考することは依然として芸術の本質である。その本質をめぐる批評的な実験とその検証が印象派から抽象表現主義にいたる広義の前衛を生んだ。そのことはクレメント・グリーンバーグも切々と論じていたことだ。前衛は往々にして前のめりである。その前のめりな運動も知性として理解されることで、彫刻であれば立体性、建築であれば空間性、映像であれば時間性などが本質として議論されることになる。メディア・アートで言えば、間メディア性ということになる。

しかしながら、どんな分野であっても、本質(固有の特性)を特定し論ずることは難しい。本質を追究し過ぎるあまり、近似や関係が置きざりにされることも少なくない。芸術ならなおさらである。「芸術の本質とは何か」というテーマはあらゆる観点から、延々と議論され続けている。もちろんそれは芸術だけに限った話ではない。たとえば、エコロジーの議論は、根本的には「人間」や「生活」をめぐって本質をどのように規定するかという議論になる。にもかかわらず、現実は容赦なく襲ってくる。権威や権力あるいは経済が、その本質を遠ざけてしまうのだ。先の絵画の「平面性」で取り上げたように、メディウムの限界がそのメディウムの本質と一致することが、媒体特有性の基本定理である。作品がそのメディウムの本質に近いものであればあるほど、純粋で真正な出自のものとなり、反対に他のメディウムの特性を借用する作品は、媒体特有性がなく表現の本質から逸脱するものとして評価されることになる。だからこそ、メディウムの本質はメディウムへの意識を向け客観性を担保しながら議論しなければならない。

冒頭のエシュンというディレクターは、あらゆる作品を神話や歴史のエピソードに適応させ、その神話の分析で評価しようとしている。その自らの教養の幅でしか考えようとしない態度は一見すると専門性が高く知的な態度のように見えるが、「芸術とはなにか」を問う作業を放棄する、アートワールドが陥りがちな、知的な「深み」に欠けるエリート主義にほかならない。

アクティヴィズムとしてのメディア・アート

これまでメディア研究（あるいはメディア論）においてコミュニケーションの可能性を追究する成果をメディア・アートと呼び、それが関連する歴史的な背景を「知ること」や「伝達可能性」あるいは「媒体特有性」という観点からたどりながら、ポストメディアの実験を繰り返してきた芸術運動としてのメディア・アートの本質について探究してきた。メディア・アートを美術の一ジャンルではなく、ダダとかポップ・アートと同様の芸術運動のひとつだと考えれば、すこし地平が開けたような気にもなる。メディア・アートを思考することはメディアを論じるうえでも、あるいはアートの「コンテンポラリー」を考えるうえでも、本質的な理解を与えてくれるきっかけとなるだろう。

ガタリは最晩年に「相互作用し相互に依存する精神」「社会」「環境」という三つのエコロジーをテーマにした生態学[★31]をエコゾフィーと呼んで特別視した。伝達可能性が政治や巨大な資本に抑圧されたり搾取されたりしないように、ガタリはメディアによる均質化や全体化を常に懸念し、異質性や差異を理解し認め合うことをめざして社会的および物質的な環境を修正しなければ、未来への希望はなかなか得られないかもしれないと危惧していた。インターネットの普及によって、ややもするとガタリが夢見たメディアのエコロジーはひとつの解答を得たようにも思えたものの、ＧＡＦＡと言われるメガ企業がインターネット上のあらゆる出来事を資本化し、「知ること」の寡占化はむしろマスメディアの時代よりも極端に進んでしまった。そこで二〇〇〇年に入った頃から、コンピューティングを文化や芸術という側面から再検証し、ガタリと同様に均質化や全体化を抑制し、より多様なメディア環境を自分たちによって手にしようとする運動がすこしずつはじまってゆく。メディア・アートで展示されたり、何か利用されたりして目の当たりする以外に、アーティストや理論家などの一部にはすでに次のパラダイムとしてソフトウェア文化の研究に向かっている。メディア・アートにおいてアルゴリズムとソフトウェアの成り立ちを問うことは、「知ること」をめぐるエコゾフィーとなるのだ。

メディア・アートの理論的な根拠をメディア理論からソフトウェア理論へのパラダイム変換に求めているレフ・マノヴィッチが的確に総括しているように[32]、マサチューセッツ工科大学（ＭＩＴ）教授でデジタルメディアの専門家のニック・モントフォートらは、いち早くソフトウェアをアートとして、あるいは文化史の資産としてどのように位置づけ考察するかという試みを二〇〇〇年に入ってからすぐくらいの時期におこなっている[33]。網羅的かつ年代記的にメディア・アート作品が紹介されているアンソロジー[34]を見ていても、コンピュータ・サイエンス全体というよりも、ユーザ・インタフェース、データベース、通信環境、あるいは観客を巻き込むようなインタラティヴ作品やビデオカメラとの同期など、ソフトウェアの進化を同時代として、作品が発表されてきたことがわかる。つまりメディア・アートとソフトウェアの開発史はまさに「コンテンポラリー」のコンテクストにあると言ってよい。

ソフトウェアの起源を十八世紀のフランスの百科全書派が芸術家や職人の工房でいかに技巧を洗練化させてきたかというプロセスに求めるなら、プログラミング言語やソースコードはもはや機械芸術を説明するために必要十分な史料でもあるかもしれない。アートをソフトウェアとして位置づけることによって、とりわけ近代以降の芸術史は大きく書き換えられてしまうだろう。

メディア・アートがそのような新しい芸術史を示唆する一方で、ソフトウェア・スタディーズの成果は多岐にわたっている。★35 とりわけ、ソースコードを文学作品のように「読む」ことが、ある種の文芸運動の体をなしていることも興味深い。ソースコードは単にコンピュータへの指示書であることを超えて、もはや芸術や文学の域に達する資産として考えてもよいという考え方である。★36 そこから、芸術や文学はもとより、政治や経済、あるいは歴史、そして芸能といった分野を思考するうえでの資料にもなり得るかもしれない。もはやソースコードには、少なくともコードそのものが果たす機能以上のことがコードとして組み込まれている。少なくともソースコードを批評的に読むことによって、インターネットやゲームといったプラットフォームについても論じることができる。

ソフトウェア文化の研究に向かっている人たちに共通しているのは、一貫して文化的であろうとしていることだ。ソフトウェア文化ということはどういうことか。文化を情報の生産と伝達のメカニズムであるとしたベイトソンの論に従えば、ソフトウェア文化とは、ソフトウェアを開発した人たちはもとより、利用したい人たちにも民主的に共有しメディアの生態学を実践するという暗黙知にほかならない。いわゆる「ソフトウェア・スタディーズ」の研究と芸術的な実践がポストメディアという運動と相互に関連し合い、その相乗効果が「知ること」の生態学となることが構想されていることだ。

バーチャル空間とリアルな空間といった凡庸な二項対立で、あるいはコモンズやソーシャルネットワーキングというありきたりの民主性でアーティストや作品を論じたりする前に思考しなければならないのは、メディアという離散的な記号の集合とその操作そのものにある。つまり操作の集合である「近似」の計算可能性を論じるべきなのだ。そのように、テクノロジーをマクロな視点だけでなく、計算という記号と符号の処理がどこまで可能かということで考えていけば、社会におけるメディア・アートの役割とその価値創造が、あるいは世界との関係という点があらためてこれまでとは違ったかたちで浮上してくるはずである。

その生態学を積み重ねていくうえで、「シェア」や「共感」のギミックはひとつの大きな壁となって立ちはだかっている。SNSのもっとも危険なところは、「シェア」や「共感」がそうであるように、情感に訴えるかたちで「豊かさ」を表現できるという錯覚を拡散していることにある。YouTubeやInstagramなどのSNSあるいは「共有」サイトはその典型である。YouTuberが巨万の富を得ているのは、単に広告のモデルが従来のマスメディアからYouTubeに移行しただけで、それまで隠されたかたちで支払われていた広告のコストが可視化されて、個人の銀行口座に直接振り込まれるようになったに過ぎない。広告はきわめて狡猾なかたちで消費を喚起するように人びとを洗脳してきたが、いまやYouTubeやInstagramの「シェア」や「いいね」という共感のギミックを通じて金銭感覚や労働といった個人的な経済生活にまで侵食するようになっている。

金銭感覚や労働に作用するという意味でYouTubeとSNSには、承認欲求や強迫神経症を引き起こす麻薬にも等しい常習性と幻覚性が備わっている。「お金」や「仕事」あるいはその付属品としての「顕示的日常」は人びとの心理を四六時中揺さぶり続けるからだ。それぞれの「シェア」は、もちろん運用上は社会通念に配慮したものになってきている。しかしながら、問題は、YouTubeとSNSの「共有」があくまでパソコンやスマートフォンのインターフェース上の「シェアのギミック」に導かれていることだ。その結果、ユーザは「シェアのギミック」に抑圧されてしまっているのだ。

このような「シェアのギミック」をめぐるパラドックスの例を挙げておこう。エコロジーに対する意識が情報化されて、その情報化が電気自動車やエコバッグというかたちで商品化されている。「シェアのギミック」に過剰に反応して、日々炭酸ガスを排出して環境にダメージを与え続ける「イノベーション」がそこにはある。巧妙なギミックの危険性はそこにある。「ギミック」はイベントや広告にも応用されている。ここにメディア・アート的想像力や手練手管やソフトウェアの独自性などが「悪用」される事態も起こる。もともとメディア・アートは標準的なテクノロジーをハックして、開発時に定義された仕様を超えたり歪ませたりすることによって、だれも見たことのないような「ギミック」でその表現の幅を広げようとする。ここではギミックそのものがスペクタクル（見世物）になっている。マーケティングや広告、イベントプロデュース、コンサルティングなど、デヴィッド・グレーバーが言う「ブルシット・ジョブ」（クソくだらない仕事）にメディア・アートのハックのマインドが搾取されてしまい、表現そのものがますますギミックの様相を濃くしていく。スペクタクルだけが意味をもち、イメージが消費されることがひとつの価値をもつことになる。映像のなかにギミックを盛り込んで人びとの欲望に入り込む広告と同様に、結果としてメディア・アートをめぐる表現のあり方は単なる消費の旗振り役に過ぎないものになっている。それはまったく無意味だとは言えないが、総じて過剰な消費の後方支援をしているに過ぎない。

メディア・アートにおけるハックのマインドが人びとの知覚を特別な状態にして熱狂させようとしていることに利用されていることは、芸術のあり方からも、テクノロジーの啓蒙性や民主性という点からもかなりかけ離れている。

広告表現やイベントのスペクタクルに回収された「ギミックに富んでおもしろそうに見えるメディア・アート作品」は、芸術作品の条件を自らの問いと固有の性質でつくり上げてゆき「芸術作品」として歴史化されるような作品としてそもそも構想されていない。

確かに同時代性があって、作品を作品にしている固有の性質をもっているという意味では、ギミックに富んだ作品も現代芸術における作品の条件を満たしていることになっている。しかしながら、それを制作しているアーティストの側に「問い」が決定的に欠けているのではないだろうか。現実を実感させる虚偽、あるいはそれはこの世界に対する大いなる懐疑であったり拒絶であったり賞賛であったりすることにもつながる問い。それがないために、いとも簡単に広告に搾取されてしまう。メディア・アートの作品はポストメディアそのものを表現することのできるアクティヴィズムにもなり得るにもかかわらず、芸術の形式や媒体特有性をめぐる問いが決定的に欠けているものが多い。だから「深みに欠ける」などという表層的な批評を呼び込んでしまうのだ。

「ポストメディアの条件」を問い続けること——構想設計型アクティヴィズムのかたち

西洋美術史においては、ターナーやマネや彼らのフォロワーたちの例を引くまでもなく、近代の芸術は観客を「生産」する「生産者」としての使命や役割と、市場で自らの存在や作品が資産として取引される「労働者」としての役割を均衡させることで成立してきた。観客を拡大再生産し、市場での価値を最大化すること以上の真理や同一性をまるで必要としなかったのである。言説と実践の両面で、より市場と相性がよくて知的で自律的で生産的なオーディエンス（観客）が必要とされた。

働き過ぎ、行き過ぎた消費、エネルギー消費などかねてから問題だった矛盾がいま、さらに拡大している。これを加速させているのがインターネットとデジタル技術であることは、世界中で多くの人が実感している。しかもインターネット上の「シェア」や「クラウド」のごとく、二世紀のあいだ近代人が発明し普及させて来た視覚的表象は、必ずしも確からしい世界の一端ではなくなった。

この事態を変えるには、そもそも資本主義の規模と速度を問うことが必要となる。その資本主義の申し子であるメディアについて、技術の面からあるいは文化芸術の面から、あるいは政治経済の面から思考することが必要とされているのだ。メディアをめぐるエコゾフィーを確立しなければならない。インターネットをめぐるエコゾフィーに要請されているのは、規模と速度を促し資本主義の論理やメガ企業の飽くなき資本力拡大に対して、ときにはギミックで人びとを驚かせたりしながら、アーキテクチャ（構想設計）型アクティヴィズムを発揮することである。そうしたアーキテクチャ型アクティヴィズムは実は一九六〇年代から数多くのメディア・アーティストやメディア・アーキテクトが実践してきていることであり、市場化し得ないソフトウェアの資源がProccesingやOpenFlameworksなどで実現されてきた。

まずはソフトウェアを支えるアーキテクチャ（構想設計）であるからこそ、ここでソフトウェアを資本化させないアクティヴィズム、つまりソフトウェアの脱資本化が要請される。近代化は視覚の脱領土化と、それを評価する新たなる枠組みとをもたらし、それを支えるのはいまやソフトウェアにほかならない。メディアとそのテクノロジーをめぐるエコゾフィーを発揮できるのは、ソフトウェア・スタディーズのような形式言語にコミットして、市場からも広告表現からも自由な独自のパフォーマンスを発揮することだ。それによって、「伝達可能性」に関するエコロジーを問い続けることがエコゾフィーの核心となる。

本論でこれまで論じてきたのは、芸術運動としてのメディア・アートが、どれほどポストメディアという運動と相互に関連し、さらにその実践そのものが倫理的な境界を表現してきたかという歴史的なコンテクストを明らかにすることにあった。資本主義とメディアの相関からすれば、ちょうどガタリが「ポストメディア」を論じた一九九〇年代に爆発的に普及したインターネットだけを問題視するだけでは事足りない。コンピュータがこれほど社会や文化の深部にまで浸透している以上、なによりもまず、ソフトウェアのあり方を思考し続けなければならない。ソフトウェアの進化とともに誕生したともいえる、この端末市民はもはやテレビやラジオで想定されたオーディエンスを超越し、構想設計型アクティヴィズムのような運動の担い手となっていなければならない。

メディア・アートが到達しようとするエコゾフィーは、ときに古典的でありながら、いつも新しく、いまだに同時代のテクノロジーを駆使しても凌駕することのできないほどの深遠さをそなえている必要がある。先に述べたように、構想設計型アクティヴィズムは従来型の心情左翼型アクティヴィズムとは異なっている。歴史的に見れば、市民という社会集団は常に都市生活のあり方とともにある。そしてアリストテレスの時代から、「知る／伝える」をめぐる選択肢は独自のユーザシップ、つまりある種の市民感情をつくってきたのである。もちろんブルジョワジーという市民の属性も同様で、時間を伝える通信の形式によって都市における生産や労働との関係がつくられてきた。価値といった観念も「知る／伝える」という形式によって決められるようになった。その価値で都市を思考することが近代的であるということが規範化してきた。ただここで問題となるのは、メディアの特有性から立ち現れてくる別種の端末市民である。二十世紀のメディア産業とスペクタクルが変容し「知る／伝える」の総体が資本化していることに対して批判的に検証してゆくことこそがポストメディア運動であり、端末市民が向き合う核心的なテーマなのである。

「知る／伝える」は言うまでもなく、効率性と合理性だけで成り立つわけではない。伝承、模倣、熟練、試行錯誤などは、言語と言語に依存する通信と異なり、身体のセンシング機能が駆使され、生態圏との交歓を通じて熟知や修練の内実が積み重なって獲得される生態知としての特徴を備えている。その「知る／伝える」をめぐる生態知は、あきらかに深刻な危機に瀕している。

かつての市民像にあって、身体は中立的で抽象的な存在に過ぎなかった。「知る／伝える」はあまりにも急激にインターネット上で恐慌に陥っており、その恐慌によってフェイクニュースやデマコギーといった詐術的なメッセージの生産が拡大の一途をたどっている。そしてその拡大の途上をめぐる緊張や矛盾は民主主義の堅持という意味でも、行き過ぎた資本主義にブレーキをかけるうえでも、そして日常的なコミュニケーションの健全さを回復するうえでも、きわめて閉塞感の強いボトルネックとなっている。

だからこそ、ソフトウェア・スタディーズが生態学の実践としてリアリティを増すのだ。ひとたびソフトウェアの民主性が端末市民の主体性＝主観性のなかに回復されるやいなや、ソフトウェアをめぐって相互に絡み合った二つの道筋が開かれる。ひとつの道は、メディアをめぐるエコゾフィーから見いだされるものだ。ハクティヴィストとは異なり、あくまで文化的実践がメディアの創造性と自律性を回復するきっかけとなり、さまざまな方法で現在の資本市場を根本から覆すような営みへ導く運動である。ここでいう文化的であることとは、文化を情報の生産と伝達のメカニズムとして思考したグレゴリー・ベイトソンに倣って、シンボリズムにおける遊び、比喩[★37]、空想あるいは演技などを、コミュニケーションとして進化させ共同体を再編成するようなアクティヴィズムとして確立することである。

さらにもうひとつの道は、現在のＳＮＳのようにメディア受容を規格化し制御し、シェアを擬態にしてしまうプロセスを乗り越える運動である。メディア受容の規格化を乗り越えるアクティヴィズムを発揮し得る可能性を追求しなければならない。世界市民としての端末市民にとって重要なのは、メディア・アートがエコゾフィーを促すもっとも典型的な代表者となり得ることだ。

メディアをめぐるエコゾフィーはライフスタイルではない。「知ること」をめぐる生活倫理にほかならない。気候変動や環境問題を実感のレベルで議論するためには、経済成長やグローバリゼーションを支える情報の金融化からも訣別しなければならない。異常気象、二酸化炭素の排出量削減など、どれをとっても情報通信技術とは無関係のものに思える。しかしながら、気候変動や環境問題を考える上では、成長神話を助長する「情報の共有」や「知識の金融化」をめぐるエコゾフィーが要請される。「グローバリゼーションが地球を壊している」

「共感のギミックと訣別を」といったテーマを、ベイトソンが言う「精神の生態学」として、視覚化とインタラクションを駆使して表現しなければならない。そのプロセスはコード化されているはずの「資産としてのソフトウェア」をできるだけ権力や資本主義の暴力から守ることにも結びつくであろう。その民主化の原則を強化していかなければ、これまでメディア・アートが果たしてきた先駆性と独自性は無に帰してしまう。

資本主義を助長するイノベーションという考え方は、早晩力尽きるであろう。イノベーションなどなくても、脱成長を図っても、伝達可能性が担保され、「知ること」に積極的な集団が自律していれば、豊かな社会の実現は可能である。

アートはイノベーションに寄与しない。いや、寄与すべきではない。そうしたテクノロジーを搾取した資本の拡大に屈してしまうと、世界から多様さ豊かさが失われてしまうことになる。倫理的な輪郭を背負ったプロメテウスはテクノロジーの使い方で生産と労働そのものを大きく変えるかもしれない。

プロメテウスは自然に翻弄される人類を気の毒に思い、鍛冶の神ヘーパイストスから火を盗み人類に渡してしまった。そのことに激怒したゼウスは、権力の神クラトスと暴力の神ビアーに命じてカウカーソスの山頂で磔にして苛酷な拷問をプロメテウスに与えた。ゼウスの怒りも無理はない。火をもらって調理したり暖を取ったりできるようになった人類は、火を使って武器をつくり戦争をはじめたからだ。火の使い方や道具を使う知恵は危ういという教訓である。原子力発電所の火を考えればそれは現代にも十分に当てはまるかもしれない。つまり、火の使い方や道具を使う知恵という他者を受け入れ、自己が変容することの危うさ。その戒めが顕著に表れているのがプロメテウスの神話的実在なのである。そう、メディア批判の方法としてだけでなく、啓蒙と共感を兼ね備えた構想設計型アクティヴィズムとしてのメディア・アートは、メディア生態学の先駆として生き続ける。プロメテウスに対して、常に更新され続ける新しい命法として。

註

★1 NEW-MEDIA-CURATING Archives. JISCM@il, https://www.jiscmail.ac.uk/cgi-bin/webadmin?A2=NEW-MEDIA-CURATING%3Bd5de19c7.0810

★2 Steve Dietz (foreword) in Beryl Graham, Sarah Cook, *Rethinking Curating: Art after New Media*, The MIT Prees, 2015.

★3 さらに狭義には、絵の具をつくるために顔料と混ぜる溶剤、すなわち展色剤（vihicle）を意味する。

★4 フェリックス・ガタリ（杉村昌昭訳）「メディアとポストメディアの時代」『エコゾフィーとは何か　ガタリが遺したもの』青土社、二〇一五年、三七四－四二三頁

★5 レイ・カーツワイル（井上健監訳、小野木明恵、野中香方子、福田実訳）『シンギュラリティは近い　人類が生命を超越するとき』ＮＨＫ出版、二〇一六年

★6 Peter Weibel, "The Post-Media Condition," 19 March 2012, available at https://www.metamute.org/editorial/lab/post-media-condition (accessed on 26 February 2021)

★7 Banausos（古代ギリシャのβάναυσος、複数のβάναυσοι, banausoi）は、古代ギリシャの肉体労働者または職人階級の人たちに向けられた蔑称あるいは悪口。

★8 ハンス・ヨナス（加藤尚武監訳）『責任という原理　科学技術文明のための倫理学の試み』東信堂、二〇一〇年［新装版］

★9 北田葉子『近世フィレンツェの政治と文化　コジモI世の文化政策（1537-60）』刀水書房、二〇〇三年

★10 エルヴィン・パノフスキー（伊藤博明、富松保文訳）『イデア　美と芸術の理論のために』平凡社ライブラリー、二〇〇四年。とりわけ第六章「ミケランジェロとデューラー」を参照。

★11 山部恵造・山部美登里『フランス百科全書と技術学　「もの造り」の名誉回復と大革命』けやき出

版、二〇〇九年

★12 十八世紀末から十九世紀前半の時期に、ここに挙げた「産業」「工場」「技術者」「労働階級」「中流階級」など以外にも、「社会主義 socialism」「自由主義者 liberalism」「保守主義者 conservative」などの用語が近代的な意味を獲得したとされる。ホブズボーム（安川悦子、水田洋訳）『市民革命と産業革命　二重革命の時代』岩波書店、一九六八年。

★13 A・リヒトヴァルク（岡本定男訳）『芸術教育と学校　ドイツ芸術教育運動の源流』明治図書出版、一九八五年

★14 「アヴァンギャルド芸術家 Artistes avant-gardes」の初出はオランド・ロドリグ（サン＝シモン派社会主義者・数学者、一七九五‐一八五一）の『芸術家、学者、産業者の対話』とされる。坂本千代「きたるべき社会と芸術家の役割　サン・シモン主義者たち、ラムネ、ルルーの芸術論」神戸大学大学院国際文化学研究科紀要「国際文化学研究」31:111A-132A、二〇〇八年。

★15 A・シェーンベルク、V・カンディンスキー（J・ハール＝コッホ編、土肥美夫訳）『出会い　書簡・写真・絵画・記録』みすず書房、一九八五年

★16 カプロー以外では、シアター・ピースのロバート・ウィットマンやアクション・シアターのケン・デューイ、レイ・ガン・シアターのクレス・オルデンバーグ、キネティック・シアターのキャロリー・シュニーマンらが一九六〇年代にハプニングと称される活動をおこなった。当時、ハプニングと自称しなくとも類似する形態は美術の分野のみならず、音楽やダンスなど芸術の諸分野でも展開された。

★17 アッサンブラージュはコラージュや新聞紙、切符、包装紙、写真などをキャンヴァスなどに貼り付けるパピエ・コレといった手法を、立体作品にも応用したもの。

★18 ウォーカー以外にも、ジェイコブ・ローレンス、チャールズ・ホワイト、ウィリアム・マクブライドらが運動を先導した。

★19 インターメディアという用語が日本では一九六七年に初めて用いられたことを考えると、その十年も前からインターメディアの活動を実践していた実験工房や具体芸術協会の活動は世界的にみてもかなり先進的であったことがわかる。

★20 辻泰岳「「空間から環境へ」展(一九六六年)について」日本建築学会計画系論文集、二〇一四年、第七九巻第七〇四号、二二九一‐二二九八頁

★21 E.A.T.(Experiments in Art and Technology)はアーティストとエンジニア/科学者の協働を基本的な運動理念として、そのための人材と情報、技術の供給をはかることを目的とした非営利組織。一九六六年から六七年にかけて、当時ベル電話研究所に在籍していたエンジニアのビリー・クルーヴァーを中心として、ロバート・ラウシェンバーグ、ロバート・ホイットマンらによって結成された。名称は「Experiments in Art and Technology」の略。科学者を中心に組織された運動であるE.A.T.の目的は、テクノロジーを通じて芸術活動を支援することはもちろん、芸術生産を通じて科学技術の持つ本来的な性質や方向性を検証し、従来の科学的なシステムの批判・脱領域化を図ることにもあった。「The Machine as Seen at the End of the Mechanical Age(機械時代の終わりに)」の展覧会には、E.A.T.芸術と技術の実験(芸術と技術における実験)主催のコンテストも含まれていた。

★22 晩年に編纂した『ロジェ類語辞典(*Roget's Thesaurus of English Words and Phrases*)』は「シソーラス」の原型として現在にまで受け継がれている。

★23 ホイットニー兄弟やオスカー・フィッシンガーあるいはノーマン・マクラレンはアニメーションの分野だけでなく、インターメディアの運動にとっても重要な業績を残しており、それはメディ

ア・アートの先駆的な事例とであるとも言える。

★24 優秀作品はジャン・デュプュイの「Heart Beats Dust」（一九六八年）であったが、多くの芸術家たちが高度に技術的に洗練された作品を発表した。実践的・理論的研究を通じて、芸術分野で機械時代から電気時代へ移行させたアーティストのなかでとりわけ重要な人物は、一九五四年以降、オプアートとキネティックアートの分野で活動するフランス人アーティストのイヴラル、ヤコブ・アガム、ニコラス・シェーファー、リリアン・リジン、ピオトル・コワルスキー、ウェン＝イン・ツァイ、スティーヴン・アントナコスなどが挙げられる。

★25 ブレーメン大学のインタラクティヴ・コンピュータ・グラフィックスの教授を務めている。

★26 一九六八年にロンドンのＩＣＡ（Institute of Contemporary Arts）で開催された、事実上世界初のコンピュータとアートをテーマとした展覧会。ロンドンのＩＣＡ（Institute of Contemporary Arts）が主催し、ヤシャ・ライハートらによる企画で、メディア・アートにとってメルクマールとなっている展覧会である。

★27 ここでの翻訳は著者による。Glenn W. Smith, "An Interview with Frieder Nake," *Arts*, 2019, 8(2), 69: Available online: https://doi.org/10.3390/arts8020069（accessed on 26 February 2021）

★28 Alan Turing, "On Computable Numbers, with an Application to the Entscheidungsproblem", *Proceedings of the London Mathematical Society*, ser.2, vol.42 (1936-37). pp.230-265; corrections, Ibid, vol 43(1937) pp.544-546 http://www.cs.virginia.edu/~evans/talks/hackerschool/on_computable_numbers.pdf

★29 計算可能性（computability theory）とは、チューリングマシンなどの計算モデルでどのような問題が解けるか、計算可能な問題ではどのようなクラスがいかなる構造をもっているかを調べる、計算理論や数学の一分野である。

★30 「赤富士」とはそもそもは夏の終わりから秋のはじめにかけての早朝に、朝日が雲や霧に反射して富士山が赤く染まって見える現象であるが、この妖艶な様子を古くから多くの画家が描いている。北斎は「凱風快晴」と題して『冨嶽三十六景』（一八三一年）の一図として赤富士を描いている。

★31 ガタリが最晩年に提言した「相互作用し相互に依存する精神」「社会」「環境」という三つのエコロジーを示す「エコゾフィー」という用語は、グレゴリー・ベイトソンの「精神の生態学」で提示された「生態学」に由来する。

★32 Lev Manovich, "*Software Takes Command. Extending the Language of New Media (International Texts in Critical Media Aesthetics)*, Bloomsbury USA Academic; Illustrated版 2013.

★33 "*The New Media Reader,*" The MIT Press, 2003. には巻頭にホルヘ・ルイス・ボルヘス『バベルの図書館』（一九四一年）とヴァネヴァー・ブッシュの論文"As We May Think"（一九四五年）が掲載されている。

★34 Edward A. Shanken,*Art and Electronic Media,* Phaidon Press, 2014.

★35 Matthew Fuller, "*Behind the Blip: Essays on the Culture of Software,*"Autonomedia, 2003.

★36 Mark C. Marino, *Critical Code Studies (Software Studies)*, The MIT Press, 2020, KindleEdition.

★37 グレゴリー・ベイトソン（佐藤良明訳）「遊びと空想の理論」『精神の生態学』思索社、一九九〇年

第四章　アートはコミュニケーションか

分裂生成と「芸術の臨床」

はじめに

近代の美術史はいくつかの発見をし、それらの「取り込み」と「組み込み」によって体系化されてきた。そのなかでも「子ども」と「未開人」と「精神障害」という三つのカテゴリーを発明し、相対化してきた。そのことは「現代美術」の役割、たとえば人類学的であったり社会学的であったり、あるいは情報学的であったりすることに大きな道筋を与えた。それは文化相対主義、合理性、アカデミズム、科学技術、美術市場のグローバリズムといった諸問題と深く広く密接に関係している。

本章の背景となっている地域精神医療をフィールドとしたEpoch-making Project[★1]は、ケアという規範化された方法論的な実践を超えて、表現といった生々しい発露とどのような相互関係をもつのかを検証する方法（エスノメソドロジー）を追究する開発研究プロジェクトである。精神のあり方に密接な関係をもつはずの精神医療そのものやその行為が為されている場でおこなわれたアートプロジェクトでもある。このアートプロジェクトは医療人類学的なアプローチ[★2]やある地域・民族・文化環境において発生しやすい精神疾患である文化依存の病理を研究する方法論[★3]とはいささか異なり、芸術表現による社会的な即興を医療の現場で積み重ねながら独自に記録していくという意味では、アーティストという個の技芸を発端とした「エスノプラクティス」とも呼べるプロジェクトである。[★4]

精神的な病理と芸術表現の関係は比較的古い。そもそも精神疾患系の病理と芸術表現との関係は二十世紀に入って本格的にはじまった。特殊な作家や特別な作品として位置づけられ、「アールブリュ」[★5]あるいは「アウトサイダー・アート」[★6]と呼ばれ現在でも確固たる分野を形成している。また「狂気と天才」というテーマは十九世紀からロンブローゾを起源として研究され、「天才研究」は精神医学において病跡学としてひとつの分野を確立している。[★7]

美術史の文脈で言うと、印象派をはじめとする近代美術のさまざまな試みが閉塞しはじめていた頃、アーティストたちは精神疾患系患者や未開人がおこなう表現に「生の表現」を求めた。もちろんフロイトによる精神分析は大きく芸術家たちを揺さぶり、アンドレ・ブルトンのシュールレアリズム宣言を導くことにもなった。芸術表現という行為や作品制作のプロセスを心理学の理論と方法からアプローチする、芸術心理学という分野も誕生している。[★8]

また、芸術療法は「ケア（施術）」という行為を方法で説明しようという点で医療における保健医療制度のなかで合理性があるものとして担保されている。そこで用いられているのは臨床心理学や実験心理学によって制度化された方法論である。もちろんケアは単なる説明の道具としてではなく、その制度化によって専門家の実践や思考が合理化されている。その実、専門家の実践や思考が合理化され規範化されているという点で、それは少なくとも芸術表現という行為とはまったく無関係である。

コミュニケーションの市場化

「メディア環境が多様化する今日にあってますますコミュニケーションは重要だ」という意見をしばしば耳にする。人に考え方や気持ちを伝えるための手段が合理的となればなるほど、心のあり方が医療や福祉の文脈で市場化されるという事態も当たり前になってしまった。

一般的に言って、「コミュニケーション」とはラテン語の「コミュニカーレ（communicare 共有する）」を語源にもつ。コミュニケーションはコードのなかにふくまれているさまざまな共有できる形式、たとえば規則や規範などを読み解いて、必要な情報を利活用する能力を意味することが多い。私たち人間は「つながる」という関係性をコード（記号的な指示）で共有し、その共有している形式に沿って指示対象として読み解こうとする。その点ではコミュニケーションは推論のひとつと位置づけることもできる。

コミュニケーションに関連する研究や実践は情報学はもとより、社会学や教育学などを中心に数多くおこなわれてきた。[★9] そもそもは、信号を処理し送受信する通信のエンジニアリングがコミュニケーションと呼ばれるようになり、その技術の普及が進むと、コミュニケーションという用語はひろく応用されるようになった。さらにはコミュニケーションは「理解」や「連絡」といったニュアンスで使われることも一般化した。アカデミズムにおいても、コミュニケーションという用語は曖昧なまま使われていることが少なくない。

アートの分野にあっても、アートという表現形式をメッセージ伝達として位置づけ、コミュニケーションのひとつとして再考することもおこなわれてきた。[★10] それは一九六〇年代のことであるから、映画教育や視聴覚教育という教育的な立場からのアプローチが数多く試みられていた時期とも重なっている。メディアが伝達するメッセージに対する批判的な読解と情報や知識の受容のあり方という意味では、社会学や文学研究などとも共通点を見出すことができる。

さらには、この時期からテレビの社会的な影響力が積極的に議論されていくようになった。一度に大きなスケールをもたらす伝達能力という観点から、コミュニケーションが芸術の分野でも肯定的に用いられることも多くなってくる。そしてそれは、美術市場の世界的な拡大や批評の影響力、あるいは映像をはじめとするさまざまなメディアを作品の形式として取り入れるといったことが一般的になって、その議論の延長線上にいつしかコミュニケーションという用語は欠かせないものとなっていった。美術だけでなく音楽や文学などさまざまな表現のジャンルにおいて、表現行為がコミュニケーションという理想状態で論じられるようにもなった。広告表現が奇妙なことに「コミュニケーション・アート」などと呼ばれるのも、こうしたコミュニケーションの市場化が背景となっていると推測される。

ここではわれわれ自身のプラクティス（実践）をケーススタディとして振り返りながら、最終的には「芸術の臨床」という場のあり方をコミュニケーションという観点から考えてみようと思う。その考察は「アートはコミュニケーションか」という素朴な問いのなかにある、アートプロジェクトやワークショップといったコミットメント（関与の様式）の役割をあきらかにすることも含まれている。

分裂生成と「芸術の臨床」

エスノプラクティスとしてのEpoch-making Projectは、アートが土着性をもつことによって成立する表現であることと病院という場が地域性を前提とした機関であることが大きな要因となっている。そのため、エスノプラクティスの場は文化接触が避けられない。ここで文化接触という論点を、グレゴリー・ベイトソンの「分裂生成」という概念から整理しておこう。[★11]

ベイトソンの「文化接触と分裂生成」は、ベイトソンの文化に関する省察としてはかなり初期のものである。まだ精神のあり方についての総合的な分析はなく、むしろ文化人類学という立場から文化を体系化しようとする試みのなかから生まれたのが「文化接触と分裂生成」である。文化を宗教や経済あるいは（科学的な）構造として分類してしまうことへの懐疑から出発し、無理な分類によって「具体的になった」と誤認する危険性を指摘している。

そのベイトソンの「文化接触」も誤解を招きやすいので注意が必要である。ベイトソンもとりわけ「二つの文化」には注意を促している。「二つの文化」を二つの異なる社会規範をもった共同体のあいだで利害が衝突している状態だと考えるのは基本的に誤りである。ここでベイトソンは「文化的な行動規範の異なる人間集団間で起こる出来事」に限定していることに注意したい。国民国家や地縁社会といった社会学的な共同体は、社会集団のほんの一部であると位置づけられている。

「文化接触と分裂生成」で述べられている集団がかならずしも社会学的な共同体を意味するわけではない。「二つの文化」とは、きわめて日常的に、むしろ誰にでも身に覚えのある「人間関係の軋轢や葛藤」といった、比較的一般性と抽象度が高い集団として想定されている。

ベイトソンは集団が文化接触によって融合したり消滅したり差異化したりすることを指摘しながら、文化が接触することによって起こる集団の変動（融合しない状態の関係）を、「対象型の関係」「相補型の関係」「互換型の関係」という三つのパターンに分類した。以下、各々について簡単に整理しておこう。

対象型の関係

対象型の関係とは同じ願望と同じ行動パターンをもっている、あるいはもっていなければならない状態にある集団が二つあったときに生じる関係である。その二つの集団同士が、行動を向け合うことで相互に分化、あるいは一方的に分裂するというパターンである。この分化あるいは分裂をベイトソンは「分裂生成」と呼んだ。たとえば、ベイトソンは二つの集団が力を誇示し合うようになると、何かの抑止力がない限り、自慢が自慢を呼び込んでしまい、ついには敵意や憎悪に変わってしまうことを指摘した。まさに冷戦時代の米ソは核抑止力で対象的な関係をもちながら、敵意を募らせることで世界を緊張の状態に置くことを秩序と呼んでいた。それは「対象型」の典型的な例と言える。

相補型の関係

対象的な関係とは異なり、願望や行動のパターンそのものが異なっている関係である。たとえば親子関係でそもそも伝え合う内容が嚙み合っていないケースがこれにあたる。ベイトソンは服従が強制力となって、その強制力によってさらに服従が促進される例を挙げている。たとえば、子が親に対する服従を誓うと、親はさらに何かを強制しようとするようになり、子はさらに服従を強いられる。これも対象的な関係と同様に抑止力がなければ分裂生成は激しくなり、最終的には敵意となって親と子との関係そのものが破綻を迎える。そうした分裂生成のプロセスを「相補型の関係」とベイトソンは説明している。

交換型の関係

一方で、相補型の関係性において両者の役割が転倒する場合には、分裂生成は起こらないことをベイトソンは指摘した。分裂生成が起こらないということは対象型や相補型と異なり双方の集団は利己的な行動を取らないという意味でもある。利己的な行動を取らないということはいわば役割交換が起こっていることでもあり、それは相補型の関係とは大きく異なる。モノの交換においてもそれが直接おこなわれるのではないときには、与える者と受け取る者との役割交換がおこなわれていると言える。たとえば野菜をつくっている生産者が同時に自動車の消費者であることは消費社会にとってそれほど不自然なことではない。むしろそのような想定でモノは売られ、買われている。消費社会が破綻しないのは、消費という行為に限って言えばめまぐるしく役割交換が同時におこなわれているからだ。その役割交換が結果的に消費にとって相補型関係の抑止力となっているとも言える。

最終的にベイトソンは対象型、相補型の関係が顕著にあらわれている関係性にあって、交換型の関係があらわれる可能性について調査研究することを奨励している。そして、最終的には「融合」「消滅」「動的均衡の継続」という三つの目標を選択して、分裂生成を起こす要因の抑止力を発見すること、あるいはうまく相殺されるようなシステムづくりを推奨している。

アーティスト、とりわけ現代アートのアーティストには「関与の様式」と呼ぶことのできるようなコミットメントが備わっている。展示空間における展示、地域社会との関わり、社会システムへの関与、権力の監視など、むしろ芸術家としての資質はコミットメントの質と量で評価されている。その点で、ベイトソンが述べる「融合」「消滅」「動的均衡の継続」という三つの目標は、たとえばアートにおける「サイト・スペシフィック（site-specific）」という表現形態にも見いだすことができる。つまり、その現場における生々しい問題を発見し、その問題そのものを誇張したり比喩的に視覚化するプロセスは、「融合」「消滅」「動的均衡の継続」という三つの目標になっていることに気づく。この「サイト・スペシフィック」という方法論は、現場の問題を重視するという意味で、「芸術の臨床」と呼べる表現形態である。アーティストによって「場」をめぐる問題系に向き合う方法そのものが比喩的表現として特殊なものとなり、「融合」「消滅」「動的均衡の継続」という三つの目標が独特な表現形態を表出するプロセスとなるからだ[★12]。

臨床は狭義には医学的な根拠をもった施術が実践される場である。ただ、臨床がもっている独自のトポス（場所の感覚）が技芸を発揮させる動機となることを踏まえ、より広義にとらえると、「融合」「消滅」「動的均衡の継続」という三つの目標も現実的なものになり、「芸術の臨床」にもひとつの社会的な道筋ができる。

たとえばいささか規範的ではありながら、ワークショップのようなコミットメントは具体的な問題を発見し、発見された問題から理論を再構築しつつ問題解決に寄与するケーススタディあるいはフィールドワークとなる。つまり、ワークショップをおこなうことそのものが、分裂生成の要因がうまく相殺されるようなシステムづくりになる場合がある。だからこそ、まちづくりや福祉の文脈でも、ワークショップは一定の役割期待が与えられてきた。

多くの場合、その企画は個別対応が原則となるため、一般化することは事実上不可能である。しかしながら、ここに「芸術の臨床」を適用するとどうだろう。形式や型を決めずに現場を成立させている要素を組み合わせて、あるひとつの作品につくり上げていく動きや演奏、またその手法でもある社会的な即興としてのコミットメント[13]は、いまや、現代芸術における表現行為を決定する重要な要素であるばかりでなく、社会における家族や地域といった共同体の諸問題にも関係し、将来にわたる日常生活の維持や社会構想を左右する重要な概念である。

「芸術の臨床」が暴露する瞬間

では、この分裂生成をわれわれがおこなってきたエスノプラクティスに適用してみよう。病院は社会規範上、治療という行為で病気を治癒することを目的とした機関である。ところが、この病院には数多くの利害関係者が働いている。そのため、対象型や相補型の関係性は必然的に至る所に生じる。

また医療関係者側には複数の利害関係者が存在する。そのため、それぞれの立場で評価する必要がある。医師、患者、患者の家族、病院の実務に関わる人、患者の日々のケアをしなければいけない看護師、専門的にケアをしなければならないケースワーカー、栄養士、デイワーカー、ケアマネージャー、ヘルパーなどの立場があるだろう。

そもそも治療という行為は、患者と医師という関係がそうであるように、典型的な対象型の関係である。患者の側からすると医師と向き合うときは常に患者でいなければならないという緊張状態にある。ここに何らかの異質な要素を取り入れて、対象型の関係が交換型の関係に一時的にでも変質されることによって、対象型関係の緊張が解け、治療という対象型関係の安定化を図ることができる。つまり、病院というきわめて規範的な場所にあっても、デイケアのプログラムは学校の時間割のようなプログラムに沿うことで、病院内の相互依存から生まれている自己調整装置として機能している。

一方 Epoch-making Project はそこですでにある関係性に異質な要素を盛り込んで自己調整するための装置として企画された。医療現場へのコミットメントとは力の衝突なのだから、まったく異質なものが衝突することではじまっている。そのような場にあってはアートが背負っている、ある種の先入観や偏見が当然利用されることになる。しかし、アーティストが専門家として位置づけられた瞬間、アートは社会規範として呼び込まれ、いわば社会学的な状況しか呼び込まなくなってしまう。その状況では、集団の規範に関する言説が先行し、表現の行為がもつ自由はほとんど保証されていない。医療の現場が常に制度と規範を監視する体制にさらされているためである。

まして美術館や芸術大学という機関が関与している場合には、個人がもっている技と芸も、他者へのレッテル付与が働く。「あなたたちは非専門家で患者さんたちにスティグマをもっているはずの人たちだから、それなりに振る舞ってください」という自己言及的なラベリングを専門家がおこなってしまう。それはスティグマをもっていない専門家であることを宣言しているようでありながら、必然的に自分が善悪の規準をもった規範的な絶対者であるという宣言でもある。この立場は、二者の立場を理解し利害を理解しながらも関与しない観客の観点である。この観客の視線こそ、スティグマを生み出す社会や世間と置き換えることができる。

病院の困難はこの観客という視点の欠如である。利害をもたない観客の想定がなくては文化の衝突が生じることも事実上困難である。社会規範や制度によって成り立っているはずの病院には、社会や世間がない困難さがある。そうした困難のなかで文化的な衝突をもたらそうとすると、どちらかの立場に立たないと、「芸術の臨床」は立ち現われない。ケアの文化とは、ぶつかり合いといえども依存し合うことでしか成立しない、文化的なジレンマを抱えた文化的な基盤である。そして、その文化的な基盤ですら、現実には想定でしかない。相互に共同体を了承していること、いわば相互依存でしかない。このような文化や芸術という想定そのものが文化や社会の問題とはほとんど関係のない、ケアをめぐる困難に過ぎないとも言えるだろう。

アートという表象は基本的に力の捏造である。そのでっち上げの技芸を医療にコミットさせ、医療という社会的かつ認知的な行為に何らかの影響を与えるとすれば、対象型と相補型が複合した関係性が衝突やコンフリクトにもならず、相互依存になってしまう。つまり、相互依存を維持すべく、交換型の関係性がもたらされることのないような緩衝地帯をつくってしまう。そのことが、言ってみればケアのジレンマである。その意味で Epoch-making Project のようなエスノプラクティスは単なる表現の現場ではなく、そのようなジレンマを暴露する機会という意味で「芸術の臨床」なのである。ジレンマを暴露しつつも、対象型や相補型の関係を抑制し得る機会として、Epoch-making Project のようなエスノプラクティスは構想され、実践されたのである。その機会の創出は新しい社会的な現実をつくり出すという点で、社会構成主義的アプローチ[★14]のようにも見える。社会構成主義は社会におけるさまざまな事象を頭のなかで思い描いている認知という働きに特別な地位を与えている。しかし「芸術の臨床」は必ずしも認知で説明できるものでなく、むしろ衝動や衝撃が結果的に社会性をもつことを想定しているので、社会構成主義の分析とは明確に一線を画すものである。

この「芸術の臨床」における文化的なケアのジレンマを暴露する機会は、ベイトソンの「学習階型理論」からも解釈が可能である。[★15]ベイトソンは社会生活を営む人が採る思考パターンは、習慣と呼ぶべきものであり、その習慣は《学習Ⅱ》として習得されるとした。《学習Ⅱ》とは自分の置かれたコンテクストを推測し、それに合わせて行動するということである。その人の性格やパーソナリティを規定していくこととも、ほぼ同義である。また、《学習Ⅱ》によって習得されたことがらは、ひとつの「見方」であり「見え方」であるとも言えるため、何が正しく、何かが誤っているという類のものではない。それゆえ具体的経験のなかで矛盾が露呈することが起こらない限り、習慣に基づく思考パターンは簡単に修正することはできなくなる。その結果、自分の期待する型におさまらない事象は異常と見なし、自身の見方を崩さずに行動しようとしてしまう。つまりこのレベルの学習は一度なされてしまうと、根本から消し去ることがほとんど不可能となってしまう。

先に述べた、医療へのアートのコミットメントが、予定調和的におこなわれてしまうと、社会規範という大きな《学習Ⅱ》が発動するにとどまり、そこに「芸術の臨床」が創発することはない。ベイトソンはここに《学習Ⅱ》で獲得した習慣を自分で変え、自分が無意識的に《学習Ⅱ》をなしえる方法を提案する。実際何かをおこなっているという実践やその理解によって《学習Ⅱ》の発生を抑えたり、その方向を自分で操ったりする術としての《学習Ⅲ》の可能性が示唆されている。アーティストが「場」で問題系を整理していく方法論は一般的ではあるものの、「場」の属性だけで「芸術の臨床」が成立するわけではない。「場」をめぐる時間の消費と《学習Ⅲ》の可能性が示唆する物語が「芸術の臨床」なのである。

時間のフレームアップ

精神療法家がそうであるように、「芸術の臨床」はさまざまな手法で《学習Ⅲ》をもたらそうとする。そのために、《学習Ⅱ》のレベルに揺さぶりをかけ、自己と周囲の事象との対象型の関係や相補型の関係に閉じこめられた意識を、より高次のレベルの相互作用へ飛躍させることとして「芸術の臨床」は構想されなければならない。

より高次のレベルの相互作用へ飛躍させること。コミットメントをもたらし、結果として「芸術の臨床」があらわれるプロセス。このような目標に向かって、何が求められるのか。ここでもう一度相互作用とコミュニケーションという二つの概念に立ち戻って考えてみよう。

相互承認はあっても相互依存にならないような理想的なコミットメントが当然求められる。もちろん場合によって相互扶助も必要で、そのような医療関係者の期待もある。つまり、「芸術の臨床」では具体的なエスノプラクティスだけが《学習Ⅲ》を押し開いていく。《学習Ⅲ》に向かう実践を試みようとするときにしばしば起こりえるあやまったプラクティスとは、そこに瞑想やヨガあるいは神秘体験といった身体への働きかけをもち込むことである。指導者や導師への服従ばかりが強調されるようになり、相補型の関係が強まってしまうからだ。

これを回避し、「芸術の臨床」をもたらす必要条件は、疎外についてのコミットメントである。ここではマルクスが論じた疎外について補足しておこう。「個」のあり方を考えるとき、労働者という社会的な立場があることから病ははじまっていることが多い。疎外は、精神病と同様に生産という資本主義の基本的な考え方から生まれたものである。親でもあり、労働者であり、市民である。このような「たくさんのわたし」がある状態。それをマルクスは労働者と生産との関係から説き、個が引き裂かれた労働者の社会関係を疎外と呼んだ。★16

学校や社会から疎外されている人たちが患者として集団化されているのが病院である。リワーク（再就労）を目的としたデイケアのなかに組み込まれた芸術療法や音楽療法プログラム、認知行動療法などといった、医師による診察と診断以外の「ケア」は、ほとんどが、心理学の諸分野で用いられてきた方法論を制度化したものに過ぎない。もちろんそれらの方法論は世界中の病院で採用されているが、それらの多くが時間割の学習制度に回収する方針を採っている。その方がリワークにも役に立つため、社会制度としても、標準的であるしわかりやすいし奨励もされるからだ。

ただ、やはりそこに、ある種の交換型関係性をつくるという緊張がない限り、表現という行為によるコミットメントの理由はない。アートが「レクリエーションの時間」という言い方で簡単に置き換えられていることがすでに表現の自由を規制する検閲なのだ。

こういった世界的な状況のなかで、アートあるいはアーティストの重要なコミットメントは一時的な場をもち込むことによって時間の過ごし方を変えることにある。他愛のない病院内での日常や診察時間や自由時間といった時間に新しい現実を与えることである。それによって、病院内に渦巻く対象型関係や相補型関係に交換型関係を誘引する可能性が期待できる。

つまり時間のフレームアップによって、資本主義社会に疎外された人たちに向き合うとき、「レクリエーションの時間」というもう一枚新しい時間割をもち込んでもあまり意味はない。一方、エスノプラクティスという方法論は「そこにいる」とか「そこにある」状態をつくり出すことによって、その空間から「時間をつくり出す」そして「生活の質を変える」ワーク・イン・プログレスとなる。

何かに関与するときに、「何もするな」と言うのは禅問答のようである。しかしながら、だれか他者を意識させる場のあり方は、時間の使い方に変化をもたらす。それとともにその人の周りに独自の空間が立ち上がる。治療という行為にとって合理的につくられている病院に異質な空間ができることによって、消費される時間の感覚が変容していくのである。たとえば、退院間近で、外泊を試みている時期のうつ病の患者に、まだ、入院したばかりの状態だと思って外泊をしてきてくださいなどと医師が「症状処方」をすることもそのひとつである。そのことで、家庭内に病院での異質な時間感覚をもち込み易くし、急激な時間感覚の変化によって、過剰なストレスを感じてしまうことがないように、配慮するのである。

時間のでっち上げを配慮するというのは、見方を変えれば病気を受け入れるということになるのかもしれない。ある意味で妄想の世界をあるがままの状態で受け入れるということでもある。そしてまずその状況を受け入れなければならないのは医療従事者も同様である。妄想は患者にとってはすでにあるがままの状態で受け入れられているもの、確信されているものであるからだ。

本来自分は火星から来た宇宙人で、この世界でたまたま適応して生きているが、無理に地球人になる必要はない。仮の名前でいまは日常生活を送っているが、それはそれでいい。宇宙人のままでいた方が生活の質が上がるかもしれないという考え方をしてみるとどうだろう。つまり、そもそも妄想は否定できないものであるから、病気でいる状態を少しだけずらすことによって二重見当識の獲得を図るのである。

その人がどう思っているかなど、外部から理解しようとしても無意味である。妄想を否定したり排除したりすることを目的として、大量かつ長期間にわたって投薬する必要など本来はまったくないのだ。もちろんここでは、その妄想が自己や他者にとって直接的な侵襲（自害や他者への力の行使など）とならないという必要条件の限りにおいてである。これは、マルクスが指摘した疎外という社会的現実をつくり出す時間のフレームアップである。

このように、「時間をつくり出す」ワーク・イン・プログレスにとって、もっとも重要な要因はある種の承認である。コミュニケーションは他者との相互依存と相互作用を承認している。それと同様に、精神医療においては、社会的にあきらかになっているスティグマは言葉狩りを呼び込むといったことを承認することである。呼び込むことについての善悪を認め合うわけではない。コミュニケーションとは本来そういうものであることを相互に確認し合うのである。

このコミュニケーションの承認は伝達の合理性で説明できる。つまり、専門用語が科学者のコミュニケーションにとって合理的な要素となっている一方で、同じ用語が社会におけるスティグマのサインとして合理性をもっている場合もある。合理性をもっているからといって正当性をもっているとは限らないが、合理性をもっている限り必然的に社会において濫用されることにつながる。緻密に合理性を積み重ねたとしても、科学が日常に近接していくと用語はそれほど厳密に使われるわけではない。その結果、科学用語によるコミュニケーションは専門性を失い、合理性と正当性が失われてしまう。

もちろん、コミュニケーションは言葉の用法に大きく依存している。ヨーロッパや北米のように、移民などによって多元主義（pluralism）が常態化している社会にあっては、現代芸術（現代美術や演劇やパフォーマンスなど）の文脈のなかで言葉狩りの問題は避けて通れない。なぜなら前提として、アートがコミュニケーションの合理的な手段としてとらえられているからにほかならない。

貧富、強者・弱者、差別・被差別、偏見・非偏見というような対象型関係のなかにはいっていく以上、スティグマは言葉狩りの問題を呼び込む。そしてその対象型関係を基礎としている社会規範においては、言葉狩りはより現実的に顕著となる。

精神疾患の患者にとっても病歴には、必ず、人種、性別が書かれる。症状の発現や投薬の効果にも因果関係があることが数多く報告されているせいである。その状況においては、レイシズム、ジェンダーなどの、スティグマそのもの、あるいはPCそのものを問題視することはできない。

アートの文脈でも、学校の時間割のようにプログラムを標準化してしまう無自覚さというのは、実は言葉狩りやスティグマを内容に呼び込んでしまうという意味で相当根が深い。プログラムを学校の時間割のように標準化することは、スティグマを問題視した途端に事実上言葉狩りになってしまうのを容認することに等しい。精神疾患をもつ人たちのスティグマを社会的に取り除くことと言葉狩りの問題は、内部にスティグマと差別をはらんでいるという意味で共通している。両者とも言説のレベルでは自己言及的なのである。

監視カメラのパラドックス

アートプロジェクトがそうであるように、社会を対象とする限り、観察結果が観察対象に影響を与えることは避けられない。つまり対象についての言及が対象自身に影響を与える。

この相互に影響し合う関係を、現象学的な立場で一九六〇年代にハロルド・ガーフィンケル★17が、一九九〇年代に社会学的な立場からアンソニー・ギデンズが「再帰性 reflexivity」★18という概念として規定した。またサリヴァンが文化人類学とも親和性の高い実践をおこなって、精神科医を、「関与しながらの観察者」★19と定義したことにも通じる。さらには臨床心理学においてストロロウらが提唱した「間主観的アプローチ」★20と本質的には同義であろう。

ワークショップからの表出、たとえば取材され編集され伝達されるメッセージは、あたかもその対象に影響を与えない客観的な事実の報告であるかのように理想化されることが多い。しかしながら、その実ドキュメントが伝達しているメッセージは、ワークショップのようなコミットメントが増えるに従ってますます再帰性が顕著となる可能性もある。

コミットメントは対象そのものに影響を及ぼし、結果的に対象の社会的な位置づけを大きく変容させてしまうことも少なくない。コミットメントに伴う再帰性という認識は、変動をとらえる観察と再評価という点で、コミットメントしようとする者（観察者の主体）が直面している現実に則しつつ幅をもった実践が可能となるであろう。これは、ミクロには日常的に臨床でおこなわれている精神療法の基本であるが、マクロには地域開放医療に対応するために不可欠な視点となる。

このような、「再帰性」を踏まえて社会を観察しその観察を評価することは、対象の分析や総合といった営為を否定するものではないし、社会がいかなる方向性をもって変化して行くのが望ましいのかという問いを無意味にするものでもない。むしろ、こうした活動（Activities）

の新しい倫理を要請しているといえよう。

文化研究や芸術諸学の分野において、十八世紀の経済学者アダム・スミスが「共感」という感情の基礎のうえに独自の倫理学を確立し、[21]経済学を近代におけるもっとも成功した社会理論としたことはあまり語られることがない。しかしながら、経済学が倫理学を根拠として社会の理論として確立したように、社会活動としてのアートプロジェクトやそこでおこなわれるコミュニケーション行動も倫理を議論することなく検証され得ないはずである。

アダム・スミスの倫理学における「共感」は、ある共同体のメンバーが共鳴しあうような感情をあらわす言葉ではない。共感と反感が善悪という、ベイトソンのいう対象型関係や相補型関係に還元されるような規準の基礎となることを期待しているものでもない。この「共感」という概念は、それが単なる情念や感情を超えて、観察者の観点（パースペクティヴ）を交換する能力や可能性をもっている状態を意味する。後期フッサール現象学の基本概念である「間主観性[22]」は、まさにその「共感」とともに理解されるべきだろう。[23]つまり他者の抱く数々の可能性を期待する能力、別の観察者を観察する能力をもつ〈わたし〉である。

「間主観性」を想定するコミュニケーション論は、心身二元論に代表されるように近代が普遍化しようとした主体としての自己において世界を解読し理解しようとするものではない。《学習Ⅱ》がおこなわれている超越論的な場における、複数の〈わたし〉や〈あなた〉が共生することによって生まれる《学習Ⅲ》の状況である。医師と患者は一対一の個人が対立する関係ではない。共生的二者の関係が《学習Ⅲ》の関係にほかならない。

したがって再帰性の強いメディアのメッセージに着目して観察について論じると、観察者（アートプロジェクトにおけるメタ・コミュニケーションの主体としての芸術家）は常に変転するため、物語の時系列やその時系列上の主題の展開を予測したりコントロールしたりすることは事実上不可能である。

共同体は行為を再帰的に監視することを前提としている。逆に言えばその規範を共有することによって共同体は社会的な存在となっている。社会規範が社会的なコミュニケーションの前提となっている。つまり、われわれが一般的にコミュニケーションと日常会話で発するのは、このコミュニケーションである。

近代以前の共同体であっても、間主観性を前提にした社会規範を共有することによって秩序が維持されている共同体は少なくない。これもいわば再帰的モニタリングの働きである。

社会生活がもつ再帰性によって実際の社会におけるさまざまな活動が、その営みに関して新たに得られた情報によって常に吟味され、改善され、その本質を更新する。そして、人びとは監視すればするほど、監視されているのではないかという強迫観念が強くなって共同体の規範そのものに猜疑心をもつようになる。つまり社会規範よりも監視カメラの情報が規範化してしまう事態である。自発的に関わる行為の集積であるはずの共同体を、極端に対象化して観察することによって、その共同体から自らを疎外してしまうと言ってよい。こうした観察をめぐる矛盾を「監視カメラのパラドックス」を呼ぶとすると、観察からは厳密さが消え、合理性は予測できないものとなってしまう。監視カメラのような観察とその客体化が成熟すればするほど、再帰的モニタリングは顕著となり予測可能性が後退するのである。監視という特殊な観察が進むにつれて、参与の様式としてのコミットメントは「利用」や「消費」あるいは「治療」がそうであるように、市場において経済合理性に基づいて抽象化され、予測が困難になってしまう。したがって、社会の予測可能性・コントロール可能性が増していくという近代化＝合理化論は事実上幻想に過ぎないのである。

たとえば、近代においては資本主義、あるいは通信と交通という新しいイデオロギーやテクノロジーに伴って、心も市場化され観察という行為の対象とされてきた。メディアという伝達手段は、事物の痕跡と同時に同じメッセージを大量に再生産する装置でもある。テクノロジーは分析、蓄積、視覚化そして伝達という意味で、その事物の痕跡や軌跡を再生産するばかりでなく、人間の思考や所作をも代替しようとしている。そのなかでアートプロジェクトは、芸術とその社会的価値の問題を考慮しながら成熟してきた。しかしながら、アートプロジェクトの歴史には、芸術と社会的価値の問題と比較してその分業と貨幣の再帰性をめぐる批評や実践はほとんどない。

先に述べた芸術活動や表現の行為におけるコミットメントは「芸術の臨床」として構想されるべく、《学習Ⅱ》のレベルに揺さぶりをかけるもののはずではある。そして、そのようなコミットメントといえども、いずれ将来的には「監視カメラのパラドックス」によって制度的な知恵の輪をつくってしまう恐れがある。だからこそ、間主観性の病態である精神疾患系患者の集団（とりわけ統合失調症）に「共感」の要素を導入した、芸術活動や表現の行為におけるコミットメントには、あえて「監視カメラのパラドックス」を組み込んだような実践が要請されているのだ。「監視カメラのパラドックス」を組み込んだようなエスノプラクティスは、その医療という主観性の強い臨床を超えて、人生という時系列のプロセスとして担保され得るような間主観性の病理と一体化する。[★24] この一体化は芸術が古代から追究してきたミメーシスにほかならない。

心的な像（mental image）としてつくる能力

本章では「芸術の臨床」が精神医療およびコミュニケーションとどのような関係にあるかというテーマについて、Epoch-making Project という開発研究プロジェクトの事例を通して、「コミュニケーション」の問題に限定して考察してきた。そこから《学習Ⅱ》という獲得された習慣に干渉するコミットメントこそが「芸術の臨床」の必要条件となることを、とりわけ論じた。

精神医療というシステムのなかで、薬物療法や精神療法を発展させることが医療の専門家の営みである。しかし社会経済的な目標である精神医療というシステムそのものが実はスティグマを与えるきっかけとなることもある。精神科医は、与えられた（閉じた）システムのなかで、努力を日々重ねている。いざ、そのシステム外へ、患者を帰そうとすると、強い抵抗にあう。医療者として当然の努力を重ねた結果、直視せざるを得ない現実の前で、真摯に問題と向き合っている精神科医であればあるほど、悲嘆にくれ、時には憤怒の感情を抱く。しかしながら、上述のような構造を理解すると、別のアプローチも考えられることに気がつく。システム外へ患者を帰そうとするのではなく、閉じたシステムから開かれたシステムへと認識を広げ、患者も、(閉じた)システムの外にあった者も、そして自分自身をも緩やかに抱き込んでいく。このようないわば境界領域を曖昧にするような方法論は「芸術の臨床」として立ち上がりはじめることであろう。それはまさにアートプロジェクトのような「コミットメント=イメージ創造」でなければならない。

ここで試みているのは、まず「芸術の臨床」というトポス(場の感覚)における制度化とその歴史的なプロセスを、もっと生々しくその制度化を暴露し、精神医療における臨床との関係から批判的に外観することである。そして、美術史のなかで自明となっている時間のフレームアップ(捏造)を積極的に、むしろ「外部」として排除されてきたイメージを別の可能性として掬い取ることであった。

つまり、視力や聴力あるいは他の感覚を通して認知される以前に、心的な像(mental image)として、つくる能力である。それと同様に、想像力とは能力なのだ。素朴な心的な像から感覚や概念が形成される仮説として考えると、人間の言葉によるコミュニケーションは、いくつかの抽象レベルが作動している精神の営みで、その抽象レベルは常に関係しながら作動している。この抽象レベルが作動している状態が「Play(遊び)」や「Work(作業)」といった創造性である。その抽象レベルの作動が複数の人間の知覚を特別な状態に起こると同時に、その状態が共有や伝達の形式をもったとき、アートはコミュニケーションとなる。そしてベイトソンが「芸術の行為は、学習Ⅱによって習得された無意識的な前提と、より個別的な意識内容および具体的行為の間に橋を架けるもの」[★25]としているように、個別の可能性を掬い取る機会や場が「芸術の臨床」である。その「芸術の臨床」を探究する試みこそ、エスノプラクティスなのである。

エスノプラクティスにとってどんな再帰性が批判の対象となるべきか。そのことから私たちは議論をはじめなければならない。医療化という分裂生成をもたらす因子を強化したうえに、不安を抑制因子として位置づけるような社会学的かつ人類学的な誤謬を回避することも必要となる。そのためにも、エスノプラクティスを含む新たな芸術学としての「芸術の臨床」は、「アートはコミュニケーションか」という凡庸な問いを超えた、独自のコミュニケーション論として確立されることになる。

註

★1　桂英史『「地域精神医療と芸術表現に関する総合的研究」報告書』（平成十六 - 十八年度・科学研究費基盤研究（B）・研究課題番号:16320018）報告書、二〇〇六年

★2　アーサー・クライマン（江口重幸、五木田紳、上野豪志訳）『病いの語り　慢性の病をめぐる臨床人類学』誠信書房、一九九六年

★3　Simons, R. C. and Hughes, C. C. (eds.) "*The Culture-Bound Syndromes: Folk Illnesses of Psychiatric and Anthropological Interest (Culture, Illness and Healing)*, Springer Dordrecht, 1985.

★4　桂英史・西條朋行「精神医療と《芸術の臨床》をめぐるエスノプラクティス」『臨床精神医学』vol.38, no.9, 2009, pp. 1335-1344.

★5　Leo Navratil, Art Brut and Psychiatry, *Raw Vision*, No.15, 1996.

★6　Roger Cardinal, *Outsider Art*, London: Studio Vista, 1972.

★7　宮本忠雄『病跡研究集成　創造と表現の精神病理』金剛出版、一九九七年

★8　ルドルフ・アルンハイム（関計夫訳）『芸術心理学』地湧社、一九八七年

★9　James Watson, Anne Hill, "*Dictionary of Media And Communication Studies (A Hodder Arnold Publication)*," 7th Revised edition, Bloomsbury Academic, 2006.

★10　Newton, E. "Art as Communication," *British Journal of Aesthetics*, Volume 1, Number 2, 1961, pp. 71-85.

★11　グレゴリー・ベイトソン（佐藤良明訳）「分裂生成と文化接触」『精神の生態学』［改訂第二版］新思索社、二〇〇〇年、一一九 - 一三一頁

★12　Owens, C., 'The Allegorical Impulse: Toward a Theory of Postmodernism,' in Scott B. (eds.), "*Beyond Recognition: Representation, Power, and Culture*," Berkeley: University of California Press, 1992, pp. 52-69.

★13　Kirmayer, J. L., "Improvisation and authority in illness meaning," *Culture, Medicine and Psychiatry* 18: 183-214, 1994.

★14　ケネス・ガーゲン（永田素彦、深尾誠訳）『社会構成主義の理論と実践　関係性が現実をつくる』ナカニシヤ出版、二〇〇四年

★15　ベイトソン「学習とコミュニケーションの階型論」前掲書、三八二－四一九頁

★16　カール・マルクス（城塚登、田中吉六訳）『経済学・哲学草稿』岩波文庫、一九六四年、八四－一〇六頁

★17　ハロルド・ガーフィンケル（山田富秋ほか編訳）『エスノメソドロジー　社会学的思考の解体』せりか書房、一九八七年

★18　ウルリッヒ・ベック、スコット・ラッシュ、アンソニー・ギデンズ（松尾精文、小幡正敏、叶堂隆三訳）『再帰的近代化　近現代における政治、伝統、美的原理』而立書房、一九九七年

★19　H・S・サリヴァン（中井久夫、松川周二、秋山剛、宮崎隆吉ほか訳）『精神医学的面接』みすず書房、一九八六年、一九頁

★20　R・D・ストロロウ、G・E・アトウッド、B・ブランチャフ（丸田俊彦訳）『間主観的アプローチ　コフートの自己心理学を超えて』岩崎学術出版社、一九九五年

★21　アダム・スミス（水田洋訳）『道徳感情論』岩波文庫、二〇〇三年

★22　エドムント・フッサール（浜渦辰二訳）『デカルト的省察』岩波文庫、二〇〇一年

★23　新田義弘『現象学とは何か　フッサールの後期思想を中心として』講談社学術文庫、一九九二年

★24　木村敏『自己・あいだ・時間　現象学的精神病理学』ちくま学芸文庫、二〇〇六年

★25　ベイトソン「学習とコミュニケーションの階型論」前掲書、四一八頁

第五章　到来の思考　端末市民を問い続けること

端末市民という問い

誰もがコミュニケーションの重要性を口にする時代になっている。コミュニケーションは日常生活でもビジネスでも、もっとも頻繁に耳にしたり目にしたりするキーワードのひとつと言ってよいであろう。ときどき「コミュニケーション」を何か祈りの言葉のように使っているのではないかと思うくらい、コミュニケーションという言葉は肯定的な意味で用いられることが多い。たとえば「グローバリゼーションの時代にあって〈コミュニケーション能力〉がビジネスのさまざまなシーンで重要である」といった「コミュニケーション神話」が語られ、もはや、コミュニケーションは問題解決に向けての最終兵器のようなニュアンスで使われている。

〈コミュニケーション能力〉の優劣でその人の能力を判断することが一般的におこなわれていたり、コミュニケーションの社会的意味が問われたり、コミュニケーションそのものへの関心も高い。

一方、メディアに視線を移してみると、その環境は、この十数年間に大きな変貌を遂げている。かつては、ラジオやTV、あるいは新聞や雑誌といったマスコミを主にメディアと呼んでいたが、いまや、メディアは、さまざまな媒体を位置づける枠組みのような意味をもち始めている。メディアという概念そのものが拡散し、その実態を摑むのはもはや容易ではない。

インターネットに常時接続されたスマートフォンやPCなどの端末デバイスを用いて情報をやり取りする都市生活者を「端末市民」と名づけたのはフランスの思想家ポール・ヴィリリオである。★1 僕はこの端末市民という用語（造語）に着目し、もはや人間は端末市民としてしか生きられなくなっているのではないか、さらに言えば、端末市民でなければ自由を語ることはおろか、社会と関わっている実感すら得ることが難しくなっているのではないか、という問いを常に念頭に置きながら、その問いに対する答えを探しながら生活してきた。今日のメディアとコミュニケーションの関係を考えていくとき、主体概念としての端末市民は、依然としてアクチュアルな問いを同時代に提供しつづけている。

そこでまず、端末市民を思考するうえで、コミュニケーションという言葉がもっている投機性という問題に着目していこうと思う。

コミュニケーションのゲーム性

コミュニケーションの投機性。それはコミュニケーションにおいて必ずしも他者との意思の疎通で了解や承認が保障されておらず、他者に感情や意見などを、言葉や身振りなどを通じて相手に自らの意志を伝える欲望の奔放さに自らが振り回されてしまう事態である。この事態についてもう少し深く考えてみると、コミュニケーションとは、何か「よりよい状態」を期待して、伝えることをめぐって、思索や推論を駆使しながら賭けていることだということもできる。つまり人は誰でも自己理想というものがあって、現在の自己理想と近未来の自己理想を交換することで利得を獲得しようと、この賭けに常に挑んでいる。この自己理想の交換に、ある種の投機性がある。コミュニケーションとは他者と自己理想を交換するためのゲームであるとも言える。もちろんこの他者という考え方には、現在の自分と過去の自分つまり自己のなかにある他者性も含まれている。

ではこの自己理想の交換を実現するためゲームでは、どのようなプレーヤーがどんな振舞いをしているのだろうか。

自己理想の交換については誰もが頭を悩ませているはずである。受験生ならばすこしでも成績がよくなりたいと望むだろうし、病気の人であれば全快を願うであろう。「よりよい状態」のために、「お金」さえあれば解決してくれると思っている人も少なくはないはずである。

正直な意見ではある。一般的には、「お金」があれば、モノやサービスと交換することができる。自分の問題を解決してくれるモノやサービスに出会うことで、自己理想を実現できると思ってしまう人はいるものだ。

子どもたちは「お金」を使うことがそれほど習慣となっていない。彼らはどのように「よりよい状態」という自己理想に近づいているのだろうか。「よりよい状態」という自己理想を想定する以上、「あまりよくない状態」があるはずである。つまり、現在の状態が「あまりよくない状態」に置かれていることになる。

たとえば、「あまりよくない状態」から「よりよい状態」に脱するために、子どもたちならどうするか。当然ながら、その希望をかなえるために、まずは「こうしたい、ああしたい」という意志を表明することになる。とにかく、まずは自分の親や周囲の大人たちにその意志を何らかのかたちで伝えることになる。「おやつが食べたい」とか「おもちゃが欲しい」などといった刹那的なことから、「アイドルになりたい」とか「サッカー選手になりたい」といった将来の夢まで、子どもたちは自分の「よりよい状態」を伝えようとする。ここで必要となることが表現である。何も「ことば」ですべてが伝わるわけではないが、子どもたちは自分たちの意志を伝えるために、「お金」という選択肢をもっておらず、「ことば」による表現が合理的な手段であることを経験的に知っている。

確かにお金と言葉は、希望をかなえてくれる道具である。商品の価値がお金という尺度に結びつくプロセスについては、柄谷行人が指摘しているように、[★2]マルクスが「命がけの飛躍[★3]」

と論じたり、ことばの意味内容をクリプキが「暗闇のなかの跳躍」★4と呼んだりしたとおり、自己理想の交換にあってお金や言葉が決定的な役割を果たすとき、「よりよい状態」を期待して伝えることに思索や推論を駆使しながら賭けている、つまりある種の投機性がつきまとう。それがコミュニケーションの投機性という問題である。

手続きの圧縮

「お金」と「ことば」をめぐって、ある種の投機性がつきまとう。そのことを象徴しているメディア環境の中心的な役割は、いまや言うまでもなくインターネットが担っている。現代のメディア環境をインターネットなしに考えることはもはや不可能と言ってよいだろう。いささか逆説的な言い方をすれば、近代主義が構築してきた社会生活や資本主義のなれの果てが、インターネットなのだ。

インターネットを念頭に置いてもう一度「お金」について考えてみよう。言うまでもなく、かつては買い物をしたらほとんどの場合現金で、時と場合によっては手形や為替で支払うことがある種の商習慣として確立していた。お金や信用が情報化することによってクレジットカードが普及し、いまでは電子決済や電子マネーもそれほど珍しくなくなっている。要は、近代的な社会生活のなれの果てが、インターネットには詰まっている。それを僕たちは当然のことのように受け入れている。なれの果てという言い方が悪ければ、合理主義的な社会規範のある種の到達点と言ってよいかもしれない。便利だから使っているというより、もはや電気やガスあるいは水道のようなライフラインのように受け入れているのだ。

いまや、電子メールがないと、仕事のうえの約束もできなくなっている。電子メールがなかった時代に初めて誰かと面識をもつにいたったプロセスはいまにして思えば、実に大らかなものだ。電話かＦＡＸで連絡をとりあい、そのあと、約束の日時と場所を決めてようやくお互いが会うことになる。もっともＦＡＸすらなかった頃は、取材をするには、まず手紙を書いて面会の承諾をもらう。場合によっては、その人のことを図書館などに行って調べる。それから、手紙を書いて返事を待ち、会う日を決め、めでたく会うことになる。そんなやりとりと段取りだった。

ところが、いまはどうだろう。インターネットで取材対象を検索し、メールでアポイントをとり、はじめて会うときはすでに取材本番。会うまでの段取りや手続きが圧縮されて、極端に合理化されている。合理化されている分だけ、儀礼や外交なども簡素化され、便利だとして受け入れてしまう。手紙を書き、その返事をもらってから会うという手続きはもはやファンタジーのように思える。

自動券売機が登場する以前は、窓口で駅員にどの駅まで行くか伝えて切符を購入し、改札で切符を切ってもらってから、乗車していたものだ。切符も不必要なくらい分厚い紙でできていた。それがいまはＩＣカードをリーダー（読み取り機）にかざせば運賃は瞬く間に決済されてしまう。改札でカチャカチャと切符に切り込みを入れてもらっていたことは、よき昔話として笑い話になってしまう。何十年のあいだあたりまえのように続いていたことが、わずか数年で笑い話である。なぜそんな簡単に、規範のようにも思えていた社会の断片が過去の話に押しやられ、物笑いの種になってしまうのか。それは、手続きの極端で急激な圧縮が過去を滑稽な物語にしてしまうからだ。これまで、数回以上の手続きを踏んで成就していたことが、わずか一回で済んでしまう。しかも、その手続きの圧縮が日常生活のルーティンとして受け入れられてしまう。ずっと前からそうだったかのように、ごく自然に受け入れられてしまう。数多くあったはずの手続きも、知覚できないほど短い時間に圧縮されているとなぜか不自然には感じられない。何年も前から自分はそうやっていたと思ってしまい、以前の手続きがとてもムダなものに見えてしまう。それが滑稽にすら見えて、つい笑ってしまうのだ。できるかできないかを案ずる前に「できてしまっている」のだ。

実は、「便利になった」という言葉の裏には、「よりよい状態」を望む自己理想の交換にあって付きまとうはずの、ある種の投機性が隠蔽されている。情報という形式に欲望を委ねることによって、自己理想の交換に関するリスクや賭けがなくなってしまっている。「便利になった」手続きのなかには「伝える」という行為が情報という形式で抽象化されていて、その情報は観念と物質の対立をあっさりと乗り越えてしまう抽象度を兼ね備えている。情報が差異であるという理解はいわゆる社会構成主義的な考え方かもしれないが、言語の形式性に囚われ過ぎた、あまりにも一面的な理解である。「伝える」という欲望が隠蔽されてしまう情報という形式への配慮がないからだ。情報には「伝える」という欲望が抽象化されているからこそ、インターネットは近代社会に必要とされる手続き、たとえば「お金」の支払いや手紙のメッセージにまつわる投機的な状況を圧縮しながら秘匿し、簡略化することができ、それによって、爆発的な普及を遂げたのである。★5

発話の擬態

さらにここで「伝える」という行為について考えておこう。ミシェル・フーコーは言語表現にあって「形成＝編成 formation」において特徴づけられる内容のことを「言説 discourse」と名づけて特別扱いした。この特別扱いは観念と物質の対立でしか構築されていなかった哲学的な言説に、情報に近い概念をもち込んで論じたという意味で画期的だった。そして何よりも言説形成はメディア論の文脈で生き続けている。

言説形成はメディアをめぐって共同体ができてゆくプロセスにほかならない。メディアが言説を情報として編成体をつくり、それを基礎としている以上、ある事象、たとえばある出来事に関する事実についてそれを言語という形式でどう伝えるか、あるいは伝わるかということは、いわばレトリックに依存している。発信する側のレトリックというものがあって、受け手はそれに依拠するかたちで意味内容を受容している。テクストの受容とは「解釈の共同体」のメンバーになることである。著者などメッセージを届けようとする側が登場人物や語りの主体に委ねて語ろうとする自己理想を読者は読み取ることになる。メッセージを届けようとする側はメディアを用いた伝達、たとえば規模と速度を最大化するように工夫を重ねることになる。

受容する側が自らの自己理想を発信する側の自己理想に重ねているうちに、メディアの受容には特別な時間が生じてくる。つまり自己理想を探す時間をつくる共同体がメディアのコミュニケーションなのだ。

インターネットの場合は、そこに情報化による手続きの圧縮があるので、そうした情報の伝達があたかもリアルタイムでおこなわれているように見えてしまう。厳密にいえば、いくら技術的に即時的な通信が可能だといっても伝える時間がゼロということはあり得ない。実時間にしてコンマ数秒とかのタイムラグは生じるが、人間の知覚能力には限界があるのでリアルタイムに感じる。

コンマ数秒の誤差でメッセージが送られると、受け手はそれをリアルタイムな情報として受け取り、すぐに返信するとすれば、見かけ上リアルタイムな情報のやり取りがおこなわれているように見える。それは一般的にインタラクティヴと呼ばれている。

このように、「伝える」という欲望は時間（手続きの数）と関わることで、自己理想の交換に道を開く。と同時に、ここで主体は時間によってつくられている。どんな時間に関わるのかで主体が形成されていくのだ。ゲームのプレーヤーとして言語や価値の投機に関わり、時間に関わっている存在として自らを認識したとき、「伝える」主体つまり通信する動物たちはつくられてゆく。

たとえばかつてTwitterと呼ばれていたSNSでは「メッセージのことを「つぶやき」と呼んでいた。発話という音声言語を発する行動のシミュレーションである「つぶやき」という言葉は、まさに当を射ている。

他者の発した現実的な出来事として擬似的な音声言語を受け取り、その認識の表出に対して、ほぼリアルタイムに応答でき、さらにそれを拡散したり共有できたりするアプリケーションの機能が、ここでは「ソーシャル」と呼ばれている。

言わば「ソーシャルメディア」はさまざまな手続きの集合が圧縮され、「伝える」ことが拡散や共有を前提に設計されている。「ソーシャルメディア」では自己理想を交換する動機が考える間もなく「伝わってしまっている」のである。

メッセージの投機的状態

仮に百年後の情報人類学者が端末市民の生態を調査しようとしたら、まずは「ソーシャルメディア」に目を向けることになるだろう。データはそもそも物や体の擬態として記号化されているものなので、アカウントという個体には優劣とか大小がない。生身の「わたし」は、Twitterでは@のついたアカウントとして記号化された主体として、ネットという擬似的な社会に参加していることになる。

アカウントという個体も「つぶやき」もメタファに過ぎない。しかしながら、すぐに反応すれば、会話が成立しているように見えてしまう。より正確にいえば、文字情報でありながら発話をシミュレーションしている状況である。

ネットでもそれと同じようなやり取りが膨大におこなわれている。現実の音声言語や文字が記号に変換され、通信プロトコルのなかに抽象化される。メッセージが発せられると、タイムラグがない状態（のように感じられる）ですぐにレスポンスが返ってくる。

この「レスポンス（response）」はなかなか興味深い単語である。response に -ability が付くと responsibility となって、責任という単語になる。ネットではしばしば炎上騒ぎが起きるが、ここには責任能力を問われない社会ができあがってしまっている。レスポンスは本来責任能力を伴うものであるが、ネットでは生身の人間と過ごす時間を実感していないだけに、ついこの責任能力を伴うことを忘れてしまう。そのため、炎上騒ぎや集団リンチのようなことが起こってしまうのだ。

インターネットやモバイル通信のようなテクノロジーとしての常時接続は、常に他者からの介入があり得る状況で、心理的には過剰結合の状態にある。相互に抑圧的でかなり緊張感の高い状態にある。社会との結合が強迫観念となっている事態でもある。しかもその結合はシミュレーション（擬態）に過ぎない。その過剰結合の状態で、擬態の「つぶやき」は飛び交っている。

「つぶやき」で関係がつくられるのは、どうあっても「つぶやき」を介しては目前の存在に触れ得ない、不可触という事態が担保されている状況下である。この状況はしばしば「匿名性」と説明される。技術的には匿名性も擬似的なものであるが、かりそめにせよ「わたし」の擬態でレスポンスできる状況がネットの環境なのだ。「つぶやき」という発話の擬態はなかなか手強い。発話の主体そのものに、匿名性や即時性など、さらなる擬態が用意されているからだ。この状況のもとでの関係は基本的には他者との時間を共有していない。いつ発話に気づいても反応できる状態にあり、もし気づかなければその関係はなかったことになる。時間の共有が常に不全のままでは、相手の主体に触れ得る状況は永遠に訪れない。したがって、主体を自閉させ、「つぶやき」を増やせば増やすほど、自己からの疎外に陥って、不安とコミュニケーション不全への恐れが増幅してしまう。その強迫観念にさらされているがゆえに、インターネット上の関係に隷属してしまうのだ。

他者を想定していたはずの通信する動物たちの「つぶやき」という発話は自己の内部で完結し、他者の擬態をも自分でつくり上げてしまう。その結果訪れるのが、疎外である。単なるひとつのアカウント、つまり通信する動物たちの一人であるにもかかわらず生身の「わたし」から逸脱して、逆に生身の「わたし」を抑圧し支配してしまうような力を集団で相互に働きかけてしまうことで、生身の「わたし」にとってインターネット上における関係が規範となり、使う主体がその関係に隷属し「わたし」から疎外される。これが通信する動物たちのコミュニケーションなのだ。

何かきっかけがあると、その矛盾に満ちた主体の自己否定は嫉妬や羨望というかたちに変形され、その行き場を失った情緒は他者への執拗な攻撃へと転じることになる。未熟で攻撃的な態度に豹変する通信する動物たちが引き起こす炎上騒ぎや、正義を振りかざす通信する動物たちの魔女狩りや集団リンチは、実は集団的な自己否定でもあるのだ。

この否定を出発とする話法を倫理的に追い込んでいくと、最後に待っているのは分断と排除しかない。力を向けた他者が謝罪したり降伏したりすると、自らの倫理的な追い込みが正義として達成されたように感じられ、そこにはもはや分断と排除しかなくなっているにもかかわらず、あろうことか分断や排除にカタルシスを得ることになる。不可触な他者に向けた「つぶやき」などのメッセージの意味内容が、投機的な話法によって必要以上に増幅され日常的なコミュニケーション行動から大きくかけ離れ、自己理想を交換する動機を考える間もなく「伝わってしまっている」ために、集団的なヒステリーや逆上のような興奮状態となってしまうコミュニケーションバブルの状態となるのだ。それがそういった通信する動物たちによる炎上や魔女狩りである。

シンボルとしての「通信する動物たち」

発話という人間にとってもっとも即時的な言語表現が、技術的に符号化というプロセスを経ているとはいえ、すぐさまレスポンスできるようになったことの意味はとてつもなく大きい。なぜならば、これまでのレトリックの共同体がそのことによって、ソーシャルメディアと呼ばれる擬似的な「発話の共同体」に取って代わることを意味するからだ。もっとも、他方ではマスメディアと呼ばれる従来からあるレトリックの空間が社会的かつ経済的に一種の地盤沈下を起こしていて、相対的に発話の共同体が浮上しているように見えるということもあるのかもしれない。

説得のための技術としてのレトリックは、解読にそれなりの時間を要する。受容する側に修辞学的意味を読み込むためのリテラシーも必要になってくる。しかし、発話に対しては、ある種の情動的対応、身体的反応が求められる。時間をかけて理解することより反射的な判断が重要で、情緒的であればあるほど、反応は即時的に意味をもつことになる。

レトリックの共同体では、考える時間が言語表現、たとえば行間あるいは文脈といったかたちで準備される。一方発話の共同体では、それはかえって邪魔になる。誰かと会うにしても、初めてならば、その人はどんな人だろうか、と調べたり想像力を駆使したりして、イメージを浮かべたりする。その考える時間のなかに、まさしく「期待の地平」が織り込まれていた。しかしながら、発話の共同体では、考えることはノイズにほかならない。重要なのは情緒的に反応することなのだ。

書物はレトリックの共同体を象徴する形式のひとつであろう。書物は読むのに時間がかかるし、そもそもつくるのにも手間がかかる。なかなか手続きを圧縮できない。さらには、独自の物質性をもっていて、捨てるのにも労力を要する。たとえば、印刷が終わり製本もできたときに、誤植が見つかったら大変だ。取り返しのつかないことになる。ところが、ブログだったら、タイピングしてアップロードすると、すぐさまインターネット上のコンテンツになる。仮に打ち間違いがあったとしても、すぐにそっくりそのまま差し替えてしまうこともできる。正確にはキャッシュが残るので、差し替えれば済むという問題ではないが、見かけ上は差し替えられているように見える。取り返しのつかなさという感じが、ブログにはないと言ってよい。

レトリックの共同体から発話の共同体へと変わっていく場合のもっとも大きな違いは、考える時間が事実上なくなったことかもしれない。通信する動物たちとはまさに「通信する記号」で、発話の共同体とは主体そのものも「通信する記号」となることを強いられている過剰結合の状況を意味している。通信する記号たちの欲望が人間化してゆくプロセスの集合がネットという社会なのだ。

協調的行動と同調圧力

コミュニケーションというゲームにおいて存在や空間が情報化された主体が、「通信する記号」としての通信する動物たちである。もっと簡単に言えば、本来端末を操作する立場、動かす立場にあるにもかかわらず、過剰結合され、その状態に抑圧されているユーザが通信する動物たちである。

過剰結合の状況に身を委ねる通信する動物たちは、欲望をネットに垂れ流しすることによって、自己表現を充足させている。むしろ過剰結合が自然状態となってしまっている。通信によって個でありながら集団でもあるようなディレンマを背負わされた主体が通信する動物たちだとすれば、発話の共同体は、まさにそうしたディレンマを抱えた通信する動物たちを、インターネットのなかに膨大に増殖させた。ここに蔓延している疎外は、ヘーゲルが指摘したディレンマに陥った主体の疎外状態のなれの果てなのかもしれない。

端末を操作する機械だと考えると、通信端末という機械はクルマという機械とは大きく異なっている。クルマの場合、クルマという機械が客体と呼ばれ、ドライバー（運転者）という「主体」はもっぱら機械との関係のなかにある。ドライバー自らはもっぱらクルマを動かす側に立ち、クルマや同乗者によって動かされているわけでなく、ドライバーという主体の意識を維持することが理想である。クルマや同乗者は客体の位置に追いやってしまい、ドライバーという主体を追求する自己理想であると言ってもよいだろう。

一方、奇妙なことに通信する動物たちという「主体」は端末という機械との関係にあるわけではない。通信する動物たちの自己理想とは、自らはもっぱら端末の操作を超えて、ネットという情報化した人間の集まりに関係したいと欲望する。その欲望が「つながり」と呼ばれる。その「つながり」という関係の意識を維持し続けたいという参加意識が通信する動物たちにとって自己理想であり、その自己理想の交換をコミュニケーションと呼んでいる。そこでのコミュニケーションが何によって理想化されているかと言えば、メディアの形式によって、自己が抑圧され自己から疎外されている状況、つまり「つながり」なのだ。

もちろん、この「つながり」には、ネット上の情報化された他者に意志を伝えるための技術的裏づけがあり、また限りなくゼロ近くまで、経済的にコストを最小化する合理的な行動のひとつであるとも言える。さらに言えば、その合理性がひとつの社会規範になっている。手続きが圧縮され、結果として合理化されたとき、インターネットも規範になったのだ。そして、このインターネットの規範化という事態が、予想をはるかに超えて進んでしまい、自らの欲望を利他的な行動で表現するといったことも規範化し、使う主体としての通信する記号は人間化しネットに隷属しているのだ。

TCP/IPのプロトコル（通信規約）でインターネットというのは成り立っているが、インターネットの規範化という事態は、TCP/IPがもはやメディアの原理としてではなく、コンテンツとして機能している、という言い方で説明できる。人間の欲望が介入している以上、それは間違いなくコンテンツなのだから。

ところが、この「つながり」がネット上の関係で成り立っている以上、その関係は「利他的でありたい」とする自己理想も社会規範としてのネットを支えている点も無視はできない。そしてその自己理想の交換は利己的でありながら、見かけ上は規範的な振る舞いに見えてしまい、協調的な行動が規範的になり過ぎて同調圧力になってしまうのも特徴である。

「バナナ落としましたよ」

認知心理学者のマイケル・トマセロは『ヒトはなぜ協力するのか』という本のなかで、チンパンジーは他のチンパンジーがバナナを落とすと、拾って食べてしまうが、人間は、ほとんどの場合「バナナ落としましたよ」と教えてあげるだろうと述べている。[★6]「教えてあげる」ということによってヒトが「協力」という共同性をもち始めることを認知心理学的な立場から論じたのである。

ネット上でも「バナナ落としましたよ」という共同性は日常的に数多く起こっていることである。ＰＣやスマホのトラブルシューティングがネット上にはたくさん上がっているし、問題解決を求める人たちに対して通信する動物たちが答えることを専門とするサイトや人生相談的なサイトも数多く運営されている。たいていのことは検索すれば解決してしまうものだ。こういったネット上の集合知は「バナナ落としましたよ」に類する行動の結果である。トマセロが示唆しているように、人間は利己的に物事を考えるだけでなく、本来利他的な行動も取るようである。

もしネットが社会規範となっているとすれば、通信する記号としての人間も利己的に物事を考えるだけでなく、ネット上で利他的な行動も取っているわけだ。このネット上の利他的な行動をどのように説明すればよいのだろうか。

ネットの場合、「バナナ落としましたよ」に類する行動やその結果としての集合知は、お互いについ教えたくなるという、相互作用がある種の規範として成り立っている。もしかしたら、誰かの役に立つかもしれないし、とりあえず、自分も忘れないようにと記録しておく。ネットには、そういった自分のためのメモやコメントであると同時に、共有されている情報が膨大にある。それらは時と場合によっては誰かの役に立つことになる。これらはメモやコメントでありながら、ある意味ではコンテンツにもなっている。

インターネットの世界では、ボランタリーな行為や利他的行動がもともと、コンテンツになっているのだ。つまり、社会性がコンテンツとして、インターネットには組み込まれている。クラウド・ファンディングも同じで、いわゆる投げ銭とか神社の勧進帳みたいな協調的な行動も往々にしてコンテンツ化してしまうのがネットの世界である。

利他的な行動が金銭に置き換えられたものが寄付行為だとすれば、そうした寄付行為がインターネットではコンテンツになっているのである。寄付行為などのフィランソロフィーは、成功を社会へ還元したいという自らの欲望の裏返しでもある。いわば「無報酬という報酬」がコミュニケーションとしてネット上では成立しがちである。そういった利他的行動がネットのコンテンツになる現象はネットに特有なものであるが、主客未分化な状態だからこそ起こる利己主義的な利他的行動であると言える。

さらに言えば、さまざまな利他的行動がアフィリエイトという広告やマーティングに利用され、欲望の拡大再生産、つまり資本の拡大に結果として貢献しているという事態も奇妙と言えば奇妙である。通信する動物たちはもっとも誠実な消費者であり、資本主義の申し子なのだ。

このように、「つながり」という関係の拡大再生産が通信する動物たちにとっての自己理想だとすると、主客未分化でできあがってしまう連帯意識にはもう少し立ち入って考えておかなければならない。

間主観性と教育劇

主体をめぐって主客未分化な状態を思考することは、間主観性と呼ばれ、実は古くからさまざまな分野で論じられてきた。そうした主客未分化の連帯意識を考えるとき、ベルトルト・ブレヒトの「教育劇」はひとつのモチーフを提供してくれるだろう。[★7]

ブレヒトは、まず観客という存在の否定からはじめる。そして舞台も否定してしまう。簡単に言うと、ブレヒトは、あえて観客だか演者だかわからなくなる状態をつくり出すことで、お互いの立場を学びながら創造的な時間を生み出そうとした。つまり、考える時間をつくり出すことによって改めて「主体」社会における演劇を問い直すことを提唱しているとも言える。むしろ英訳（Leaning Play）が表わしているように、「学習劇」と呼ぶべき実験だった。[★8]

ブレヒトの演劇をめぐる一般的解釈は「叙事詩的演劇」と言われるものである。ブレヒト自身が自分の演劇をそう呼んでいるが、これは、それまでの戯曲的演劇といったん訣別して考えるためである。戯曲的演劇とは、ブレヒトによれば、観客を演者（役）に感情移入させて一種のカタルシスを起こす演劇と定義される。その発案者であるアリストテレスに因み、ブレヒトはアリストテレス演劇とも称しているが、それに対して、自分の「叙事詩的演劇」は、非アリストテレス的演劇であると位置づけている。

アリストテレス演劇では、観客と演者ははっきりと分けられている。観客は終始観客の立場にとどまり、同様に演者も演者という立場を離れることはない。両者は固定的で、演者は舞台に、観客は観客席に居場所が固定され、両者が混じりあうことはあり得ない。これがブレヒトの言うアリストテレス演劇である。

そのアリストテレス演劇に対して、ブレヒトは、その境目をあいまいにして、日常の断片も演劇の一部となるような、つまり見えない劇場が社会の各局面で存在しているような些細な介入を演劇として理想化しようとした。確かに、都市において、ちょっとした観察の仕方で行き交う人びとの表情や振る舞いが演劇的に思えることがある。というよりも、「ビジネスとプライベート」あるいは「オンとオフ」といった、いわゆる「日常のリズム」そのものがもはや演劇的でもある。人は好むと好まざるにかかわらず、毎日オフィスでの振る舞いを最適化して、着る物を選び、一日の行動を自己演出する。

そういう日常のなかに見えない劇場があり、人びとの振る舞いは演劇的であるという考え方はあながち妄想とは言えない。というより、観客が演者になり、時には演者が観客の役割をするようになることが近代的な生活や消費者の核心である気もしてくる。それは、演劇においても同じで、舞台と観客席を分ける境界をいったんなくしてしまう思考実験として教育劇は提案されたのである。

もちろんその思考実験を実際の演劇にもち込むと、混乱が訪れる。しかしながら、その混乱は主体を次々に否定しながら乗り越えていくような運動を生む可能性をもたらす。演劇という表現はその可能性に賭けるべきだ。そうブレヒトは構想していたように思われる。

個人が送っている日常生活にまで「演劇」を拡張し、その振る舞いを思考する主体にまで昇華させることの理想化が教育劇であったとも言える。ブレヒトは観客という受容をその基盤とする強い主体を否定した。しかしながら、受容を否定しながらも、同時に強い演者の役割については留保している。いや、観客が演者になることをむしろ奨励した。観客を想定しないで演劇をはじめるとどうなるか、現実の劇場を想定できなくなる。つまり、ここで舞台という安定した場のあり方が否定されるのだ。舞台というのは記憶のよりどころである。そのよりどころが解体されることによって、初めて劇場という場所の意味も問われることになる。場のあり方を問い直すことは、同時に表現そのものを問い直すことにほかならない。

演劇は古代からある種の記憶術として特別な位置を担ってきた。ブレヒトが教育劇として世に問うたのは、個人の記憶を演劇が担ってきたような歴史から切り離す記憶術だった。そして、それは表現者が自らの記憶や経験を身体化する可能性を常に担保したトポス（場所の感覚）だったとも言える。それもまた、「つながり」といった言葉で置き換えられることもある。「つながり」とは人と場所を関連づける記憶の総体でもある。

近代を準備した「世界の劇場化」

ブレヒトの「教育劇」はアリストテレス的な悲劇や自然主義的な演出を否定し、人と場所を関連づける記憶術であったと考えることもできる。「つながり」が人と場所を関連づける記憶の総体であると想定すると、理想化されていた記憶術の体系化をめざしたロバート・フラッドの「記憶の劇場」というモデルが作用し始める。

カミッロを筆頭に、ラモン・ルルの「ルルの輪」やジョルダーノ・ブルーノの「記憶の輪」とともに、「記憶の劇場」をモデルとする記憶術はルネサンス後期のオカルティズムあるいはヘルメス主義の同時代性で探究されていた。

ヘルメス主義の同時代性はもちろんルネサンス期におけるギリシアやローマの古典への回帰であり再解釈である。たとえばキケロが『弁論家について』のなかで述べた記憶術とは、要するに秩序はどのようにつくられるかということを思考する方法として論じられたものである。秩序をめぐる想像力。それが記憶術である。

記憶術が古代から建築やその空間における配置を重視したのは、建築が人間の奔放な振舞いを抑制し、誰もがわかるような秩序を生みだし、それが記憶の手がかりになると考えたからである。

記憶の手がかりという点では、グローブ座（一五九九）のアーキタイプは都市のモデルであるとも言える。どこに立っていたのかという記憶から地震の犠牲者を特定したという詩人シモニデスの有名なエピソードは、人の立ち位置と振る舞いを基礎とする、ある種の演劇論でもある。シェイクスピアはイギリスの劇作家、詩人であり、文学史上不朽の人間像を創造した人物として、あまりにも有名であるが、ヘルメス主義の王道を歩んだ作家である。ヘルメ

ス主義にシェイクスピアが大きな影響を受けたと指摘したのがフランセス・イエイツである。★9

> 本書に集めたさまざまな種類の証拠は、ことごとく地球座の「理念」として「世界劇場」を指し示している。円形の黄道帯《ゾディアック》内部の三角形分割《トライアンギュレーション》を基礎とする平面図形をもった古代劇場の宇宙構造的意味に、さらに神殿としての劇場という宗教的意味とまたそれに関連したルネッサンス教会の宗教的・宇宙的意味がつけ加わった。地球座は魔術的劇場であり、宇宙的劇場であり、宗教的劇場であり、「世界劇場」の内部で人間の生のドラマを演じる役者たちの声と身振りを最大限に支援するように設計された俳優のための劇場である。
>
> フランセス・A・イエイツ『世界劇場』

ここでイエイツが指摘しているように、エリザベス朝というシェイクスピアの同時代性はルネサンス期から近代に至る転換期にあった。特に、後期の作品はルネサンス魔術の伝統、つまり魔術的で秘教的な信仰を明確にむすびつけたものとなっている。そして、シェイクスピアが構想した「地球劇場（グローブ座）」は、単なる演劇が上演される場所以上に、「宇宙的」かつ「宗教的」かつ「人間的」な意味をその場に見出した。神殿や教会の含意をもつ劇場は都市を意識した設計だったと考えることができる。

ヘルメス主義において、記憶術は何かを記憶する方法ではなく、神の力、つまり世界という秩序を理解する方法であった。運命や正義を神が支配する秩序とは力そのものであり、その力の前では人間は無力であることを実感させる、ある種の法理であった。その実感が信仰である。さらに言えば、運命の到来を待つ未来学としての側面も記憶術は備えていた。記憶が脳の働きや認知のプロセスであると考えられるようになった近代とは違った記憶がそこでは論じられていた。宇宙（神）と人間の関係が絶対的な力をもつ神（運命）と考えられ、その関係を結び更新することが記憶だと考えられていたのである。

ルネサンス期における魔術とは決して神秘という雲に隠れてしまうことを意図していたわけではない。むしろ正面から宇宙を体系化することに向き合っていたという意味で、近代の科学を準備した。ケプラーやガリレオが最先端の科学者として活躍したのもそうした時代背景と無縁ではない。その意味でも、記憶術とは知の可能性に向かう意志であり、未来の到来を期待する知のあり方そのものである。これは、カトリックとプロテスタントの対立する「世界のあり方」を、結果的にヘルメス思想を基礎とする幅広い改革運動によって統一する手立てとなった。

シェイクスピアやロバート・フラッドが劇場というモデルで示そうとした考え方はアリストテレス演劇や（近代で言うところの）自然主義的な演出によってカタルシスを洗練させ、世界をめぐる理解のあり方を統合化する野心的な試みであったとも言える。

悲劇とは、神（人間を超越した存在）と人間の関係を学習するための装置でもある。悲劇のあり方はそのまま人間と世界の固定的な関係である。ところがカタルシスは観客の想像力や社会的行動への意志や情熱を劇中で消費させてしまう。その結果、世界に対する認識を単純化し、その単純化に人びとが熱狂することになる。演劇における驚きとなるアリストテレス的な悲劇のカタルシスは、観客自身が観客であることをも消費してしまうことにほかならないのだ。もちろん、このカタルシスによる想像力や意志や情熱を、権力が大衆操作に悪用することも、比較的単純にできてしまう。事実、近代化のプロセスで幾度となくそのような大衆操作がおこなわれてきた。そのとき、劇場は「強い主体」を演出する物理的な装置として働く。「劇場」における位置関係がきわめて政治的な色彩を帯びはじめ、そのとき記憶術は秩序を正確に伝達する術としてはたらくのだ。その固定的な世界のあり方をカタルシスによって演劇が強化し消費してしまうことを、ブレヒトは首尾一貫して否定し、新しい企てを画策したのである。

ブレヒトは劇場が人間に存在や理性に「強い主体」を求めることを否定し、結果として観客に浄化ではなく異化を求めた。その近代批判とも言える態度は観客に、登場人物の心情に同化することではなく、それを客観的に観察することを求めた。ブレヒトの精神は、ヘルメス主義を担った思想家たちが切り開いてみせた、あの演劇的な記憶術のトポスを根こそぎ解体しようとするものだった。

ブレヒトよりも早くからカタルシスを否定し、詩的言語としての演劇を論じたのがヴィクトル・シクロフスキーである。[★10] シクロフスキーは日常的にわれわれが用いている言語と、詩的言語としての演劇を区別した。ここでの詩的言語は使われた場や機会に時間をかけることを役割として求める。簡単に言えば詩的言語は理解を遅らせ、思考をリセットする役割を担う。言語の理解に直感を用いることなく論理的な理解に時間をかけることによって、知覚のプロセスをあえて遅らせて意識させようとする。時間をかけ理解する仕掛けを用意し、言語の認識そのものを遅らせることによって、そう簡単には知覚できない事態を実感し、観客に「直視」と「生の感覚」を与えることができるとシクロフスキーは考えたのだ。つまり、言語の連続性に「遅れ」という切断を与えることによって、言語の本質を暴露しようとしたのである。

よく言われるたとえ話として、芸術は「人間を人間らしくする」ための方法である。それが真理だとしても、人間を人間として表現してしまっては、人間は芸術の要素となり得ない。シクロフスキーもブレヒトも知覚のプロセスを問うことが芸術だと考えていたからだ。

政治を政治的言説で表現するのは職業政治家と政治学者であるが、政治の専門家は何も職業政治家と政治学者だけではない。政治を政治らしく表現するために、芸術家や社会活動家は不合理なほど時間をかける。私たちの哲学的思惟としての認識は人間としての認識に関する生理的な能力を超越できない。これはカントの理性批判やフッサールの現象学がていねいに論じてきたことで、人間が人間であることを自己規定している規範やその倫理の絶対的な根拠を、私たちは事実上知覚できない。だからこそ、芸術は知覚できない事態を捏造してでも知覚できる状態に翻訳し、知覚のプロセスに関する不可能性を実感させるのである。演劇を切断することができるのは受容する鑑賞者である。ここで切断がひとつの期待の地平として浮かび上がるのだ。

教育劇は「記憶の劇場」という、劇場というトポス（場所の感覚）の閉じた回路を解体し、知覚のプロセスを遅らせ切断するという特権を、受容する鑑賞者に与える作業だったのである。

カタルシスとしてのネットワーク

そして近代になると、記憶は世界を理解する方法ではなく、脳の認知プロセスに基づいて、人間の主体をめぐる歴史的な叙述として考えられるようになってきた。その歴史的な叙述を支えるのが十九世紀後半以降、二十世紀にあって、近代的な記憶術として飛躍的に発展したメディアテクノロジーである。なかでもインターネットは記憶術のみならず、「世界の劇場化」を飛躍的に進め、ある意味で「通信」や「伝達」は近代社会の規範となった。ベンヤミンが映画に動員や民主化の夢を託したように、ブレヒトもラジオというテクノロジーの進化が民主化に寄与することを夢見て、ラジオをめぐる実践を積み重ねた。[★11] ベンヤミンやブレヒトが夢見た新たな記憶術も一見すると現実のものになったかのようにも思える。

現代の記憶術を媒介するメディアテクノロジーの展開は、まさに「世界の劇場化」が極まった、眼差しや構想あるいは直感や実感を構造化することにほかならない。その構造が人間関係の規範となることで、いわゆる民主化という、「平等な人びと」への関係の変化がもたらされるのだ。メディアの政治利用は、知覚を統制することによって達成されてきた歴史があるが、テクノロジーの抽象度と洗練度が上がるにつれて、（インターネットがそうであるように）動作も操作の原理は極端に抽象的で不可視なものとなり、そのせいで支配や抑圧や監視が亡霊的作用のように働き始めている。

結果的に、インターネットや映像の表現力は人びとの行動を規範にする能力をもつに至った。その規範が暴力的なまでに合理性を強いるという点では、メディアテクノロジーは近代社会が行き着いたなれの果てだと考えることもできる。その記憶術としてのメディアテクノロジーを、「声の文化」という側面から「記憶形成」の技術として批判的に論じたのがウォルター・オングである。[★12]

書き言葉があれば、知識はテクストというかたちで保存が可能で、書物という物質になれば必要に応じて手にすることもできる。つまり「読者」という自らの時間をつくり出すことのできる主体となれるのだ。その読者という主体が集まれば、必然的に公共の担い手となる。印刷技術による書物や刊行物が公共的な声、つまり言論(speech)を形成してきたのは、記憶形成しようとする人たちがつくり出した時間であり、文字に託した声の擬態なのである。ここでの声の擬態が「集団的記憶」である。公共性は集団的な記憶をもたらす記憶術であり続けてきたのだ。

このように、声の文化は「話者」の記憶に依存し、「文字の文化」に先立つ。声の擬態としての「つぶやき」がインターネットを席巻し、それがひとつの社会のように思えるのは、そこでの「つながり」が人びとに記憶術を得たように実感させるからだ。ネット上に自らの外部記憶を得たような「アーカイヴ感」とも言えるような感覚である。その「アーカイヴ感」

に依存し過ぎると、当然ながら記憶形成の主体は曖昧になってゆく。曖昧な記憶形成の主体は自らが単なるアカウントではなく、社会としてのネットに動物としての人間である実感を求める。こうして通信する動物たちは動物としての実感が得られるようにカタルシス（浄化）を欲するようになる。ネットでの「炎上」にはさまざまな背景があるが、いずれにしても通信する動物たちは生命としての実感が得られるカタルシスを求めているとも言える。

かつて記憶術という世界の理解が場所の感覚とともに確立したように、権力者の記憶術は権力そのものであった。しかしながら資本市場の拡大は、権力をも呑み込んでしまっている。インターネットの「通信」と「伝達」で流動化した資本を凌駕し支配する権力など、この世界には存在しなくなっている。さらには、正当化できる強制力をもつとされ、集合的な記憶を引き受けた主体としての国家権力も、通信の標準化によって実は弱体化している。

通信する動物たちは記号化され、権力による支配の強度が増しているようにも思えるものの、実は政治制度や社会制度で統治できない通信する動物の集合は、権力にとっては不良債権でしかない。一方で彼らは、集合的記憶や集合知の担い手であり、それは時に政治的な、あるいは創造的な動員力を発揮する。

「つながり」は「通信」や「伝達」がもたらす関係にほかならない。もはやその関係は記憶形成という記憶術のひとつの方法論になってしまったとも言える。関係がつくり出される以上、結果として通信する動物たちが求めるネットワークには人間的な連帯意識が生じることになる。ネット上の流動する資本に疎外されている通信する動物たちは、「通信」や「伝達」

がもたらす関係を得ることによって、人間という自覚を得ているのだ。ネットでの「炎上」は通信する動物たちのもっとも人間的な側面なのだ。もはやネットの世界において浄化(カタルシス)を求めることが、通信する動物たちにとって人間的になることになりつつある。

「ディセンサス」の主体としての端末市民

古今東西にわたって続いてきた定住の場所を獲得する技と力が権力として誇示される時代はとうに終焉を迎えていて、権力も大地から乖離して市場化し、そのマネーゲームのなかで権力ももはや自由競争となっている。政府が強大な権力、たとえば正当化できる強制力を唯一行使できる組織となっているかと問われれば、多くの識者はノーと答えるに違いない。権力者の支配と通信する動物たちの被支配も隷従といった言葉では説明できないほど、定住の場所をめぐるさまざまな関係が希薄になってしまっている。通信する動物たちはもはや定住者として隷属することも不可能になっているのかもしれない。

インターネットはネットワークという連帯組織をつくって通信する動物たち相互の関係をつくると同時に、通信する動物たちを資本からますます疎外させることになり、政府に権力を集中することもむずかしくなりつつある。隷属することすらできない支配が生じているのだ。

それでも通信する動物たちは「つながり」に夢中になっている。この「つながり」は「共感」や「合意」といったものに基づくものであるが、通信のプロトコルを共有することを前提に、従来から近代社会が営々と求めてきた合意形成いわばコンセンサスに根拠を求める規範に過ぎない。通信する動物たちは自分の意見や意志の正誤を確かめたくて、コンセンサスに速度を求める。それゆえ、実は「意見や意志が同じであること」は普遍的な真理ではなく、それに関わる人間の意志によってつくられるものだと考える方が自然である。

ジャック・ランシエールはその論文「政治的芸術のパラドックス」において、コンセンサスを「感覚と意味の合致」とし、「考え方や抱いているあこがれの相違がいかなるものであれ、われわれは同じものを知覚し、それに同じ意味を与えるということ」であると定義する。[★13] 通信する動物たちは「感覚と意味の一致」を求めているのかもしれない。しかしながら、求めれば求めるほどメディアがもつ伝達の形式によって「感覚と意味の合致」は資本に疎外されてしまう。

メディアは「感覚と意味の合致」を即座につくり上げる強力な装置でもある。そこにテクノロジーが導入されると、規模と速度は予期せず極端に大きくなることがある。新聞の読者、テレビの視聴者、ネットのユーザ。そのどれもがコンセンサスをつくり上げることに夢中になり、夢中になるあまり規模とスケールに抑圧されてしまうというディレンマに陥ってしまったことを、メディア史は伝えている。そしてすでに、それ以上のことがインターネットでは起こっている。通信する動物たちが人間になろうとしてネットの連帯組織にカタルシスを求め、結果的に通信や伝達に疎外されてしまうディレンマに陥っているのだ。

どうしてこういう不安の増大といった事態を招くのか。結論から言えば、メディアの形式に依存している以上、ネット上のメッセージをめぐる感覚も意味も擬態（ギミック）であるからだ。ここから、以下の問いが提起される。コンセンサスという「感覚と意味の合致」のコンテクストのなかで感覚も意味も擬態であることに対して、どのような主体（わたし）のあり方が求められるのか。

もちろんこの問いに解答することはなかなか手強い。ランシエールはコンセンサス＝「感覚と意味の合致」を揺さぶり、知覚のあり方を組み替える概念として「ディセンサス」を用意した。感覚や意味の擬態を考慮すると、メディアをめぐるディセンサスとは、操作に導かれた違和感や異質性によって知覚が特別になった状態だと言ってよい。

合意形成が困難な時代に重要なこととして、性急な「感覚と意味の合致」をめざすことではなく、コンセンサスとディセンサスの結節点をまずは観察しなければならない。この観察にも相当な創造性と独創性が必要とされる。通信する動物たちは性急に規範を求めるが、時限的なものであれ、コンセンサスを生みだすためにはディセンサスの厚みが欠かせない。

トニ・ネグリとマイケル・ハートは近代以降に登場した超大国の覇権によるグローバル化した世界秩序である帝国主義に対抗し、これからの世界を変革し得る存在として、それぞれの国家の国民や企業を含む超国家的なネットワーク上の権力としてマルチチュードを位置づけている。そしてある種の芸術はコンセンサスとディセンサスの相互性を鍛錬し厚みを増す場になる。そのディセンサスの厚みこそがネグリの言う「多数多様性」、すなわちマルチチ

ュードなのだ。★14

美学＝感性のあり方を政治の根底とみなすランシエールの観点を敷衍して、経済の根底や倫理の根底についても、新たなゆるやかなコンセンサスを得るためにはまず無数のディセンサスを共同で積み重ねていく観察という厚みが重要となる。

つくり上げられた「感覚と意味の一致」に対抗するのは、おそらく「教育劇」でブレヒトが構想した「切断」や「反転」である。通信する動物たちにとって、介入や切断あるいは反転は端末に依存している。標準化され市場化したテクノロジーを使うことそのものはコンセンサスである。そのコンセンサスの根拠となっている端末から介入し、「意味と感覚の一致」を切断したり、表現者と受容者を反転させたりすることこそ、もっとも切実で、政治的で、アクチュアルで、現実的な行動となる。

人間関係の価値を最大化するために、できる限り、プロダクトとしてのメディアテクノロジーを目的外使用し、自らの存在をハックしていくための具体的な方法をもっている人たちのことを、ここでは端末市民と呼んでおくことにしよう。

「物」と「心」の分類（カテゴリー）を前提とするデカルトの心身二元論を「カテゴリーエラー」として批判するライルは「機械の中の幽霊」というドグマを提示したが、★15ライルは「心」など存在しないとし、想定することそのものを嘲笑する。ライルにとって、まさに人間の「心」を想定すること自体がエラーなのだ。

「機械の中の幽霊」というゴーストがそうであるように、端末市民そのものがエラーの存在だと考えるとどうだろう。ゴーストというエラーであり続けることによって、心身二元論のみならず、自己をめぐる認識も特別視しない。「機械の中の幽霊」というゴーストとしての端末市民は、自分についての知識が自分だけのものであるとか、自分の存在を連続的に確信していると考えるのも誤解であると考えることさえできる。

つまり、ブレヒトが構想した「切断」や「反転」がそうであるように、ある時制の切断が起こったとき、自己と他者は常に反転可能で、他者とは「通信」や「伝達」を通じて推論した結果として認識される。

端末市民というゴーストとは「強い主体」にとってはエラーでありゴーストであり、「強い主体」の弱体化を促す思考実験である。言うまでもなく、市民、国民、民衆、大衆などとは異なる主体である。ネットワークのゴーストとしての端末市民は、明らかに心身が二分された状態である一方で、神秘主義的にコミュニケーションや心の概念の隠喩するテーマに抵触するだろう。端末市民という思考実験が「強い主体」を想定し思考されてきた哲学や社会思想を修正し、マルチチュードの運動を先導し、コミュニケーションという概念を更新する。端末市民における「強い主体」批判は、従来のコミュニケーション論が維持してきたデカルト的心身二元論や自己と他者を前提とするコミュニケーション論に異議を唱えることになるからだ。

コミュニケーションは理想化されがちだからこそ、「わたし」はエラーとして「弱い主体」として更新されていなければならない。その弱さによって、「意味と感覚の一致」を切断したり、表現者と受容者を反転させたりすることが保障されるのだ。

連帯や関係はその動機を、ネットワークという形式にパッケージ化し、そこで知や欲望を相互に伝えようする。近代社会は、それにコミュニケーションという名称を与えた。それゆえ、人びとが考える知のあり方はコミュニケーションとして思考することが可能だと考えられるようになった。

その結果、通信する動物たちは情報弱者となることを恐れるあまり、政治的な弱者になったことを受け入れてしまう。人びとが年金や保険を支払い、結果として社会保障を受けるという豊かさの論理も情報化している。人びとの豊かさを保証するために生活に介入しているはずの政府は人びとの人生を搾取している。情報化された社会保障は大部分を政府とその関連機関が独占し、政府はその情報を独占し、結果として通信する動物たちは、広い意味での豊かさが搾取されているのだ。

インターネットやモバイルのネットワークに接続してネットのユーザとして日常生活を送っている通信する動物たちは、ネット上のコミュニケーションに抑圧されたユーザの集合である。言い方を換えれば、通信する動物たちはネット上のコミュニケーションに抑圧された状態ではないと、ネットの恩恵を享受できないディレンマのなかにいる。つまり、少なからず相互監視され資本市場に隷属した状態ではないと、「リアルタイム」や「共有」といったコミュニケーションの形態は想定すらできなくなっているのである。

その一方で、政府の側から見れば、通信する動物たちは不良債権化しやすい存在である。

情報化された政府には効果的に権力を集中させる機能などない。支配の構造が資本市場の流動性に左右され、可塑的になり、権力のあり方そのものがどんどん流動化し分散化しているのだ。それを多様性という楽観的な言い方で論じることもできるが、統治の不全として悲観することもできる。アナーキー、つまり「非支配」の状態が状況によっては、瞬間的に生じていると考えてもよいかもしれない。アナーキーはもちろん、即座に無秩序を意味するわけではない。語源（an 否定＋ archy 支配）からすれば「非支配」を意味すると理解しておいた方がよいだろう。

そのなかには「ネットの自由」を標榜し、国際的な大企業のサーバに打撃を与えようとするハッカー集団も含まれる。集団とは言っても、従来のような組織化された集団ではなく、ネット上のコミュニティのようなものである。このなかには、ネットを駆使して勢力を拡大したり存在感をアピールしたりするテロリスト集団も含まれている。ハッカー集団が「ネットの自由」を歪曲して、テロリスト集団を攻撃するという奇妙な事態も起こっている。この奇妙な事態には定住をめぐる古典的な領土戦と、表現を相互に封殺し存在感を抹殺しようとする情報戦という二面性が露呈してきている。

この二面性により、他者への力の行使ということで成立してきた権力も、力を効率よく集中できなくなっている。正当化できる強制力は資本市場にしか存在せず、政治的な権力すらもはやファンタジーに過ぎないものとなっている。だからこそ端末市民という「機械の中の幽霊」を想定してみる必要があるのだ。

端末市民というゴーストはそもそもカテゴリーエラーなのだから、この現実世界のなかに、新しい集団的な記憶が記憶術として出現することの期待値でもある。エラーは送信者と受信者が理想化されたコミュニケーションを破綻させる。「強い主体」を排除し、「弱い主体」を構想するその破綻そのものが政治性を帯びる可能性もある。想像力としての端末市民は「強い主体」を解体する時間をつくり出すとともに、常に他者への力の行使ということで成立してきた力を分散させるであろう。またそのような政治性を帯びたとき、端末市民は「手法」（形式）を前景化させることが可能になるだろう。

到来の思考

メディアは亡霊と共通しているものをもっていると言われることがある。確かにそう言われてみれば、画面の向こう側に何か違う世界があって、何かが媒介され、異なる精神世界が蠢いていると見えなくもない。亡霊は歴史的に記憶術と雄弁術によって鍛えられてきた。常に未来に向けて到来の思考を示唆する亡霊がメシア（救世主）の到来を予感させてきた。メディアの本性は亡霊ではない。論理的な明晰さをもった手続きの集合である。しかしながら、どうしても「伝わってしまう」「知ってしまう」というメディアの効用で、日常の《現前》をつくり出し、その現前に興奮したり達成感を覚えたりしている。すべてのメディアテクノロジーは距離を記号化された手続きの集合によって縮減する技術である。そのメディアがもたらす現前は常に仮想的で手続き的で記号的なのだ。それらの記号性や仮想性と向き合うことがメディア論的思考の核心なのである。

近代の申し子であるメディアテクノロジーは数のエクスタシー（陶酔感）を表現し、その規模を人びとに実感させてきた。この数には解を得られるまでの手続きが抽象化されていて、さまざまな人間の自己理想や欲望をその数のなかに呑み込んでいる。もちろんその現前は、常に未来という想像力のなかにある。

「集合的記憶」とは歴史という記述とは切り離され、場所の呪縛から逃れたパフォーマンスであり、相対的な先行性をもつ。その現前はアレゴリーとして記憶術を反復する。しかしながら結局のところ、「集合的記憶」とは未来のものであり、常に来たるべき場であり、来るかもしれぬものあるいは到来するかもしれぬものとしてしか自らを現前させることはない。ウォルター・オングの言う記憶形成という声をめぐる記憶術は、到来という未来についての思考である。「集合的記憶」という到来の思考で重要なのは、端末市民が実のところ、近代社会批判とテクノロジーをめぐる問いが交叉する「場」を回復させるという点で意義をもつことである。

行為としての記憶形成は過去を遡及し起源をたどることではなく、未来に向けて他者の可触的な不可触性が到来することを期待することである。その到来の期待は、「わたし」をめぐるさまざまな観念、たとえば自我、主体、人格、意識、精神など性急に限定してはならない別の誰かあるいは何か、という観点から、他者認識を可能性として提示するゲームとなる。

伝達を合理的に抽象化したメディアという形式は、無への回路を閉ざして、人間を規模と速度のエクスタシーに幽閉する。同時に、資本市場の規範にもなったコミュニケーションは自己理想をめぐるゲームとなって、そのゲームのプロセスと結果が人間の集団を組織化し主体化してゆく。その組織化と主体化の反復によって、人は個人の身体と能力は自分のモノなのかという命題を問い直し、他者との関係から、自分の身体や精神は誰が所有しているのかと自己所有権を確認してゆく。一方で、情報化され理想化された主体としての端末市民は自己理想をめぐるゲームのプレーヤーとならざるを得ないため、「よりよい状態」をめぐって利己的になるあまり、常に言葉の意味や物の価値の投機にさらされる。ところが、存在の不滅をめぐる「機械の中の幽霊」としての端末市民の働きは次第に抑制されるように見えて、実はネット社会の奥底で、器官なき身体が世界とどのように関わるのかという欲望のなかに、厳に生き続けている。いや、不滅をめぐる記憶術は接続状態によってさらに強化されたと言えるかもしれない。

ただその自己理想のゲームによって、メディアがもたらした集団的記憶をめぐる身体の秘儀や場所性に関する記憶術の可能性がすべて露わになったわけではない。いや、むしろまだ端緒についたところだ。身体や場に関しては、集団的記憶という文脈から新しい身体論や都市論を尽くさなければならない。それらが発動し始めると、「弱い主体」として世界市民（コスモポリタン）を自覚する端末市民が夢見る連帯（コスモポリタニズム）について、私たちはもう一度深く広く語りはじめなければならない。

註

★1　ヴィリリオが端末市民に敷衍しているエッセイはポール・ヴィリリオ「領土安全保障の終焉」（市田良彦訳・解説）『アートラボ・コンセプトブック』（キャノン・アートラボ、一九九一年、七二‐七七頁）を参照。ここで用いている端末市民が情報端末に抑圧されているとしたヴィリリオの論に着想を得ているが、より多様な主体を思考し得る概念として端末市民を位置づけている。その端末市民の多様性に関する過去の論考は桂英史『メディア論的思考』青弓社、一九九六年参照。

★2　柄谷行人『探究Ｉ』講談社学術文庫、一九九二年、四九‐五〇頁

★3　もともとはマルクスが『経済学批判』第一部第二章「貨幣の度量単位にかんする諸理論」のなかで「商品の変態」について用いた表現。「売り手」は商品が金に変わらなければ「売り手」として破綻する。つまり買い手次第だということ。しかしながら、商品そのものは金ではないので、買い手の購買意欲によって単なる商品に金との交換価値が起こることは「命がけの跳躍」が起こったと見える。こうした交換価値をめぐる「売り手」と「買い手」の関係についての微妙さを敷衍する考え方として、ここでは参照している。

★4　新しい言語の用いる状況にあって、正当化とか根拠があるわけではなく「暗闇のなかの跳躍」のようなものだとクリプキは語る。ソール・クリプキ（黒崎宏訳）『ウィトゲンシュタインのパラドックス　規則・私的言語・他人の心』産業図書、一九八三年、一〇八頁

★5　インターネットをめぐって「過剰接続」や「思考汚染」に関する文献は多い。ここでは代表的な文献として、ウィリアム・Ｈ・ダビドウ（酒井泰介訳）『つながりすぎた世界』（ダイヤモンド社、二〇一二年）を挙げておく。

★6　マイケル・トマセロ（橋彌和秀訳）『ヒトはなぜ協力するのか』勁草書房、二〇一三年

★7 ブレヒトは一九三〇年前後に試みた自作の戯曲シリーズに「教育劇」と名づけたが、観客を教育すると意味ではなく、演ずる者と見る者を反転させ、お互いがお互いの立場を学び、単なる消費される演劇を批判し、芸術を受容する新しい機会として演劇を理想化した。教育劇に関する日本語文献としては、岩淵達治『ブレヒト』（紀伊國屋書店、一九九四年［精選復刻］、九四頁）。

★8 ここでは以下を参照。Roswitha Mueller, "Learning for a New Society: the *Lehrstück*" in Peter Thomson and Glendyr Sacks(ed.), *The Cambridge Companion to Brecht*, 2nd Edition, Cambridge, Cambridge University Press; 2007, pp. 101-117.

★9 フランセス・イエイツ（藤田実訳）『世界劇場』晶文社、一九七八年、二三二頁

★10 シクロフスキーはロシアフォルマリスムの始祖的な存在としても知られるが、異化という考え方をブレヒトより早くから芸術の分野に導入することを提唱している。ただ、ブレヒトの異化は観客の没入をむしろ阻害するような異様さを身振りで誇張し、舞台で起こっていることそのものを観客が批判的に受容することを促す効果を意味している。シクロフスキー（水野忠夫訳）『散文の理論』せりか書房、一九七一年。ブレヒトの異化効果に関しては、敷衍している文献は夥しいが、ここでは第二次世界大戦後になってブレヒトを再評価し「ドラマの危機」を論じたペーター・ションディ（市村仁、丸山匠訳）『現代戯曲の理論』（法政大学出版局、一九七九年）、および「ポストドラマ」を提唱したハンス＝ティース・レーマン（谷川道子、本田雅也、四ッ谷亮子、新野守広、三輪玲子、平田栄一朗訳）『ポストドラマ演劇』（同学社、二〇〇二年）を挙げておく。

★11 Uwe Hebekus "Politische Aviatik/Radiophonie. Ästhetische Kollektivierung in Bertolt Brechts Der Flug der Lindberghs" in *Ästhetische Ermächtigung: Zum politischen Ort der Literatur im Zeitraum der Klassischen Moderne*, Brill | Fink, Print-Publikationsdatum: 10 Sep 2009, pp.303-336. またブレヒトのラジオをめぐる考え方と

実践について包括的に論じた日本語文献としては、川島隆「ブレヒト「ラジオ理論」の射程　ドイツ連邦共和国における市民メディア発展史との関連から」『マス・コミュニケーション研究（*Journal of mass communication studies*）』日本マス・コミュニケーション学会編、通号六九（二〇〇六）、四一－五六頁。

★12　ウォルター・J・オング（林正寛、糟谷啓介、桜井直文訳）『声の文化と文字の文化』藤原書店、一九九一年、一二四－一四五頁

★13　ジャック・ランシエール（梶田裕訳）「政治的芸術のパラドックス」『解放された観客』法政大学出版局、二〇一三年

★14　アントニオ・ネグリ、マイケル・ハート（水嶋一憲、市田良彦監修、幾島幸子訳）『マルチチュード（上）』ＮＨＫブックス、二〇〇五年、一八－二〇頁

★15　ギルバート・ライル（坂本百大、宮下治子、服部裕幸訳）『心の概念』みすず書房、一九八七年。なお、攻殻機動隊の原作者である士郎正宗が参照したのはおそらくアーサー・ケストラーの『機械の中の幽霊』であると思われる。

第六章　世界の再・植民地化と個の刷新

端末市民と超・文書主義をめぐって

「わたし」は忙しい

よく言われていることなのかもしれないが、それにしても「わたし」が危うい。「わたし」はネット上にたくさん存在している。メールアドレスはもとより、買い物をする、動画を見る、フリーマーケットで生活用品を売買する、サッカーを見る、SNSに写真を上げてリア充を伝える等々、アカウントとパスワードの組み合わせからなる「わたし」をたくさんネット上で動かして、仕事をこなしたり、物欲を満たしたり、時には性欲を満たしたりしている。「裏アカ」などを使って、謎の隠密行動に出る、胡散臭い「わたし」もネット上に蠢いている。時にはその胡散臭い「わたし」が反社会的な行動に及び、犯罪を引き起こしたりもする。その際に、ネットに頼りすぎている日常を問い直す声が聞こえて来たりもする。しかしながら、その声を発している人たちも立派な端末市民で、文明批評めいたコメントを社会に対して向けるときにも、SNSを使い倒している。

それにしても、僕たちはとにかく忙しい。日常生活を継続するうえでは、自分たちの「わたし」を管理（マネージメント）しなければならないからだ。

そもそも管理とはさまざまな欲望や自我や思い込みの奔放さや利害を調整することで、組織としての継続を調整することである。したがって、自分たちの「わたし」を管理するということは、「わたし」が管理される組織に帰属していることを自ずと内面化していることになる。

毎日のように、セキュリティにも神経を使わなければならなくなっている。「わたし」が「わたし」である証が損なわれる可能性があるからだ。スパムメールやマルウェアによる、「なりすまし」はネット上の「わたし」が盗まれたり損なわれたりすることである。国民国家は「わたし」の身分を保証してくれている。それを証明する代表的な「文書」がパスポートである。でもパスポートだけが「わたし」を証明しているわけではない。ネット上ではパスポートが「わたし」を保証してくれるわけではない。「わたし」は「わたし」がつくって所有しているアカウントに守られているに過ぎない。

「いいね」は嬉しい

SNSは、個人間のコミュニケーションをネット上で実現するサービスとして裾野を広げていった。当初から「つながり」という個人間の関係を、より緊密にすることを重視したサービスとしてユーザの層を拡大していった。確かにツイッターやフェイスブックにさまざまな個人や組織が興味をもち参加していった背景には、「つながり」への期待がある。「官僚制組織」への対抗というかたちでリップナックとスタンプスによって提案されたのが、「ネットワーキング」である。[★1] 従来の上意下達で意志決定がなされていくような官僚的な組織に対抗すべく提案された集団行動のモデルである。

全体と部分は等価で、部分の自律性と独立性が保たれるのがネットワーキングの理想とされたので、ツイッターやフェイスブックをネットワーキングの理想像がまさにネット上に実現されたものだと歓迎した人も多かった。そのため個人であれ組織であれ、多くの人たちが「つながり」の可能性に期待し、爆発的に普及していった。

確かに、ツイッターのアカウントをもっている僕もアメリカの大統領もアカウントの所有という点では等価で、見かけ上では僕は大統領のメッセージに左右されることなく、自分の「つながり」をコミュニティのように考えて帰属意識をもつことができる。

ところが、この「つながり」は諸刃の剣である。個人間の「つながり」が数多くできて深まる一方で、個人とその関係はいろいろな意味で監視され抑圧され、そして利用されている。また多くの「ソーシャル」はユーザ登録の情報やユーザの利用履歴の情報などを企業に提供し、広告収入で収益を上げるビジネスモデルでもある。そのため、ネット上の「わたし」とその「ネットワーキング」はまさに拡大する資本として資本に取り込まれる。「いいね」が民意だと思っている人もたくさんいるため、ネットの統治はたやすく進んでしまう。そうなる化している。

と、もはやソーシャル・メディアは巨大な官僚組織であり、ツイートやメッセージは公文書

大統領の演説は話し言葉でありながら、アメリカ合衆国という国民国家ではもっとも重要な公文書のひとつである。それを飛び越えて、アメリカ大統領のツイートが国際政治の舞台でも重要な意味をもっている現状は、ジョン・F・ケネディがテレビ演説で重要な政策を発表していた頃とは、公文書としての演説の意味が大きく変わっていると言わざるを得ない。

経済面も同様で、デヴィッド・グレーバーが『官僚制のユートピア　テクノロジー、構造的愚かさ、リベラリズムの鉄則』で指摘しているようにインターネットを基礎とする金融資本主義がもたらすグローバリゼーションによって、さまざまな局面で管理が必要となり、もはやそれは一国の政府や行政組織ではコントロールできないほど官僚的な組織として巨大化している。[★2]

そういったグローバリゼーションが進むなか、さまざまな局面で約款や規約が介在しているため、プロテスタンティズムの文書主義に基づく官僚制も大きく性格を変えつつあるのだ。ネット上の、またSNSの「ソーシャル」は、そもそもは民間企業の収益事業でありながら、相互監視と民意の統治が進んだ官僚組織のようになってしまった感がある。

新しい植民地主義

インターネットの普及が爆発的に進むにつれて、このネットの寡占化と官僚組織化は多くの人たちが何となく直観していたことだった。こうした直観は、アメリカ国家安全保障局（NSA）および中央情報局（CIA）の元局員であるエドワード・スノーデンがアメリカ政府があらゆる通話、SMS（ショートメール）、電子メールを秘密裏に収集しようとしていることを告発したことによって、世界中の誰にとってもかなり切実な現実であることが知られることになった。[★3] ネットワーキングの状態を細大もらさず蒐集して、分析することがNSAのPRISM（プリズム）という通信監視プログラムによって日常的におこなわれていることをスノーデンは暴露したのである。

今日何を食べたとか誰に会ったといった日記めいたこととか、時事問題に対する自分の意見を述べてみたりとか、誰かの意見に反論したりとか、パーティーやイベントの告知をしたりとか、SNSの使い方はさまざまである。「いいね！」をたくさんもらおうと、着飾って写真を撮ったり、きわどいポーズを取ったり、わざわざ業者に頼んで演出したりと、世界中の人びとが私生活の写真をアップして強い承認欲求を隠さない生活を送っている。そんなにおめでたいことでいいのかと文句のひとつでも言いたくなってくるほど、「つながり」に世界はすっかり夢中である。

SNSが自分の伝えたいことの伝達を小さなコストで実現できることは確かで、それまでにはなかったコミュニケーションの機会が拡大していることは言うまでもない。PRISMなどの通信監視プログラムの蒐集と分析は、Google、Yahoo!、Facebook、Apple、Skype、YouTube

といったネット上で提供している主要サービスを対象として、ユーザの電子メールや文書、写真、利用記録、通話などの情報を収集し分析することを意図している。

もちろんスノーデンが暴露した頃とは比べものにならないくらい、通信監視プログラムの仕様はもっと精度の高いものに日々変わり、アメリカだけでなく多くの国々で使われていると考えてよい。日常的にネット上でやりとりされているメッセージはどんなメッセージであっても、監視されている、あるいは監視可能な状態と考えておいた方がよいだろう。

SNSは「わたし」がアカウントをもって何かメッセージを書き込めば書き込むほど、監視システムの対象になっていく。「わたし」が自分のアカウントを有効に使えば使うほど、監視システムに従属することは避けられない。このようなことはまさに、ジュディス・バトラーが仮説として提案した「主体化=従属化」[★4]を結果的に強化することになっている。

メタデータ社会

スノーデンが暴露したように、ソーシャル・ネットワーキングという横のつながりをSNSで実現させ、監視プログラムがすみずみまで働いているインターネットは、もはや世界的な行政組織になってしまった感もある。それでも僕たちは毎日のようにメールでやりとりをして、何かとネットで検索して調べてみたりしている。そしてスノーデンがどんなに強い口調で警告しても、インスタグラムには写真が毎日億単位でアップロードされている。

そもそも「わたし」が何かを伝えようとする情報伝達という欲望は本来、「わたし」の主体性と創造性を発揮して他者に向けて働きかけることである。でも「ネット」上では、メッセージのやり取りをしたり買物をしたりといった、コミュニケーションの形式によって「わたし」が他者として対象化されてこそ、アカウントの文字列となった「わたし」は共同的な存在となる。

文字列と言えば、何事にも「わたし」の姓名の文字列を書き込むことから社会への参加がはじまることが多い。たとえば、風邪を引いてお医者さんにかかろうとしたら、まずは問診票に「わたし」の名前を書くことが求められる。「わたし」は姓名という固有名詞を書いて、自らの意志（つまり診察を受ける気になっていること）を文書化し健康保険証を一緒に出して、診察という医療サービスを受けることができる。

名前を書くこと、つまり署名することは文書化のはじまりである。行政文書などには署名などない。仮にある文書が匿名性の高いものであっても、それを記録し保存している公的な組織があれば、そこにある文書は署名がなくてもきわめて公共性の高い文書として理解される。いわゆる公文書はそういう背景でつくられる文書である。

一方、商品やお金には名前が書かれていないから、お店でお金を使って商品を買っても、「わたし」が特定されることはない。ところが、お金にも種類がある。信用を求める小切手やクレジットカードや電子マネーで野菜やお肉の貨物をして支払いをしたりすると、商品にもお金にも「わたし」の固有名が書き込まれることになる。信用で取引するということは、「わたし」の名前がお金と商品に紐づけられることを意味する。つまり、商品にもお金にも事実上名前が書いてあるのと同じになる。電子化とは主体化と従属化が同時に起こることでもあるのだ。

スーパーで買って食べてしまった豚肉やキャベツにも「わたし」の名前が書かれていて、その売り上げの情報は豚肉やキャベツのグラム数や価格といったメタデータとなりリスト化され、リスト化されたデータは見ず知らずの誰かに利用されている。そのように「わたし」が再利用されることを許容することが「わたし」の信用をつくっていく。

経済活動だけではない。「わたし」が健康診断で受診した年齢、性別、体重や血圧や血中コレステロール値あるいは中性脂肪などのデータは、「わたし」の健康をめぐるメタデータになっていると同時に、リサイクルされて人びとの健康を判断する規準をつくることにも貢献している。「わたし」の健康はメタデータでつくられているのである。あらゆる局面で、好むと好まざるとにかかわらず、そんなメタデータを基礎とすることで、交際や交換のプロトコル（規約）はできあがっている。

端末市民はそんなメタデータ社会を生きている。生身の人間から概念的に分離した人格（ペルソナ）である。その端末市民としての「わたし」が商品やサービスに紐づいてリスト化される社会。それがメタデータ社会である。★5

インターネットはメタデータとして記述され参照される形式で伝達されていることに優位性がある。「わたし」がユーザとして、映像を見るときにも、音楽を聴くときにも、そしてインターネット・バンキングでお金を送金するときにも、メタデータの精度が高いほど、確実で効率のよいネット利用ができる。一方、監視プログラムはユーザの利便性がメタデータの整備で精度が高くなければなるほど、さまざまな関係性を蒐集し分析することができる。電子的な植民地主義は精度の高いメタデータ社会をつくり上げることが必要条件となる。

「ユーザ」とは誰か——リスクと手続き

当たり前の話であるが、メタデータ社会に「わたし」の身体を物理的に置くことはできない。むしろメタデータ社会に参入することなく、身体を直接社会に介在させることは事実上不可能になってしまっている。

端末市民は身体という物理的な実態を伴わずに、買物をしたり健康診断したり連絡を取り合っていたりしている「わたし」である。こんな肉体を介さない「わたし」は、ネット上の端末市民にはじまったことではない。この「わたし」に種類があることは、太古の昔から思考されている。新しいようで、とても古い問題である。

イタリアの哲学者ロベルト・エスポジトによれば、個人を分類することはローマの時代からあって、「人間は生まれながらにして自由である」という自然権思想でも、どんな「わたし」が自由であるのかという問いはリベラリズムのきわめて古典的なテーマとなっている。肉体から切り離された「わたし」は、自由をめぐる基礎である。★6

消費という経済活動をおこなった「わたし」の名前は最終的に請求書や領収書という文書となり、「わたし」をめぐっての信用を文書に肩代わりさせる。つまり信用を得て、「わたし」は端末市民というペルソナを獲得することになる。

電子化というのは「わたし」の名前を電磁的な記録として交換できるようにすることでもある。「わたし」の名前が特定されれば、その紐づいた情報を一網打尽に獲得することに、それほど大きなコストはかからない。

記号として存在していることに自覚的であればあるほど、端末市民は共同的な存在であることを確証される。国民である「わたし」はパスポートで信用を担保しているが、端末市民が共同的な存在であることを実感できる存在となっているにもかかわらず、ネット上にパスポートなど存在しない。端末市民の「わたし」が所有しているアカウントの文字列だけが唯一「わたし」を保証している。アカウントに紐づいたリンクの集合が信用を形成し、「わたし」は端末市民というペルソナ（人格）となる。

先に挙げた「主体化＝従属化」の視点に立てば「わたし」が何者であるかを問えば問うほど、国家や共同体への帰属は強まっていくという事態が露わになる。「積極的な自由」をそうしたなかで理解しようとすると、端末市民はよく言えばもっとも「積極的な自由」を享受している人たちであるようにも思える。でも、いったん自由を履き違えると、コジェーヴの述べる「最後の人間」、つまり近代自由主義によって飼い慣らされ、快適な自己保存のために自分の価値に対する政治的な意識や闘争心を捨て、安定した（ように見える）消費社会のなかで利那的な消費者に成り下がってしまう。

端末市民というペルソナ

ここでいま一度、端末市民という「わたし」について整理しておこう。「端末市民」とは携帯やネットを利用している「わたし」という意味だけではない。あくまで概念上の市民である。ここでは、人間の特権的な存在感をできるだけ低く見積もる概念的な実験と理解しておこう。

端末市民は、肯定的に捉えると、ネット上の振る舞いとしてアクティヴィズムを発揮できる主体として考えてみることができるかもしれない。従来考えられてきた市民はあまりにも人間的で、民族や国家のアイデンティティに狂信してしまうほど人間的であるがゆえに特権的である。ここに情念を排除した主体の考え方を導入することによって、現実に向き合う新しい態度を身につけることができるようになるかもしれない。またそこから生まれる判断は、端末の機能や処理と密接に結びつき、人間の営みに密着しているものの、必ず他者（人間やテクノロジー）との相互作用によってしか生じない。したがって、ひとりよがりの妄想や偏狭なイデオロギーあるいは頑な思い込みから自由でいることができるかもしれない。

ところが資本主義を基礎とする近代社会においては、伝達の手段（いわゆるメディア）とメッセージ（伝達の内容）は資本家の所有に属している。そのため、伝達のプロセスは、資本家が提供し利用者が使用の価値を認めた物的な資本としての通信設備や、端末の手続きに依存し、伝達の結果は、利用者を支配する新たな資本として蓄積されている。端末市民はこの手続きに「便利」という実感を得ながら、否応なく意識せざるを得ない共同性に積極的な意味を見出そうとするのだ。

そもそも、こうした「わたし」を前提とした統治の機構が官僚制である。官僚制はカリスマや英雄のような個人的な魅力とは無関係に、法の手順に従って手続き的に統治を進める権力のあり方である。その制度的な根拠のひとつが文書主義である。つまり、文書で手続きの正当性を確認しながら、法律の運用を前例という事例として積み重ね、誰が手続きしても結果はさほど変わらない、普遍的で安定的に権力を維持する仕組みである。

ところが、ここにひとつ問題がある。官僚に権力者という認識がない場合である。権力を手にしている自覚がなく、決められた法律の手続きや行政・司法の決定に従ってルーティンワークをこなしているという意識が官僚を支配し、国家体制や権力の維持という倫理的な規範原理を逸脱して単純な労働の規範になったとしたら、官僚制からは支配の傲慢さや権力者あるいは主権者の実名性が無視されていることになる。官僚制における行政手続きが単純労働化し、権力を維持し歴史的闘争に参加する緊張を欠き、権力者にとって不都合な文書が改ざんされたり破棄されたりすることがルーティンワークになっていることに、それはあらわれるかもしれない。官僚制にとって、権力を行使するうえで権威を維持するために前例を積み重ねていくことは、歴史的闘争である。歴史的闘争に参加しないのであれば、端末市民も国家も同様に「最後の人間」となるしかない。

技術の社会構想力

印刷革命がなぜ「革命的」だったか。それは複製された本が知識の伝達をもたらしただけでなく、貨幣と文書が価値と信用の根拠となったからだ。その後確立する近代社会のことを考えれば、これはやはり革命的である。本はもちろん知識を伝達する形式である。でもページに書かれた文字列を伝えているわけではなく、本という物理的な形式そのものが著者の価値や信用を支えているのだ。その価値や信用を支えてきたのが印刷技術である。

聖書は単なる本ではない。伝達の能力があり、共同体をつくり上げていった。極端に言えば、書かれてあること以上に誰もが認識できる形式が重要だった。読まれるべき形式をもつモノとして存在し、流通することが社会構想力をもっていたのだった。それを利用したのがプロテスタントの宗教改革である。本の形式を信仰の基礎とすることを了承する社会ができあがり、プロテスタントの人たちのあいだで知をめぐる信用取引がおこなわれることになった。

その結果、社会構想に数え上げの原理が導入されたのである。絶対無二という「一の論理」が複数化して、その数え上げの原理はオーギュスト・コントが述べる「ソシオクラシー（社会支配）」の基礎となった。生命ある人びとを数え上げて人口と呼び、統治にとって基礎的なデータとし、「ひとつの」国民に統治するという国民国家も「一の論理」を基礎としている。

本がそうであるように、貨幣と文書は価値と信用が印刷という技術によって支えられてきた。少なくとも印刷された貨幣はむやみに誰でも発行できるわけではなく、価値と信用の根拠となった。それまでの社会に替わって信用を基礎とする社会を構想し実現することができたのだから、まさに印刷革命である。

日記や書状あるいはアルバムなどのような文書は単なる印刷物ではない。でもそれらはまさに信用の運動として、あるいは行動の証として、人びとの記憶の襞から出現するモノである。それは決して象徴ではないし、創造物でもない。モノ自体としては、歴史を示唆する霊的なものにほかならない。文化的に他者性をもったモノは「非‐他者」にならざるを得ない。他者性をもったモノが「非‐他者」に傾き、その傾きかけたモノを自己に内面化し所有すること。それが文化の歴史的闘争である。この闘争がまさに世界中のどんな国でも熱心に記述されている「国家の歴史」という運動体なのだ。

個の自己解体

インターネットによって世界中が植民地化されて官僚組織のようになってしまった状況下で、通貨と文書を独占的に発行すると同時に蒐集し、選択的に配分するという国民国家の統治機構ももはや意味を失いつつある。国家の基盤を支えてきた貨幣と文書が物理的な意味を失いつつある時代に突入しているからだ。いくら軍事力を増強したり外国と通商交渉したりしても、文書と通貨が意味をなさなくなったら国民国家は破綻するしかない。統治の最終兵器のように思われてきた国民国家という枠組みも、いよいよ綻びが露わになりつつあるのかもしれない。

このように情報という形式は緊張をもたらす。情報はきわめて抽象的かつ形式的でありながら、情報の伝達が資本流動の密度に依存している限り、情報をめぐる同時代性は心理的で政治的なものにならざるを得ない。

グローバリゼーションが進んで巨大化した多国籍資本はより大きな資本の蓄積をめざして、地域性と情報をきわめて重視している。グローバル化が進み新しい植民地になってしまったインターネットに、端末市民の「低く見積もった自我」を組み込む構想として、ブロックチェーン技術を基礎とするＤＡＯ（分散型自律組織）を考えることもできる。中央集権的な管理を排除したブロックチェーン技術を用いたデータベースを使って、通貨や文書の信用を向上させるような枠組みも現実的になってきている。ブロックチェーンにおけるパブリックチェーンの合意形成をめぐっては、とりわけ信頼性のある合意形成のアルゴリズム（計算手順）が必要となる。分散環境での合意を可能にした「プルーフ・オブ・ワーク」やその欠点を克服した「プルーフ・オブ・ステーク」などのアルゴリズムは、ブロック（ＡからＢに仮想通貨を送金といったメタデータの集合）が生成されるたびに、すべてのノードによって取引記録を検証され、その正当性を担保しようと協調的に認証する。さらにＤＡＯという組織原理はブロックチェーンの中身を誰もが参照できるという公共性をもち、その正確さも保証されている。そのため、ノード同士による信用を自動的に合意形成することもできる。改ざんはおよそ不可能で検閲に対しても抵抗力がある。こうした地域性の強い取引やコミュニケーションは、現在直面している社会課題を解決する方法を確立する上でもますます重要性を帯びてくるはずだ。

このように僕たちはいま、新しい技術と組織原理を導入して新しい信用の時代を築こうとしている。そのために「強い個人」を基礎とした近代を人称問題という点から問い直すことに、まずは着手しなければならない。それは言うまでもなく、近代社会が頑迷に維持し続けてきた個の刷新にほかならず、そこから新しい端末市民のコスモポリタニズム（世界市民化）が構想されるはずである。

註

★1　J・リップナック、J・スタンプス（正村公宏監修、社会開発統計研究所訳）『ネットワーキング　ヨコ型情報社会への潮流』プレジデント社、一九八四年

★2　デヴィッド・グレーバー（酒井隆史訳）『官僚性のユートピア　テクノロジー、構造的愚かさ、リベラリズムの鉄則』以文社、二〇一七年

★3　エドワード・スノーデン（山形浩生訳）『スノーデン　独白：消せない記録』河出書房新社、二〇一九年

★4　ジュディス・バトラー（佐藤嘉幸、清水知子訳）『権力の心的な生　主体化＝服従化に関する諸理論』月曜社、二〇一二年

★5　Claudio Cellist, "The Mechanic Temporality of Metadata," *tripleC*, 13 (1) : 101–111, 2015. Also Available at http://www.triple-c.at (Access on September 12, 2021)

★6　ロベルト・エスポジト（岡田温司監訳）『三人称の哲学　生の政治と非人称の思想』講談社選書メチエ、二〇一一年

第七章　痕跡を消せ　メディアエコロジーの条件

近代理性の「沸騰」

人間の狂気や愚かさあるいは弱さが暴露され、それに芸術が向き合った時代。それがいわゆる戦間期にあたる一九二〇年代から一九三〇年代の前半にかけての時代である。近代理性の限界や近代社会の構造的な矛盾に知識人たちが向き合い、[★1]さまざまな「反《アンチ》」の運動が起こり、前衛的な文化や芸術の先駆となった時代でもある。そうした時代精神を、ジョルジュ・バタイユは「沸騰」状態に喩えた。[★2]沸騰が極まってしまって、人びともろとも蒸発してしまうのではないかと危惧しても不思議ではないような時代でもあった。その不穏と不安に満ちた時期を、同時代で共有したベルトルト・ブレヒトは以下のように表現している。[★3]

仲間とは駅で別れろ、
朝、街にはいるとき上着のボタンをきちんととめろ、
ねぐらを探せ、たとえ仲間がノックしようとも、

開けるな、いいか、ドアは開けるな、
それよりまず
痕跡を消せ！

ブレヒトの「痕跡を消せ」という運動が実践的に追求したのは、既存の共同体を超える共同体を構想し、その場における主体のあり方と向き合う運動である。それは政治的な運動であると同時に、前衛的な芸術行為でもあった。

近代社会の論理が資本主義の原則に寄り添いながら積み重ねられ、その発展のモデルが至上命題となってきていた。世界中を巻き込んだ全面戦争が起こるという狂気の現実に初めて直面して、その至上命題が矛盾に満ちていて、分断をもたらす原因となっていることを多くの知識人が指摘し始めた時期でもある。その矛盾や亀裂あるいは不信は、近代的な個人（主体）としての人間観やそのような個人の集まりとされる共同体の考え方、さらには近代理性に対する批判として噴出した。このようなブレヒトやバタイユが向き合った問題、とりわけ「反・資本主義」に関連する諸問題が現在の状況にも接続しているのは言うまでもない。

近代社会とは自己と他者という差異でさまざまな緊張を想定せざるを得なくなった社会である。中心と周縁、都市と地方などあらゆるさまざまな空間概念上の対立関係が、この緊張関係に還元されるようになった。

資本主義を加速させ拡大させる資本家や投資家などにとっても、この緊張関係は重要な資源である。多くの資本家や権力者は自らの資産の価値の最大化を図り、世界中の緊張関係に食指を動かす。緊張関係をもたらす空間的要素（地理的な隔たりや資本密度のばらつき）が、資本の価値に直接影響するからだ。資本家にとって、緊張関係そのものが重要な資源なのだ。情報化とは、そのような緊張を緩和するものではなく、拡大するものであり、その源泉でもある。情報とはまた信用とは他者との緊張関係を計る指標であり、その指標が市場を支えている。情報とは緊張の遺伝子なのである。

緊張の遺伝子を合理的に収集し市場原理に合わせているマスメディアは、「情報産業」という用語が示しているように、いまや世俗的な権力である。一方で、インターネットによって、これまでの権威や権力が変容を迫られているだけでなく、もちろん、政治権力もマスメディアもその態度表明や意志決定のあり方に変容が迫られている。

絶対王政的な権力の集中が解体・分散し、「民主的」を原則とする国民国家の匿名化した官僚機構が根づいたように、インターネットによって見かけ上は権力や権威が変容しても、新自由主義の経済合理性を優先する自由が強調され過ぎて、インターネットそのものが巨大化し匿名化した官僚組織となってしまう危険性もある。結果的に、経済的な自由が拡大すればするほど、人びとのその自由に縛られるという皮肉なスパイラルに陥っている。

インターネットは相互作用《インタラクティヴ》をコミュニケーションの原則とする。そこから生じたのが、誰がインターネット上のデータをどのように観ているかという行動履歴に経済的な価値を見出す広告収入のモデルである。視聴率という言葉に象徴されるメディアにおける広告収入の収益モデルはとても古いものであるが、スケールとスピードという点でインターネットに優位性があるのは間違いない。インターネット上の情報は緊張の遺伝子としての要件を備えてしまうと、真偽や正誤に関係なくスケールとスピードをもってしまうため、フェイクニュースであっても、経済的な価値が最大化されてしまうことになる。

フェイクニュースですら経済的な価値をもってしまうインターネットにおいては、情報のフローのスピードとスケールだけが事実上世界の解釈モデルとなる。すべてがスケールとスピードで評価されてしまうことになる。このような「世界の極端なアメリカニゼーション（アメリカ化）」によって事実上親密圏が否定されてしまうと同時に、従来の関係もインターネットに誘導されて再構築される。そして、この関係の変化は、地図的な想像力はもとより、地理という考え方そのものの否定でもある。郵便には空間の隔たりを克服することが実感できたが、電子メールを備えたインターネットには時間や手間の短縮を感じさせることはあっても、空間のメタファはかなり後退している感が否めない。

空間の隔たりを郵便や交通で克服してきた近代化のプロセスにあって、旅は、破綻と飛躍を内面化しながら他者の言語を翻訳し文化を読み取ることだった。空間のメタファが後退しているインターネットのスケールとスピードは、この翻訳をめぐる飛躍と破綻を否定することになる。

インターネットを誕生当時から支えているTCP/IPやHTTP（Hypertext Transfer Protocol）といったプロトコル（規約）は、研究者たちの日常で生まれた技術である。この生活の知恵のような技術は、当時としても刺激的で世界に影響力を及ぼしてきた。それまで生真面目に論じられてきたコミュニケーションのあり方を、劇的に一変させてきたのだから。さらに問題なのは、そのインターネットのあり方が今後未来永劫普遍化してしまうといった幻想が拡大し、資本流動や信用拡大が進んでいることである。一九九〇年代後半以降の世界の経済は、まちがいなくインターネットバブルが何らかのかたちで支えている。二〇一〇年代に入ると、HTTPよりももっと刺激的な、ブロックチェーンなどのプロトコルで通貨そのものがデータそのもので取引されるような事態にもなって、もはや国民国家の根幹を脅かすようになっている。インターネットの技術革新がこれまでの成長モデルを肩代わりするように語られている。そして、インターネットは経済成長のモデルであることが最優先され、もはや言論のプラットフォームとは言えなくなっている。

さらに厄介なのはグローバリゼーションという名の新自由主義である。さまざまな抵抗運動が展開されてきたにもかかわらず、資本主義という妖怪は日々地球上に圧倒的な支配力を広げ続けている。この妖怪はインターネットによってもたらされる非対称性をふんだんに利用し、さらに情報という緊張の遺伝子をインターネットで食い尽くしながら、グローバリゼーションという名の新自由主義でほぼ地球のすべてを制圧している。

かつて『一九八四年』で、完全にSF的なネゲントピアとして描かれていた密告監視型社会は、公権力と大企業の企業統治が結託したSNSの普及によって、ほぼ完璧なかたちで事実上実現されてしまっている。SNSを通じて自由に直接議論を交わすという理想は完全に幻想であることが証明されつつあり、SNSで発表された公権力の方針や大企業の思惑に対して、SNSで批判したところで大した抵抗にはならなくなってしまっている。むしろSNSで承認欲求を充足させる行為が企業の個人情報収集の狩り場になっていたり、政治権力の統治に利用されたりする。

SNSのソーシャルは確かに、新しい社交のかたちをつくった。「わかった気になっている集団的知性」や「馴れ合いのソーシャル」あるいは「フラット幻想（お友だち社会）」といったインターネット上のアプリケーションとして普及した「ソーシャル」というコミュニティは、新しい社交のかたちとなり世界中の人びとを夢中にさせている。その一方で、社交そのものをすっかり新自由主義に売り渡してしまったとも言える。

なかには、SNSでごく簡単に声を挙げることがきっかけで、内部告発が大きく拡散されて社会問題化し、#MeToo運動（二〇一七年十月）のように告発や対抗運動に大きな影響力を与えることもある。そういったSNSでの告発によってセクハラやパワハラあるいは大企業の不祥事が暴露され人びとが知るところとなって、さらに既存のマスコミが騒ぎ立てることによって社会問題として拡大する事態も珍しいものではなくなった。それまで表に出にくかった、いびつな権力関係や日常のなかに埋没した暴力が公衆の目にさらされ、公共の場での告発や論議につながる可能性が飛躍的に拡大するようにもなっている。

とはいえ、これも見方を変えれば、密告監視型社会がたまたま効用としてあらわれた例に過ぎないとも言える。そしてこれが悪用されると、権力による相互監視や密告を強める道筋を易々とつくってしまうことにもなりかねない。技術的には、市井の人びとの通話や通信を一網打尽に手に入れることは容易に可能になってしまったため、統治の基盤としての密告監視体制は事実上完成していると言ってよい。

インターネットへの接続状態がある種の市民権のようになっていて、この接続に対する強迫観念から自らの身体を解放させることは事実上できなくなっている。ある種の依存状態である。関係はすべてスマホやSNSのなかにあるのではないかと勘違いしてしまうほど、その「接続状態」は日常的に不可欠なものになっている。いわゆる「ネット社会」に老若男女の人びとを巻き込んでいるのは、相互作用に基づく「社会関係」が、このスマートフォンのなかでは生き生きと闊達な活動場所を与えられているように思えるからであろう。画面のなかのアイコンやアニメーションそのものが、何かを知らせたり知らされたりしているだけでなく、銀行口座の残高に嘆いたり金融商品を購入して資産を増やしたりするツールにもなっている。ゲームで興奮したり、SNSのグループチャットで一体感や疎外感を覚えたり、もはや私たちの社会そのものとなっているように感じられている。

こう考えると、ここで言うソーシャル・ネットワーキングとは、何よりもまず、「関係」や「つながり」のシミュレーションを通じて、「社交」のあり方をマネタイズしたり監視したりするための構造のようにも思えてくる。そう考えると、興奮や没入を伴う接続状態が表現の可能性を拡大して「つながり」を強くしているはずなのに、表現をめぐる抑圧や統制が進んだり、さまざまな分断が深まる理由もわかるような気がしてくる。

ネット社会は伝統的な社会システムや習慣が解体されていく社会でもある。全体主義発生のメカニズムにおいては、技術的な仕様書を書くように、知覚や情感などを統合化できるようになっているのだろう。こうした状況下にあって、問題は統治の基盤として密告監視型の体制に対抗するような、有効な手段なり方法なりがあるかどうかである。切断はある種の対抗になるのか。対抗できるとすれば、どのような切断が有効なのか。こうした問いに少なからず向き合わなければならなくなっている。

興奮や没入の正体

それにしても、「社交」のあり方を監視したり抑圧したりすることがわかっていても、なぜ「ソーシャル・ネットワーキング」は世界中の人びとを夢中にさせているのだろうか。あえて簡単に言うと、承認欲求の充足や成功体験の獲得があまりにもそれまでのものとは異なった、新鮮な陶酔《エクスタシー》をもたらしているからである。

その差異をもたらしたのは、間違いなくコンピュータ・パワーを基礎としたデジタライゼーションである。あらゆる事象や現象がデジタルデータとしてコンピュータの処理対象となるにつれて、高速計算、シミュレーション、視覚化、データの保存と流通という四つの点で技術革新が進み、コンピュータは圧倒的な能力《パワー》をもつようになった。この四つのなかでも、とりわけ視覚化、データの保存と流通、シミュレーションという点を、社会の構造としてシンプルかつ洗練したかたちでまとめたアプリケーションがSNSである。その名のとおり、ソーシャル、すなわち社交のあり方をシミュレーションし、リアルタイムで更新できるかのように視覚化することで、現実の社交のあり方にまで影響を与えるようになった。

視覚化を伴った社交の更新であるSNSが、スケールとスピードを増大させるにつれて、リアリティ（現実感）がシミュレーションの方に飲み込まれ、現実はスマホやパソコンの画面に貼りついてしまった。

別にこれは不思議なことではない。そのSNS上の社会（ソーシャル）がシミュレーションにすっかり組み込まれてしまったからだ。その結果、人びとはもはやスピードとスケールに陶酔してしまい、日常的に興奮と没入が繰り返される。興奮と没入の正体、それはスピードとスケールにほかならない。

こうしたスピードとスケールの興奮と没入に導かれて、多くのユーザが同質性の強い社交のあり方に取り込まれてしまっている。SNSがつくっている公共的な側面から考えると、ユーザアカウントには擬人化された個人のリスクがべったりと貼り付いている。SNSに写真をあげてプライバシーの一端を公開するときも、銀行のアカウントで送金するときも、ECサイトのアカウントで本や洋服など購入するときも、あらゆる行為にまつわるリスクはユーザが負っている。きわめてアンフェアな関係を前提にした経済的な取引である。

そもそもネット社会に接続することそのものも、アカウントという記号化され擬人化された個人としてネット社会のメンバーとなっているのだから、人間の存在感はデータとして抽象化されている。裏を返せば抽象化され差異化されることで、さまざまな興奮と没入がもたらされているとも言える。

この抽象化されたデータの洗練度が上がるにつれて、それまで目にすることのできなかった現象や状況の視覚化が飛躍的に向上することとなった。たとえば、医療診断での画像や映像の利用はその抽象化の賜物である。その結果として世界中の多くの人たちの命を救ってきた。

また資本や労働をめぐって、日常的な業務の受発注、会計処理、人材募集や投資、資金調達など、それまで組織でしか処理できなかった多くのことが、SNSやスマートフォンなどの普及によって個人単位でも可能となっている。

こうした肯定的な側面に比較して、データとしての抽象化が洗練されればされるほど、人間の行為や関係、あるいは共感や情熱も部分的に操作や処理のプロセスに取り込まれてしまう。また、過去の履歴やデータの蓄積に基づく差分で処理速度を上げるような技術的なソリューションも多い。画面上では大きな変化が起こっているように見えても、実際にはちょっとした差分や時間差の処理によって、そうした効果が得られているように処理されているものも少なくない。差異が情報を生産するのだ。

ウィキペディア（Wikipedia）やまとめサイトあるいはウェブニュースで得られた「情報」は差異を起源としている。さらにそうした情報の獲得には、ユーザの個人情報が貼り付いている。本を読んで考えたり、新聞や雑誌で最新の情報を獲得したりしたとしても、読者の個人情報を新聞社や雑誌社が知ることはない。しかしながら、ウェブ上で世界中に配信されているニュースで情報を獲得しているということは、逆に言えば世界中に個人情報を公開しているのと大した違いはない。ウェブ上でのビッグデータは、個人情報を吸い上げる仕組みが開発されてはじめて成立した、インターネット上の巨大市場の基礎である。

さらにこの個人情報は市場に収奪され、巨大な企業がさらに巨大化するエンジンとなっている。ウェブサイトを快適に閲覧するうえで、Cookie（クッキー）という技術が重要な役割を果たしている。Cookieにはユーザがウェブサイトを閲覧した記録、たとえばアドレス、日時、回数など、さまざまな内容が記録される。Cookieによって、ウェブサイトのアクセスを早めたり操作の手間を簡略化したり、さまざまなサービスの提供を可能にしたりすることに大いに役立っている。実際、Cookieを有効にしていないと、サイトそのものがうまく表示されなかったり、買い物ができなかったりという不便も生じる。インターネットバンキングの多くもCookieが有効になっていないと使用できない。

Cookieは利便性を向上させている反面、個人情報をさらしてしまう装置としても働く。Cookieを使えば買い物の履歴や、ユーザの関心や話題などをウェブサイト側が知ることができるので、企業のマーケティングの解析にも大いに使われている。企業はユーザがインターネット上で何を閲覧しているかという傾向や動向などの情報を得て、効果的に広告を出稿したいと考えているからだ。

個人情報を収集することを目的としたトラッキングCookie（Tracking Cookie）というCookieがあらかじめ埋め込まれているサイトは、主に広告の配信事業者がウェブサイトを閲覧するユーザの訪問履歴を追跡し記録するために用いられている。つまり、膨大なユーザの訪問履歴を欲しい企業や団体、あるいは警察や政府・自治体に提供することも事実上できるのである。

そもそもユーザがインターネット上で使っているお金（電子マネー）やクレジットカードには個人情報がべったりと貼り付いている。たとえば、現金で物やサービスを購入した場合、お金（紙幣やコイン）には名前が書いていないので、個人の情報が行き交うことはない。ところが、クレジットカードで購入する場合やサイトに登録して何かを購入する場合には、個人の信用情報を担保に物やサービスと交換している。つまりお金に名前が書いてあるのと同じになり、取引には常に個人の情報が行き交うことになる。いわば、個人情報で取引がおこなわれていると言っても過言ではない。結果的にごく一部のデータやプロセスは視覚化されているものの、個人の情報がどのようにやりとりされているかというプロセスは、消費者側からはまったくのブラックボックスとなっている。

このように考えると、もはやインターネットはブラックボックス化した資本市場となっている。視覚的には公明正大な言論サイトであっても、それらはすべてスピードとスケールが伴った資本市場の餌食になっている。SNSの承認欲求の充足や成功体験の獲得にしても、スピードとスケールを伴った新しい陶酔として日常に侵入してきたのである。SNSで一喜一憂すればするほど、パケットを消費し自らの欲望を個人情報つきで資本家や権力者にむざむざと提供しているとも言える。

消費の利便性が向上する一方で、ハンドルネームやユーザアカウントで本名が匿名化されつつ、個人のネット上の行動は丸裸にされている。逆に言えば、個人はユーザとなってネット上で疎外されることでしか、利便性を享受することはできなくなっている。

加速と反動

ここまでインターネットに疎外されている状況にあって、「人間的」とか「民主的」などといったことを考えていると効率が悪いので、そんな考え方などさっさとやめてしまい、「スピードとスケールに身を任せ、興奮と没入を享受していた方が楽ちんじゃん」といった考え方も登場している。

来るべきものが来たかという感じであるが、それは加速主義あるいは新反動主義(Neoreactionary Movement)とも呼ばれている。ある意味、啓蒙主義へのアンチテーゼでもある。啓蒙主義以前に戻ることがどれほどの意味をもつのかわからないけど、加速主義または新反動主義は反民主主義的かつ反動的な運動を展開する。その点では、支離滅裂な哲学的言説を振り回すニック・ランド[★4]より、ピーター・ティールの方がはるかに説得力のある論を展開している。PayPalの創業者で、そうした加速主義あるいは新反動主義の先導者のひとりであるティールは、自由主義と民主主義はすでに相容れないものになっていると述べ、[5]もはや国民国家も効率の悪いものとして否定し、根底的な社会変化を引き起こすために、資本主義制度、あるいはそれを歴史的に特徴づけてきた技術的プロセスを、あえて拡大し、再利用し、加速するべきだと主張する。リバタリアンの極致である。

ティールだけでなく、新反動主義者はフランス革命以降に維持されてきた民主主義などを効率の悪いシステムだと否定し、民主主義を前提としない「消極的な自由」を理想化するリバタリアニズムを理想化する。[6]極端なものになると、社会的ダーウィニズムのような選民思想丸出しな意見もあったりする。その一方で、これを踏襲するサイバーリバタリアニズムは七〇年代のカウンターカルチャーやヒッピー文化、それを継承したシリコンバレーの起業家たちの考え方とも共鳴し合ったりもする。現在のシリコンバレーを闊歩するエンジニアや起業家、投資家あるいはベンチャー・キャピタリストといった人たちのなかにも、新反動主義に共感する人たちが少なくないのは、そんなことも影響しているのかもしれない。

確かにサイバーリバタリアニズムを生んだインターネットは資本主義全体、いやすでに世界をおおいつくす原理となっている。しかしながら状況全体を、ひとつの原理でまとめようとすると、当然ながらそこからこぼれ落ちたり疎外されたりするものがあらわれてくる。その排除されたものを、加速主義や新反動主義はあっさりと見捨ててしまう。

加速主義や新反動主義は知識と富のある者こそ世界を統治する資格があるとでも言いたげ

な歪んだエリート意識を随所に見え隠れさせつつ、資本主義のスピードとスケールに隷従しながら勝ち組の新しい秩序をめざすことを提言している。つまり革新や進歩とセットになって考えられてきた市民社会とか国民国家を否定することはもとより、優生思想に基づく強者による支配、現在であれば巨大企業四社ＧＡＦＡの企業統治による世界秩序を自然秩序として位置づけてもよいのではないかという考え方だ。その行き過ぎた強者の論理は、暗黒啓蒙（Dark Enlightenment）と呼ばれても仕方ないほどの元も子もなさである。

元も子もないという点では、暗黒啓蒙は自由をめぐる考え方に対しても徹底的に利己的である。サイバーリバタリアンにとって自己の自由を追求することは、他人の自由を尊重することとは基本的には切り離されて然るべきだと考えている。この優生思想にはレイシズムを呼び込む危うさもある。いわゆるAlt-rightは白人至上主義と関連づけられて語られることが多いが、新反動主義は、能力・知能差別に力点を置いている。単なる人種差別ではなく、優生思想や社会的ダーウィニズムにつながり、悪質な差別の根拠になってしまう危険もはらむ。にもかかわらず、サイバーリバタリアンたちが棲む森、つまりサイバーリバタリアン専用の掲示板では、新しい自然秩序のパラドックスが尽きることなく語り合われている。

サイバーリバタリアンたちが言うように[★7]、確かに民主主義は非効率である。でも非効率であるからこそ、さまざまな権利を白日のもとにさらし、より多くの人たちにその権利の大切さについて考える時間を与えてきたという面を忘れるべきではない。その非効率な民主主義は一国の政治体制に留まらず、国連や条約機構など国際政治の舞台でも発揮されてきた。フアシズムのような独善的な考え方が一気に加速して走らないようにするための具体的な方法として、二十世紀後半から二十一世紀の前半にかけて、非効率な民主主義が第三次世界大戦を辛うじて食い止めながら「世界」をつくってきた。

さらには意見を取り入れて変革を起こすという点でも、民主主義は決定的な役割を果たしてきた。近年では、マイノリティ（女性、人種的少数派、同性愛者など）にそれまで認められなかった自由を与え、セーフティネットという考え方を社会に定着させ、社会保障制度（健康保険や貧困層による医療）による医療や福祉の恩恵に浴することができている。貧困や環境に対する取り組み、宗教的な寛容と人種的統合の進展、犯罪率の低下なども、加速を抑止する非効率な民主主義の賜物である。

一般的に、自由主義と民主主義はセットのように思われがちである。でもティールが言うように、両者は民主主義に絶望したリバタリアンが新たな自由を求めて新反動主義者になったと言っても不自然ではないくらい、相性はよくはない。「積極的な自由」を追究しているうちは、自由主義と民主主義とのあいだは一応相互補完の関係を維持できるが、（リバタリアニズムのように）いったん自由を極端に理想化して国家の干渉などをすべて排除した自由を追究しようとすると、途端にお互いの関係がぎくしゃくしてくる。個人的な自由を追求するのがリバタリアニズムだが、元々リバタリアニズムは民主主義には否定的で、むしろ無政府主義へ向かう。サイバーリバタリアニズムにとっても、民主主義は宗教と同様に、自由を究極まで究めようとすると民主主義は制約でしかないのである。サイバーリバタリアンの荒唐無稽さを深読みすればするほど、また民主主義と同じくらい、自由を自由に論じるのは自由に縛られる。それが自由について論じることの難しさでもある。

当然ながら加速主義や新反動主義も、新自由主義を背景にしたサイバーリバタリアニズムとも言える主張である。経済的な自由の原理こそ、近代自由主義の中心的理念に据えるべきだと主張し資本主義の体制下で自由を論じようとしている点では、とりあえず経済成長や経済的な繁栄をきわめて重視した考えである。

サイバーリバタリアンたちの脱国家や反権力は、君主的な統治を理想とする保守主義である。一見、過激な思想にも見えるが、実は強者の論理を維持する保守的な思想にすぎない。その考え方も、昔からあるテクノユートピア的な発想あるいは、ハッカー思想を生んだカウンターカルチャーとそれほど遠くない。いわば、保守の歴史修正主義とも言える。

陶酔と動員

現実の経済的な状況がインターネット抜きでは立ちゆかなくなっている状況を考えると、世界中の人びとがインターネットの奴隷になっているとも言える。「いいね！」という承認欲求はただの心理的な充足ではなく、個人を金融化あるいは資産化することも一般的になってしまった結果の「なれの果て」であるとも言える。「公的な場」もいまや市場という意味に近くなってしまっているのかもしれない。

「公的な」あるいは「公共的」を意味する「パブリック」には、「人びと」という（名詞の）意味もある。その「人びと」が国民や市民に派生しているとも言える。

そもそも「人びと」は出版（Publication）に由来する。出版という表現の形態が読者をつくり、その読者が「人びと」という社会集団の基礎となった。血縁や地縁を超えた社会という交際のあり方すら、出版を通じた学習効果にほかならなかった。「パブリック」をつくってきたのは、「知る／伝える」プラットフォームとして「人びと」が信頼してきた出版だったのである。

世界が国民国家の集合体であることがある種の信念として認識されている。この国民国家という概念的な共同体も、出版を基礎に形成された。そう述べたのがベネディクト・アンダーソンである。アンダーソンが国民国家をうまい具合に「想像の共同体」と呼び、国民、すなわち人びとを国家との関係で想像させたのは、ほかならぬ出版であると説明したのである。

さらに言えば、出版は大量生産という点では生産者にも消費者にも資本主義を学習させることになった。資本主義も出版を通じて生産者や労働者あるいは消費者という「人びと」をつくり、近代の社会を準備したのだ。さらにもうひとつここで付け加えておくと、テクノロジーがもたらした世界の拡張については、どこかで頭に入れておかなければならないだろう。貿易という点では航海術を基礎とした交通の概念が大きく寄与していることは言うまでもない。印刷術や航海術というテクノロジーが「人びと」をつくり、さらに蒸気機関という力の論理が「人びと」がつくられるスケールとスピードを大きく躍進させ、本格的な資本主義の時代を準備することになったのである。

「人びと」を束ねる原理や原則もさまざまなものが考え出された。「人びと」を束ねる規範によって、共同体がつくられ、それぞれの公共性ができあがることになる。「階級 Class」や「階層 Hierarchy」はそれぞれの資源をめぐる利害によって「人びと」が分岐した結果である。その「人びと」を束ねる原理・原則として、強力な理念的なオーラを発したのが自由という観念であった。

もはや経済的な側面が避けられなくなっている自由をめぐる議論[★8]において、徹底的に資本主義的な原理を排除して、自由を正面切って哲学的な言説で論じようとしたのがハンナ・アレントである。反資本主義を貫いている点では、いまとなってはかなり異質な自由論となっている。アレントは自由を論じるうえで「能力」を問題視する。自由になるため、というよりも「自由」でいられるためには能力が必要となるという主張である。自由をめぐる議論で「能力」をもち出されると、かなり意表を衝いたアプローチのようにも感じるかもしれない。しかしながら、いまの世界でヒトが人間らしい個の振る舞いを発揮し、政治が正常に機能するためには、能力を問わなければならないと古代ギリシアの都市国家（ポリス）をモデルに論じている点はかなり興味深い[★9]。自然や人間との関係に向き合う能力が、「公共性」や「公共空間」といった概念を成熟な議論にすると主張した。

ところが、インターネットというネットワークは、「公共性」や「公共空間」といった公的領域を根底から破壊してしまっている。もちろん、ネットワークとそれをプロトコルとしたコミュニケーションは近代が進むにつれて成熟してきた抽象思考の産物である。その抽象思考の産物である情報という形式が、それまでの幾何学的な想像力を大きく超えようとしているわけだから、ここではいささか遠回りになるが、情報という抽象についても改めて論じておかなければならないだろう。

「公的領域」の成立

インターネット上では、いわゆる情報の伝達が四六時中おこなわれ、数多くのネットユーザが緊張の遺伝子を増殖させている。先にも述べたように、情報の伝達がスピードとスケールを高めるにつれて、情報はもはや緊張をもたらす形式となる。欲望を喚起したり、知的な好奇心を揺さぶられたりするという意味で、情報は欲望や好奇心をめぐる緊張がきわめて合理的に抽象化された形式である。また、情報の伝達形式（コミュニケーション）が資本流動の密度に依存しているので、情報そのものはきわめて心理的かつ政治的な形式としても働く。それは戦争という政治形態において、もっとも顕著にあらわれてくる（その際の「情報」は、「戦略（Intelligence）」と呼ばれる）。先に述べたように、他愛のない日常的な人間関係すら、緊張の遺伝子を増殖させることに利用され、そのすべてがビッグデータとして資本化されている。

このように資本化されてしまったインターネットの「公的領域」を論じるために、ここで、社会的な空間概念としてのネットワークに注意を払っておこう。

交通や情報通信のネットワーク化は、移動や交換、交通、生産、消費などに必要なコストを暴力的なまでに小さくしてきた。それによって親密圏による差異が政治や産業に応用されることは必然的であった。この文脈で言えば、距離とはメッセージの到達時間の閾値である。メッセージの経路が変われば、閾値は変化する。

ローマ帝国は時間の征服者である。メッセージが到達する閾値が、そのまま支配を及ぼすことのできる空間であった。そのローマ帝国にあって、コロヌスという役人の果たす役割はきわめて大きかった。いわば、コロヌスがメッセージの伝達そのものを握っていた。メッセージが伝送される時間を媒介する役割を担っていたからだ。コロヌスがコロニアル（植民地）やコロニアリズム（植民地主義）の語源であることは言うまでもないが、コロニアリズムとは、空間を占有するイデオロギーである以前に、時間（コロニウスが帝国のメッセージを伝達する手続きの数）をコントロールしつつ支配する方法論でもある。空間の支配は時間（手続きの数）をコントロールすることなくして成立はしないのだ。時間を制御することができれば、空間の統治は安定的に可能になる。ネットワークはいわば、「空間の統治＝時間の支配」を下部構造として実現したものである。

その「空間の統治＝時間の支配」という考え方は、近代になってからさらに先鋭化する。国民国家の起源は標準的な時間を設定することによって決定的になった。現在でも用いられている標準時という標準的な時間の指標は、鉄道の運行がもたらした副産物である。鉄道は産業革命や市場経済のシンボルであると同時に、鉄道のネットワーク化は単に移動の時間を大きく短縮させただけでなく、標準時という時間の指標を人びとに内面化させ、結果的に国民国家を完成させたのである。国民国家という概念的な空間は標準的な時間を掌握することによって決定的となったのだ。

鉄道のほか、道路、経営、労働、放送あるいは通信といった「空間の統治＝時間の支配」を可能にするネットワークは、メッセージの伝達時間を最適化する役割を担うと同時に、時間をコントロールすることそのものが世俗的な権力とそれが及ぶ空間を定義し、資本主義の基盤を強固なものにしていった。世俗的な権力としての国民国家の信用は、標準的な時間の獲得とともに確立したのである。極端に言えば、生命を維持するネットワークとしての社会という考え方も、世俗的な権力の一覧形態であるとも言える。

このように国民国家の国民経済における価値形態は時間から生まれる。その結果、経済政策や産業政策は、最適な解（最も小さな手続き数でゴールに到達する方法）を発見する最小経路探索問題となったのである。公的領域あるいは公共性という概念は、世俗的な権力という文脈で、時間を支配することから巧妙に利用されてきた。領土という考え方も、統治の手続きが及ぶ範囲だと考えれば、手続きの数や手間という意味では時間の問題である。つまり、領土という空間とは時間という手続きの数に依存し、支配の及ぶ範囲と理解しておくとよいであろう。

そう考えると、インターネットは手続きの数そのものがスピードであり、スケールであるため、インターネットは最小経路探索問題となることで、公的領域や公共性をあっという間に呑み込んでしまったということにもなる。

二十世紀後半になって登場したインターネットは、資本主義という最小経路探索問題にとって究極の解答となった。この解答はあっという間に資本主義に圧倒的なスピードとスケールを与えたのである。

言論未満

資本主義に圧倒的なスピードとスケールを与えてしまったインターネットにあって、ネットユーザはさらなる社会関係に従属してゆくことになる。それがＳＮＳの「ソーシャル」である。メディアとしてのインターネットが「ソーシャル」という話法を得て、決定的にネットユーザの従属化をさらに更新してゆくことになった。

いま「ソーシャル」がある種話法であるとつい述べてしまったが、この話法とは、いわゆる一般的に「つながり」と呼ばれる約束事《プロトコル》である。「フォロー」とか「友だち」と呼ばれる「つながり」が資金集めを通じた共同体構築事業であるクラウドファンディングがひとつの言論や意思表示となっているように、「ソーシャル」という話法、「クラウド（群衆）」として組織化されることになった。

これによって、インターネットにおける言論のあり方にも変化が見え始めた。これを話法と呼ぶのは、ＳＮＳにはそれまでは違った言語感覚や視覚表象が、「つながり」という約束事《プロトコル》に応じてできあがっていったからだ。

ＳＮＳの「ソーシャル」はおそらく、ブログというネット上の日記を共有あるいは公開することを前身としている。

ブログの公開が仮想の言論空間のような様相を見せ始めたころ、識者はそれを「ブログスフェア（ブログ空間）」と呼び、それまでにない言論の空間としてもて囃し始めた。その延長線上に登場したのがSNSである。ネットユーザのなかには「ブロガー」と呼ばれる、独特な言論人が出現した。当初は言論人としての地位を得ていた「ブロガー」もいたが、次第にネット上の市場に取り込まれて、この言論人は広告収入を得ながら影響力をもつ、いわゆる「インフルエンサー」となった。

当然ながら、「ブロガー」にとっていわゆる「パブリック」としての公共性はそれまでのものと決定的に違っていた。「人びと」も異なっていた。表現にかかるコストが極端に小さくなり、世界中の人たちがそれまでなく、表現し始めた。表現の実態が変われば、当然ながら公共性が変わり、公共性が変われば権力のあり方を大きく変えてしまう。LANの相互接続によって拡大したネットワークであるインターネットが、国別のIP制限を可能にした時点で、決定的に統治のツールとなってしまった。

ガブリエル・タルドは近代社会の特徴として、労働者、視聴者、ユーザ（利用者）といった「公衆」に注目した。組織集団は群衆と異なり、組織化されており、階層構造を有し、恒常的に持続して存在する。ジュディス・バトラーの言う「主体化＝従属化[★10]」が進むのも公衆の特徴である。タルドが具体例として挙げている国家や工場や軍隊と同様に、インターネットはもはや固定的な組織集団であり、ネットユーザは公衆にほかならない。ネットユーザとしての主体性は、ロベルト・エスポジトが述べるように「つねに服従と主体化という二重にして同時のプロセスのもとにある」[★11]のだ。

ところが、国家や工場や軍隊とは異なって、「ソーシャル」を運営する資本家やそれを政治的に利用しようとする権力者はインターネット上の公衆を、群衆のように泳がせてデータを収集し、そのデータを二次流通させることを目論む。ネットユーザは必ずどこかで個人情報を収集されることを強いられているので、群衆のように振る舞えば振る舞うほど、結果的に「主体化＝従属化」を強めてしまう罠にまんまと陥ってしまう。

当たり前のことだが、人間は人間である以上、一人ではあり得ず常に複数の「現象」である。アレントはこの当たり前のことに政治的な人間としての要件を求めた。出版が近代の「人びと」をつくる以前から、人間の活動は「人びと」という複数性を宿命としているのだとし、[★12]アレントはこの複数性（plurality）という点から公的領域について思考した。複数性が人間としての普遍的な真理である以上、〈政治〉とは複数性を真理として、言論を通じて共通世界をつくり続けることだとアレントは位置づけた。資本主義のなれの果てとして誕生したインターネット上の「ソーシャル」は、はたして共通世界となっているだろうか。

言論を駆使すればするほど、資本主義に隷属して権力者の利にしかならない点で、もはやインターネットは共通世界ではなく、ネット上の言説は言論未満の情報に過ぎない。先にも述べたように、情報という抽象は緊張の遺伝子である。多くの「いいね！」やリツイートといった反応を得ることによって、共通世界が公的に承認され共有されたかのごとき幻想が拡散してしまう状況を、ほとんど人たちが無批判に受け入れている。それほど困難を伴わず情報の遺伝子が暴力的な言論封殺、ひいては全体主義への道を開いてしまう恐れもある。生活の知恵として意見をもたないで暮らしている人びとへの静かな弾圧と抑圧が進んでしまうと、不公正さなどを思考したり判断したりすることが諦められてしまい、新自由主義の延長線上にこれまでにない政治的な独裁が進んでしまいかねない。こうした非常事態に対して、いまや共通世界を更新することのできる、新しいコミュニケーションの形式が必要とされている。

コンセンサスとディセンサス

ここでＳＮＳを念頭に共通世界について、もうすこし論を深めておこう。共通世界というのは、一般的に共通認識と言われている社会的な合意だと考えられがちである。いまや「つながり」に夢中になって、「主体化＝従属化」を日々強めているネットユーザが飛躍的に増大しているのは間違いない。この「つながり」は「共感」や「合意」といったものに基づくもので、もちろんそれが「ソーシャル＝社交の場」であることを前提としている。「つながり」に夢中になっているネットユーザは、従来から人びとが熱心に求めてきた合意形成いわばコンセンサスを求めているに過ぎない。自分の意見や意志の正誤あるいは善悪を確かめたくて仕方がない人たちが飛躍的に増加しているのかもしれない。「意見や意志が同じであること」をことさら求めるようになり、共認充足（他者の期待に応えて得られる充足）もますます強くなる。

この「意見や意志が同じであること」や共認充足は普遍的な真理ではなく、それに関わる人びとによってつくられるものだと考える方が自然である。メディアは「意見や意志が同じであること」をつくり上げる強力な装置でもある。そこにテクノロジーが導入されると、スケールとスピードは想像している以上に大きくなることがある。新聞の読者、テレビの視聴者、ネットのユーザ。そのどれもがコンセンサスをつくり上げることに夢中になり、夢中になるあまり規模とスケールに抑圧されてしまうというディレンマに陥る。

一方、ネットユーザは見かけ上、ネット上のコミュニケーションに抑圧された状態にある。しかしながら、リアルタイムな「責任」と「応答性」に自覚的で、インターネットをうまく利用しながら国境を越えて「贈与」あるいは「互酬」などの自己表現に政治的正当性を賭けようとしているネットユーザも、少なからず世界規模でネット上に広がっている。

フランスの哲学者ジャック・ランシエールは、コンセンサスを「感覚と意味の合致」とし、「考え方や抱いているあこがれの相違がいかなるものであれ、われわれは同じものを知覚し、それに同じ意味を与えるということ」であると定義する。[★13]

ネットユーザは「感覚と意味の合致」を求めているのかもしれないが、求めれば求めるほど、「感覚と意味の合致」のスケールとスピードはメディアがもつ伝達の形式に委ねられ、暫定的につくり上げられてしまう。さらにスケールとスピードが大きくなると、否応なく「感覚と意味の一致」にも「ばらつき」や「かたより」が生じ始める。「ばらつき」や「かたより」が大きくなると、感覚や意味が一致していると思っていたネットユーザはその不一致に抑圧される。そもそも「同じものを知覚し、それに同じ意味を与える」ことなど、人間に与えられた条件が複数性であるとすると、どこか無理がある。「知覚や意味」をメディアの形式に依存している以上、ネット上の炎上とは「感覚と意味の合致」を求めているのに不一致であることが暴露された状態である。ネットユーザ自らの「反省や意識的・情緒的な反応を要しない自動的な反応」★14に極度に強い不安や不快を覚え、集団的な強迫神経症状態になる。

どうしてこういう不安の増大といった事態を招くのか。それはメディアの形式に依存している以上、ネット上のメッセージをめぐる感覚も意味も擬態（ギミック）であるからだ。ここから、以下の問いが浮かび上がる。コンセンサスという「感覚と意味の合致」のコンテクストのなかで感覚も意味も擬態（ギミック）であることに対して、どのような主体（わたし）のあり方が求められるのか。

もちろんこの問いに対する解答はそれほど簡単ではない。ここではもう一度ランシエールに登場してもらおう。ランシエールはコンセンサス＝「感覚と意味の合致」を揺さぶり、知覚のあり方を組み替える概念として、「ディセンサス」を用意する。そしてこの「不和」や「異質性」というディセンサスから「理解」や「合意」を導きだそうとするのだ。

一見インターネットによって合意形成や相互理解が容易になったように見えながらも、テロリストや独善的な政治家は何のためらいもなくプロパガンダに悪用する。さらには相互監視機能が高まって、地球規模の警察国家ができあがっているとも言える。もはやインターネットは分断を促している面もある。

このような分断や相互監視が瞬く間に進む状況で、政治的な合意などそう簡単なことではない。このような困難になった時代に重要なこととして、性急な合意をめざすことよりも、むしろスピードとスケールを格段に落とすことが政治や外交として求められている。時限的なものであれ、コンセンサスを生み出すためにはディセンサスの蓄積が必要不可欠なのである。

「知る／伝える」ためのアーキテクチャ

ディセンサスを共同で積み重ねていく社会のあり方をすこし具体的に思い描いてみようとすると、果たしてインターネットはそれ相応の役割を果たしてくれるだろうかという疑問がさらに頭をもたげてくる。インターネットを使えば使うほど、個のあり方がインターネット登場以前とは、どこか大きく違っているように思えてくるからだ。先に挙げたサイバーリバタリアンたちが主張する自由、つまりグーグルさえあれば政府もいらないといったリバタリアン的自由にしても、インターネットの成り立ちそのものが彼らを独善的な自由の主張に向かわせてきたように思える。

ただ自由という考え方はものすごくいろいろな理解があって、一筋縄ではいかないところがある。どこかふわふわしていて捉えどころがない。でもそんなことばかり言っていてもはじまらないので、ここでは、人間は生まれながらにして自由であるというルソーの自然権思想を尊重しておこう。個人が選択の内容を変える可能性が担保された状態、それを自由だとすると考えから議論をはじめることにする。人間が自由が与えられたのではなく、人間の存在そのものが自由だという考え方である。古い近代人は、この自由の理想化をベースにして、それをきわめて政治的な国民国家の統治にまで、洗練させていった。

ところがいまや、個人が選択の内容を変える可能性は国家とか家族などを超えて、インターネットを前提にせざるを得なくなっている。善し悪しは別にして、「人工的につくられた環境」に僕たち一人ひとりは個人として選択の内容を変える可能性を委ねている。

その「知る／伝える」ために「人工的につくられた環境」をアーキテクチャと位置づけ、そのアーキテクチャが自由や幸せを追究する重要な鍵を握っていると論じたのが、法学者のローレンス・レッシグである。著書『CODE』は社会思想としてのアーキテクチャ論である。[★15]レッシグは法律家らしく、自由について人びとを制約するという観点から考える。具体的には、人びとを制約するものとして法、社会の規範、市場、アーキテクチャの四つを挙げる。つまり、この四つを自由について考えるための必要条件として挙げているとも言える。

この四つの条件について、レッシグは喫煙という行為を具体例を挙げて説明している。飛行機内で喫煙してはならないのは法による制約である。他人の家やクルマで断りもなしに喫煙することは違法ではないがマナー違反である。そのマナー違反の行為は社会の規範によって制約を受けていると言える。また、タバコの価格が上がることで喫煙の習慣を見直したり禁煙を考えたりするのは市場による制約である。においの強いタバコは吸うことのできる場所がかなり限定されてしまう。これはタバコそのものの構造的な固有性がもつ制約、つまりアーキテクチャによる制約である。制約と自由は、作用反作用の法則のような関係にある。つまり自由が抑制される局面はこれら四つの条件の相互作用によって起こる。インターネットのような「知る／伝える」ために「人工的につくられた環境」において、とりわけアーキテクチャの法的な規制が他の三つに対して強く影響を与えるともレッシグは述べている。アーキテクチャをめぐる規制が強い影響力をもつものとなるわけだ。

　インターネットをアーキテクチャという観点を重視して考えてみると、その固有性はアクセシビリティという問題と密接に関係する。アクセシビリティ、つまり「人工的につくられた環境」へのアクセスの可能性次第で、人びとは結果として制約を受けたり自由を享受したりすることになる。

　アクセシビリティの一般的な定義は、デバイスやインタフェースやソフトウェア、データなどが身体の状態や能力の違いによらずアクセスできる状態を意味している。このアクセシビリティの定義はいささか技術的な問題だけに限定していて、社会的な問題があまりにも考慮されていないように思う。身体や知覚に障碍がある人たちがアクセスできるような技術的な努力は当然のこととして、いわゆる社会的な弱者に対してもアクセシビリティは考慮されなければならない。異質なものを既存のアーキテクチャにとりこんでまとめてしまうのではなく、異質なものどうしが、お互いにやりとりを続けることによって、それまでどこにもなかったアーキテクチャをつくり出す。そのために、アクセシビリティはきわめて重要な課題である。

そもそも現在のインターネットはアーキテクチャという物理的な制約を問題にするほどの多様さが保証されているのであろうか。先進国でのインターネット普及率は八〇%を超えているが、途上国での普及率は一五パーセント前後ときわめて低い水準にある。平均するとだいたい五〇パーセントの普及率である。普及しているところでも、接続できる速度や環境はまちまちであるし、政府による激しい検閲のもとでしか接続が許されていない国も少なくない。これでは本当にインターネットの多様性が十分担保されているとは言えないだろう。こういう社会的なコンテクストの強いアクセシビリティも十分に考慮されなければならない。DX（デジタル・トランスフォーメーション）は所詮富める人たちの資本市場拡大のスローガン、あるいは軍事産業のIT化を担保する大義でしかない。

その一方で、もはや多くの国で社会保障サービスがインターネットを介して提供されつつある。人びとの実質的な自由の幅、つまり「（何かが）できること」と「（何者かに）なれること」の幅はアクセシビリティに依存している。したがって、スマホやパソコンなど日常的なデジタルデバイスを使った社会保障のあり方が社会の基盤になっている状況にあって、アクセシビリティは、社会のなかで「できること」と「なれること」という体験に不可欠なものであるとされている。そういう考え方のもとに、社会保障そのものもソフトウエアとして構想され、設計され、実装されている。この流れに棹さすことは事実上できなくなっている。

「みんなの意見」はあまり正しくない

さらに言えば、SNSという「知る／伝える」のアーキテクチャが国家や地域など従来の共同体を軽々と乗り越えて、新しい社交（社会）のかたちをつくっているとすると、その「SNS」とも言われるソーシャルメディアのアーキテクチャについても、アクセシビリティという点から、もう一度考えておく必要があるだろう。

もちろん「コンセンサス」をつくり上げるどころか、ソーシャルメディアが相互監視や同調圧力を強めるだけのツールとなっていたり、「気に入らない」「ムカつく」だけを理由に特定の個人や組織に対して寄ってたかっての誹謗中傷を繰り返し、「いじめ」の最終武器として使われたりしている。また結果的にあるいはちょっとした他者のミスや勘違いに対して、謝罪や説明を求めて正義感を振りかざすことを「批判」と正当化する行動もSNS上では日常的に起こっている。このように、事実上わざわざ自分で自分の首を絞めてしまうように自らの表現を抑圧し、自らの「不公正さ」や「分断」にすら気づかない、差別や分断を助長するような言葉狩りもまかり通っている。

序論でも触れたように、SNSは分散型でおこなう情報の処理や管理や共有、ハイパーリンクという相互連携を仕様とするソフトウェアのアーキテクチャを基本としている。技術的には、ウェブそのものがもともとSNSの基本的な構造を備えていたとも言える。

その基本的な構造をもつＳＮＳは二〇〇二年にリリースされたFriendsterの登場以降、ＳＮＳと呼ばれるTwitterやFacebookのようなアプリケーションが数多く登場し、世界中の人びとの自己表現、承認欲求、参加意識という三つの欲望をうまい具合に引き受けていった。そして、ＳＮＳが消費の市場経済に取り込まれるにはそれほど時間はかからなかった。そして、二〇〇七年iPhoneの登場をきっかけとしたスマートフォンの爆発的な普及とも相まって、いまや自己表現、承認欲求、参加意識という三つの欲望が身体に纏わりついてしまったかのように思えてしまうほど、世界中にユーザ層が拡大し、インターネットを前提とした消費社会の主役となっていった。

ＳＮＳを肯定的に評価する論者によって最近言及されることが多い概念は、「シェア」や「共感」がつくり出す「集合知」である。ジェームズ・スロウィッキー、『「みんなの意見」は案外正しい』は、インターネット上の「シェア」や「共感」がつくり出した「みんなの意見」について一般的に解説している。

その実、集合知はそれほど新しい考え方ではない。「集団誤差＝平均個人誤差－分散値」という集合知定理は古くから知られていて、インターネットやＳＮＳが誕生するはるか以前から数学的な議論がなされていた。[★16] 集合知定理は集団における推測の誤差は、集団の多様性によって解消されるという定理である。集団が多様性に富んでいればいるほど、その集団みんなで出した意見は正しいというわけだ。こう説明されると、何だか単純な多数決よりもより正しい感じがしてくる。

ところが集合知定理の確からしさにも大きな欠陥がある。「みんなの意見」には客観的な根拠がないのだ。専門家はある判断をおこなったとき、その根拠を論理的に説明できる。「みんなの意見」はなぜそのような判断に至ったかというプロセスや背景を客観的に証明することができない。数量的な推定の集合知を考えていると、確かに集団の知恵を生かすためには、集団の多様性が重要で、そこに集合知定理の強味があることは納得できる。ただ何となく「みんなの意見」は正しいということにはなっても、その正しさを証明することは事実上できない。

インターネットによって、世界中から多様な情報を集めるのが容易になってきた。これはインターネットを使っている人であれば、誰でも実感していることであろう。「多様性予測定理」とも呼ばれる集合知定理の「正しさ」とはいささか異なるが、いわゆるビッグデータも、さらに大規模なデータの分析をすることで正しい答えに近いものを導き出す。データの規模が大きくなればなるほど、「正しさの近似」の精度が上がり、その解がさまざまな意志決定を支援できるという考え方である。だからこそデータサイエンスは医療や投資の現場で、一定の成果をあげている。ビッグデータを用いたデータサイエンスは人間がコンピュータとうまく協調関係をもちながら、その計算の能力をもちいて統計処理をしたりシミュレーションや視覚化することで問題解決を図る方法である。

しかしながら、自然言語でメッセージを書き込んだり写真や動画をアップするＳＮＳにおいて、果たして集団の多様性で集合知の確からしさが得られるのだろうかという疑問は残る。インターネットで数多くのデータが飛び交っていたとしても、分散値を大きくする、つまり多様性を大きくするのはなかなかむずかしい。個々のユーザが推測の平均個人誤差を減らす努力をする、つまりSNSのユーザが常に沈着冷静で倫理的で正しい判断ができることが保証されていない限り、集団誤差は小さくなる。ここからも、偏見や思い込みが激しい集団では、みんなの意見は当然ながら正しいとは言えなくなってくる。

メンバー間のつながりのない分散型集団は、合意に達することなしに知識や直感を蓄積することでより良い答えを導き出す場合がある。その一方で、「共同体意識」や「仲間意識」あるいは「利害」をめぐる思い込みが平均個人誤差を大きくしてしまい、分散値を小さくしてしまう。そうなると、集団誤差は大きくなってしまう。つまり、この場合集合知定理はぴったりと適合でき、この場合の集合知は誤った結論を導き出しやすい。

スロウィッキーも「集合知」の失敗を多数紹介している。重要なのは、定量的な解があまり期待できず、人びとの意見や価値観が対立している問題については、集合知は正しさを保証しないという点にある。

さらに、SNSに限って言うと、その集合知は当然ながらインターネットに接続できる人たちの意見である。インターネットに接続できる富める人びとがユーザとなって母集団が構成されている集合知は、いわば富める人びとの意見に過ぎない。分散値の大小に関して、経済力や出自や能力や関心の異なる多様な人びとが本当にインターネットのアクセスが保証されているとは限らないということだ。アクセシビリティは集合知の公正さを議論する場合には常に考慮しておかなければならない。そもそも平等にインターネット接続が保証されていない限り、集合知の「正しさ」について議論してもあまり意味はない。

アクセシビリティの問題には、単に多様な人びとがインターネットにアクセスできるといった標準的な技術の議論も当然あるものの、「知る／伝える」ことをめぐって、人類には新しい社会契約として、批判的な知識社会論あるいは知のエコロジーが必要となってくる。

そのためにさしあたって必要なのは、やはりアクセシビリティを根源的かつ批判的に問うことだ。その問いはＳＮＳのように資本主義に侵食されてしまったインターネットのコミュニティをもはや旧弊の社会秩序として批判的に検証することに向かう。それは「切断」を構想したり、非・接続あるいは見えざる階級の状態を社会秩序として想定したりした場合に、自由や公正さについて、どのような問いがあり得るだろうか。このような問いに導かれた批判理論としてのアクセシビリティが新しいメディア論に道筋をつけるかもしれない。

「わかった気になる集団的知性」や「馴れ合いのソーシャル」あるいは「フラット幻想（お友だち社会）」といったインターネットがつくった、きわめて表層的な「ソーシャル」というネット上の社交がその欲望もろとも平準化されてしまい、その平準化された社交が金融化されてすっかり資本主義によって食い物にされている。

「フラット幻想」に生きる「ソーシャル」にあって、言論の下部構造としての言語ですら消費の対象になったり、資本家にマネタライズされたりしている状況も十分に考慮しておく必要がある。つまり、経済合理性だけの電子化は結果的にさまざまな境界をつくることになってしまい、分断を決定的なものにしたり多くの格差を広げてしまうことになってしまいかねないのだ。

「友だちごっこのおもちゃ」

情報通信技術は加速度的に発展してきたが、そのプロセスで内的に資本主義や軍事技術に結びついてきているため、その速度と規模が上がれば上がるほど貧しい人びとの暮らしはデジタル化された社会生活からますます取り残されることが多い。運が悪いとアクセシビリティが保証されないまま、ＩＴ化された兵器の標的になったりもする。その負のスパイラルも十分に考慮されていなければならない。ＳＮＳに投稿して「いいね！」がたくさん付いたからと言って、自らの意見が正しいと思い込んでしまうなんて、暢気なことこのうえない。

ＳＮＳの集合知は「思い込みの激しい共同体感覚」と「快楽原則」に基づいた本能的な行動や反道徳的な欲求を表す、エスのはけ口に過ぎない。「～してはいけない」という良心や道徳的な考えをする超自我のバランスを取る自我がうまく働かなくなってしまう。ＳＮＳが「イジメの最終兵器」になってしまうのは、ソーシャルメディアの精神的なインフラとなっている「参加意識・自己表現・承認欲求」の三点セットが肥大化することによって、自我を狂わせてしまうからだ。画面への没入で自我がうまく働かなくなっている状態なのに、集団の知恵など発揮できるはずはない。その意味で、現在世界中の人びとが夢中になっている

SNSは「友だちごっこのおもちゃ」に過ぎない。ましてやこの他愛のない「友だちごっこのおもちゃ」に資本が投入され、「参加意識・自己表現・承認欲求」がマネタイズされるに至っては、SNSはもはや資本拡大の都合でつくられたシステムになってしまっている。資本に誘導される「友だちごっこのおもちゃ」に公正な集合知を求めるのは土台無理な話である。SNSというアーキテクチャには公正さなど、もともと備わっていない。

公正さが担保されていないという意味では、ソーシャルメディアでは権力の錯綜も起こっている。アメリカの大統領が「友だちごっこのおもちゃ」で声明を出すことも不誠実なことこのうえないが、それ以上に大統領自ら「友だちごっこのおもちゃ」に集う人びとを扇動して暴動を起こし、「友だちごっこのおもちゃ」のアカウントが凍結されて利用する資格を喪失するなど、お笑い草を通り越して脅威でしかない。裏を返せば、公正さに欠けた誘導が暴動にまで至るという意味では、きわめて危険なおもちゃなのだ。

事実、スロウィッキーも、多様性、独立性、分散性という三つの条件がインターネット上にそろっていることが集団としての叡智をまとめるために必要だとしている。★17 しかしながらこれらの条件を満たすことはそんなに簡単ではないとも述べている。加えて集合知は決してあらゆる問題の解決に有効に働くわけではなく、そのような場合にはむしろ熟議を積み重ねていく方が有益であると指摘している。

集合知とコモンズの関係は以前から、理想的なものも現実的なものも含めて論じられてきている。集合知が知的なコモンズとして人間の福利（well-being）に相応の役割を果たすためには、多様な意見が独立したユーザから、政治や資本の流動性に影響されずに出され得ることがアーキテクチャとして必要条件となる。SNSのソーシャルとは、多様で、民主的な言論を保証する「社会」ではない。実はまったくその反対で、個人情報を吸い上げ、その二次情報を金融化するプラットフォームに過ぎない。さらには、SNSは情報本位制をリゾーム状に拡散させる資本統治の手段にもなっているのだ。人びとの実質的な自由の幅、つまり「(何かが)できること」と「(何者かに)なれること」の幅はSNSによって、実は強く制約されているとも言える。

他者性のアーキテクチャ

SNSの情報本位制は結果として、ユーザの統治に及んでしまっている。個人の嗜好や欲望を監視してデータベース化し、その情報が金融化されている。この企業によるオンライントラッキングは巨大ビジネスになっていると同時に、ある巨大資本が排他的に欲望を支配してしまっているという意味では、かなり効率の良い統治となってしまっている。

一方、こうしたトラッキング行為への対抗策となる試みも登場している。それはウェブユーザの行動を追跡しているサイトの種類や数を可視化するツールである。プライバシーは別に個人の秘密が担保されている状態だけを意味するわけではない。行動や表現など個人の自律性が確保されている状態を言う。ここで言うプライバシーの侵害とは、行動や表現など個人の自律性がインターネットを使うことで損なわれていることを意味する。インターネットがいくら便利だからといって、インターネットの利用と引き替えに個人の自律性や自立性まで差し出すなんて、本当はそう簡単に受け入れられる事態ではない。

デイヴィッド・ライアンの監視概念[★18]によれば、インターネット上のトラッキングや相互監視がエスカレートしてゆくと、自らの意見を聞き手に表明し、平等な立場で吟味し、検討する公共的なコミュニケーション的行為を遂行すること自体が困難になるという考えに行き着く。むしろ相互監視が洗練化することによって、情報の収集に寡占状態が起こり、資本の集中が急速に進むこともあり得る。「監視資本主義」もあながち大げさではない気もしてくる。[★19]

もちろん否定的な面だけでなく、トラッキングの効用と言うべき側面もある。監視カメラという監視者が網の目のように都市のなかに設置されることによって凶悪犯やテロの摘発は進んでいるし、監視カメラという監視者は凶悪犯罪やテロを抑止する社会規範をつくっていることは否定し得ないだろう。さらにはSNSでの相互監視と内部告発が世界中に拡散することによって拡大した#MeToo運動のように、パラハラやセクハラなどの権力構造にメスを入れることができるようなアクティヴィズムにもなり得るという点から、これまでにはない社会規範をつくるプロセスだったとも言える。

テクノロジックがコンピュータ技術を核にもつさまざまな技術や応用領域を意味するものだとすると、個人情報をビッグデータとして集める、整理する、使うというテクノロジックについて、データサイエンスはビッグデータの「監視」こそが、逆説的にハーバーマスのいう真理性、正当性、誠実性という三つの妥当性要求[20]を客観的（演繹的）に満たすはずだと主張するだろう。ここにＡＩ（人工知能）やミラーワールド[21]というテクノロジックが加わったとしても、ビッグデータをめぐるテクノロジックは監視者の監視を可能にするアーキテクチャとなるはずだと。科学者としての態度としては、これはこれで「監視」に対するひとつの応答である。

しかしながら、良識ある科学者であれば誰もが直観していることであろうが、監視をめぐっては、どうしてもデータのコレクションより自律性のある個人を想定して判断したり意志決定しなければならないゲーム（局面）が訪れる。科学者に対して正義や倫理がテクノロジックよりも共同の関係性として優先されるゲーム、そのゲームの盤面にこそ個人の自由をめぐる公正さや平等を発見したり議論したりする可能性がある。

アーキテクチャを成り立たせているテクノロジックについて重要なのは、本当は問題解決なのではない。自由をめぐる公正さや平等を発見したり議論したりすることが保証される可能性が重要なのだ。この可能性にこそ、テクノロジックの暴走を抑止し、権力や資本からの圧力を回避する道筋をつくることになる。

必要なのは、資本家の利害や政治家の意図を超えた監視者を監視する技術を向上させるだけでなく、インターネットがもっているテクノロジックとアーキテクチャをめぐる正義や倫理についての熟議を高めていく可能性が、インターネットのアーキテクチャとして備わっていなければならないことだ。

正義については、『正義論』というロールズの分厚い本を思い出す人も多いかもしれない。ロールズの『正義論』が出版されたのは一九七一年だから、すでに五十年が経過している政治哲学の古典である。ロールズの立場は簡単に言うと、リベラリズムである。リベラリズムは、個人の基本的な自由が保障されている状態を追究する一方で、社会的協働の便益（福利）および費用（責務）の公正な分配を基本とする。「消極的な自由」と「積極的な自由」のよいところをうまく取り入れた思想である。ロールズの思想は、公正さや平等をめぐる精神的な下部構造として理解されたからこそ支持されてきたのである。

「基本財」なる経済学的な用語を定義してまでロールズが追究したのは、福利（well-being）という、社会にとってもっとも深い部分で現実と相互作用する観念である。正義の向こうに福利があると言われれば、それに人びとは耳目を傾ける。人間が向き合っている福利という観念について、正義（Justice）という観点から精密に論じたからこそ、ロールズの正義論は人文・社会科学のあらゆる分野にとって、多大な影響力を与えてきたのである。どこかにはっきりとした正義があるのではなく、できるだけ多くの人たちにとっての福利を公正に追究することこそが正義であると。そんなバランスのよい考え方が精密に論じられると、自然に多くの分野の人たちが「なるほど、福利に通じる道はそういうことかもしれない」と膝を打つことになる。

「知る／伝える」ことのエコロジーを追究するうえで忘れてはならないのは、ロールズからも大きな影響を受けている経済学者アマルティア・センとマーサ・ヌスバウムによるケイパビリティ・アプローチ（capability approach）である。一九八〇年代に提案されたケイパビリティ・アプローチは福利の可能性について、個人という観点を重視して、何が可能になるかという議論を展開した。ケイパビリティ・アプローチは、個人の福利（well-being）の評価基準について、個人が所有する財とその特性を用いて説明しようとするものである。人は何になりえるか（being）、何をなしうるか（doing）という機能（functionings）と、人が自分のしたいことができる能力を表したケイパビリティ（capability）によって理解し論じようとするものである。

このケイパビリティ・アプローチについて、ウェブ上のカメラという例を用いて考えてみよう。インターネットが普及し始めた頃、ケンブリッジ大学の一研究室に設置され、カメラ越しに見るコーヒーサーバー（The Trojan Room Coffee Machine）が「世界で一番有名なコーヒーサーバー」になった。もともとはコーヒーポットにコーヒーが入ってるかを席を立って確認する手間を省くためだったが、このコーヒーサーバーを監視する映像は、世界中の話題になった。それはいまでも伝説にもなっている、「ウェブカメラ」の草分けである。モノクロのコーヒーサーバーの映像がシェアされ、その研究室とは何の関係のない世界中の人たちが何度も見に行っては、何となくしばらく見入ってしまうことになった。何とも無意味で非生産的な「シェア」である。しかしながら、その無意味さと非生産性な「表現」に、当時はインターネットをめぐる福利の可能性を感じたものである。インターネットがまだ資本化も政治化もされていない時期だっただけに、そこに贈与関係や相互扶助を意味する「互酬」を感じたのは僕だけではないであろう。インターネットでは、「表現」が関係や共同のかたちを変える。そう世界中の人びとが感じながら、そのコーヒーサーバーに見入っていたのである。

ケンブリッジ大学のコーヒーサーバーに限らず、インターネット草創期には、インターネットは単なるコンピュータ同士の接続だけではなく、ひょっとするとそれが連帯意識を積み重ねることで福利がもたらされるかもしれないと予感したものである。それは僕だけが感じていたわけではなかっただろうと思う。現時点で、その予感は当たっているところもあれば、まったくはずれてしまっているところもある。当たっているところは共有というインターネット上の合意が結果として利便性を与え、社会規範となって福利を与えている点である。その一方で、三十年近く経って、コーヒーサーバーがもたらした福利の可能性も資本に統治されてしまったという側面も忘れてはならない。

インターネットはもはや場合によってはリアルに人びとが対面している社会状況以上に、人は何になりえるか（being）、何をなしうるか（doing）という機能（functionings）をつくり出してしまっている。先ほど挙げた監視カメラは監視者あるいは目撃者という意味では「何になりえるか（being）」ということであり、#MeToo 運動は「何をなしうるか（doing）」ということを体現している。インターネットも福利を追究するプラットフォームのひとつだと考えると、センとヌスバウムによるケイパビリティ・アプローチ概念はインターネットのエコロジーに共鳴してくる気がする。

自律的な個人が保証されている状態、それを自由と呼ぶとすれば、人びとが自由だと思っている意思決定は、実のところさまざまなヒューリスティクス（発見的な選択）に影響されている。インターネットには、ヒューリスティクスが地球的な規模で用意されているが、それを成立させているのは、「他者」がヒューリスティクスとしてはっきりと浮き彫りになるからだ。ハイパーリンクとは、そのようなヒューリスティクスによって導かれる他者のコレクションにほかならない。

ハイパーリンクはリンク先が膨大なので、どこか空を飛べたような自由を錯覚させるし、他者のコレクションを探索するのはどこか観光気分も味わえる。人がSNSでプライバシーの一端を写真や動画で見せてくれていると、自分の目が監視カメラになったような気もしてくる。自分の名前で検索するエゴサーチをしてみると、その結果がそのまま評価であるような気にもなってしまうし、ネット上に自分の人格が自分の知らないところで情報として流通しているような気にもなってくる。

ただこのヒューリスティクスはなかなか厄介で、他者の存在ははっきりさせるものの、集合知と同様で、実体や真実を確かめる術にはならない。極端な他者の演出も当然ながら可能で、それが過激な思想に駆り立てられるきっかけをつくったりもする。フェイクニュースはこうしたヒューリスティクスを悪用した詐欺行為である。個人情報がさらされていたり編集の責任が明らかにされていたりしても、不特定多数の他者から、特定の他者にしてあるに過ぎない。最終的にはプロバイダーとの契約といった、とても伝統的な社会関係でしか、匿名性の保護下にあった個人を特定することができない。インターネットというアーキテクチャがもっている、どこか間が抜けた未熟さである。

カメラや画面は、自己と他者を分断する境界でもある。さらに言えば個人とその無意識とのあいだに排除または制限をおこなう空間的なメタファを提供する。つまり他者であることをどうしても意識せざるを得なくなるようなアーキテクチャがインターネットには備わっているのだ。

「他者」の膨大なヒューリスティクスに、「シェア」や「共感」の構造が組み込まれているSNSについて求められているのは、人間に関わる事象の理解、とりわけ他者に対する理解がつくりかえられている事態の理解である。SNSが規模と速度の資本主義を拡大し過ぎてしまったせいか、メディアのユーザやマスメディアの視聴者はもとより、資本家と労働者、著者と読者、国家と国民など、ありとあらゆる人間関係が揺さぶられ、交換や伝達のあり方に修正が迫られている。資本主義はその誕生以来この地球上で「他者性」を探し続けている。お茶やコーヒーやシルクあるいは原油がそうであるように、違いの固有性が強くなればなるほど取引の動機は強くなる。いわば違いが際立つほど「他者性」は意識されるようになり、消費の欲望は拡大し、資本が大きくなる要因になるのだ。この他者性を資本家は拡大再生産しながら、新たな取引の関係をつくり出すことで資本の拡大をめざしてきた。インターネットはそうしたビジネスモデルの構築にうってつけである。

三十年前にインターネット上で交換されるデータそのものに価値が与えられ貨幣や金融商品として取引されたり、インターネットが放送や映画を丸呑みしてしまうような事態が訪れたりするなんて、誰が思い描いていただろうか。インターネット上の通貨や国家も夢や妄想として語られることはあっても、たった二十年ちょっとのあいだにそれが現実のものとなってしまった。個人投資家がパソコンに向かって株式のデイトレーディングしたり、動画配信して巨万を富を手にしたり、アメリカの大統領がSNSを用いて群衆を扇動することになるなんて、当時の感覚からすればSF映画以外の何物でもなかった。その関係の様変わりのことを考えると、二十世紀に問題視されてきた国際関係や労使関係といった社会関係はとても時代遅れで、ときには現実離れしたおとぎ話のように思えてくる。

SNS上の「共有」や「つながり」が「自己表現、承認欲求、参加意識」という三点セットと共振することで、資本主義は新たな「他者性」を発見したかのようにも思える。しかしながら、「シェア」や「共感」が助長させてしまったのは、絶対的な価値など存在しないという相対主義である。相対主義とは真理や価値の普遍的な確からしさを否定し、歴史や文化によって真理や価値は異なることを主張する理想的な立場である。その相対主義的な考え方はSNSで交わされているメッセージにも見られるもので、インターネットの普及と相対主義的な考え方の蔓延は結果としてポストモダンの「成果」なのかもしれない。

これまで再三にわたって述べてきたように、インターネットは他者を否応なく意識させてしまうアーキテクチャにほかならない。自分の存在すら世界のなかで他者化してしまうアーキテクチャ。それがインターネットである。「知る／伝える」という認識はあらゆる感覚や認知能力を総動員して、ネット上の他者性を通じて、判断し、意志決定することができる。だからこそインターネットでは、膨大な他者のコレクションを通して、世界を認識するのである。アクセシビリティが拡張されなければ、多様性は「シェア」や「いいね」や「リツイート」の機能に抑圧されて、「知る／伝える」の資本化は進んでいくばかりである。

端末市民のコスモポリタニズム

このような「知る／伝える」の資本化を阻止あるいは抑制するために、「メディア儀礼」を温存するような創造性や表現力が要請される。その際、アクセシビリティを論じたり考えたり表現したりするのであれば、インターネットの常時接続で共有されている通信プロトコルや技術的な基盤が制約になっている状況をむしろ逆手に取った企てが必要となる。その企てには、インターネットがなかった時代では想定し得なかった想像力や感覚を尊重して自己表現しようとする強い態度表明も必要となるだろう。ここでのポストメディアの企図するものとは、もはや自然環境にも近いものになってしまったインターネットの「〈その後〉に考えるべきこと」を意図していなければならない。

〈その後〉の必要条件として、未来を見据えてインターネットで政治的なイデオロギーを表明し、その立場を主張することが果たして有効であるかということを検証する必要がある。そして、それはメディアエコロジーの入口に立つことにもなる。

インターネットによって得られたものは言うまでもなく、とてつもなく多い。その一方で、失われたものも少なくない。空間を超え時間をコントロールする情報化、グローバル化。それがもたらすのは技術の神話化か、それとも緊張の拡大か。それらのどれもがこの二十五年くらいで急速に人びとの生活にもたらした変化である。

この緊張に輪をかけているのは、意外に素朴で表層的な政治的な立場を表す「右派」とか「左派」といった、ネット上のイデオロギーである。不寛容な態度や主張をぶつけ合うようなことが、ネット上では日常的におこなわれている。「炎上」のような現象は世界中毎日どこかで起こっている。

イデオロギーを字義どおりに「理想に向かう意志や考え方」と解釈しようとしても、なかなか一筋縄にはいかないところが、とても厄介である。哲学はもとより、政治史や政治思想あるいは社会思想史などの文献を参照したとしても、イデオロギーについてはそれほど腑に落ちる説明などない。ここではいったん集団の思想や行動あるいは生活を、根底で制約している観念や信条をイデオロギーだ、と考えておくことにしよう。もちろんこのなかには、政治的なものだけでなく、宗教的なものも含まれている。

ここでのイデオロギーは、当然インターネットを想定しているので、単なる好き嫌いもいつの間にか、インターネット上では右派か左派かといった立場に還元されてしまうことを覚悟しておかねばならない。ネットでも右翼とか左翼とかいったカテゴリーで論じようとしている人たちがたくさんいることも驚きだが、その好き嫌いのカテゴリーを盾にヘイトスピーチによる差別の拡散や炎上による個人攻撃、さまざまな分断の拡大も日常茶飯事になっている。

こういう事態が顕著になっても、インターネットは本当に民主的な言論の場になっていると言えるだろうか。そもそも相互監視や企業統治の進んだインターネットに果たして言論の場は担保されているのだろうか。

とりわけSNS上で交わされている意見は、いわゆるこれまで主張されてきたイデオロギーとは異なって、そのスピードとスケールのせいもあり、考える時間が極端に短い。こうした考える間もなく、売り言葉に買い言葉のようなやりとりが果たして言論と言えるのかどうか、はなはだ怪しい。この懐疑も必然的にメディアエコロジーに向かうことになる。

ハンナ・アレントは、知性体としての「言論」は「活動」でもあることを重視した。その活動を通して、人は他の人の前に、自分自身の姿を現わすことができるとしている。先に触れた「複数性」は、ここ数十年世界中で流行している「多様性（diversity）」を認めるといった単純なことではない。人間が自分という人間であるためには、自分とは決定的に異なる他者と遭遇し、その遭遇した他者と何らかの関係を結ぶことによって、その他者との「あいだ」に自分という存在を位置づけ、その個体が死ぬまでずっと繰り返されることを意味する。つまり、絶対的に異なる他者と遭遇することによって、人間は何度も「生まれ直す」のだ。だからこそ、人間は自己のなかに「複数性」を抱えることになる。

他者と遭遇し関係を更新し続ける「複数性」によって、人は、人びとという世界共同体の一員となる。カントの言う「世界市民的状態」[★22]とはまさにこのことを意味している。カントは、アレントと同様に、人間の奥底にある存在様態を導き出すような思考によって「世界市民的状態」という、美しくも厳格な集団のあり方を理想化した。またマーサ・ヌスバウムはコスモポリタニズムにコンパッション（Compassion）という考え方を導入した。[★23] 相対主義が進んでしまった人間のあり方に、あえてコンパッションという人間性のコンテクストを導入することによって、共感的な地球市民を構想している。これらの存在様態へ導くことがアレントの「政治」に接続することになる。ここに平等がもつ本質が潜んでいる。そう、何度も生まれ直す際に遭遇する他者に違いなどあるはずはない。遭遇する他者は普遍的に平等で、それこそが「世界市民的状態」である。インターネットを受容するユーザにとっての「世界市民的状態」。その消費者を大きく超えた「世界市民状態」としてのコスモポリタニズムこそ、僕が構想する端末市民社会なのである。

メディア儀礼と神話

「主体化＝従属化」を自覚している端末市民は複数性を前提として人の存在形態を決定する。その存在形態が「社会」と呼ばれる。今日の人間が他者に出会う場はインターネットなしでは生まれないと仮定すれば、多くのネットユーザが社会の一員のように振る舞っているインターネットで、人間は何度も「生まれ直す」という政治的な行動は想定できるだろうか。これは端末市民のポストメディアにとって、核心的なテーマとなり得る。

近代社会にとっての社会とは、人種という人間の種類を定義し、さらに国民という類を発明し、人間を情報化することで近代社会はその基礎を築いてきた。裏を返せば、人種や国民といった人間の情報を伝達する能力が社会をつくってきたとも言える。もちろん、その伝達にとってメディアは相応の役割を果たしてきたのである。また人間を情報化しているわけだから、人びとに差異を必然的に意識させることになる。そして、何かとその差異に感情的になるのだ。そして、富はどこかの国で使われている通貨が尺度となっている。

インターネットそのものが資本化したことによる「主体化＝従属化」を否応なく受けて入れているネットユーザにとって、インターネットという擬似的な空間のみが具体的実在であり、個人に対して優越した存在となっていることは間違いない。だからこそ、「主体化＝従属化」が進んでしまっていることにうすうす気がつきながらも、インターネット上のネットユーザは「メディア儀礼（メディアの形式に沿ったきわめて日常的な儀式）」を四六時中おこなうことに余念がない。私生活の一端を写真に撮って世界中に公開したり、ブログを更新したり、SNSに自分の意見を書き込んだりしている。世界中で無数とも言える、他愛のない儀式と祝祭が消費として日々おこなわれているわけだ。

しかもそれらの儀式や祝祭は「ソーシャル」の約束事で同時多発的におこなわれている。この同時多発性はよくよく考えてみると、不気味である。その儀式や祝祭を積み重ねれば積み重ねるほど、「使う側の匿名性」が損なわれて、相互監視と企業統治の餌食になる。ただ、このSNSのソーシャル（社交）を大きく拡張すると、ネットユーザの些細な儀式も政治的な実践に結びつくかもしれないし、事実ときどき大きな影響力をもったりもする。

いくら標準化されたテクノロジーを基にしていてユーザの単位からすると些細なものであったとしても、スピードとスケールという点からすると、これは無視できない政治的な実践となる場合もある。つまり、表現力次第で、他愛のない消費が一転して政治的な実践になることもあるのだ。

数多くのネットユーザが端末市民となって、「主体化＝従属化」から脱却するためには、技術的にも社会的にも、単なる消費としての儀式と祝祭を大きく超えるような神話と儀礼が必要となる。その神話と儀礼は相互監視とイデオロギーを切断するであろう。そして、その切断によって得られる未来を思考することである。それはディセンサスを積み重ねて未来を切り拓く上で避けて通れない作業となる。

すでに日常的に儀式が習慣となっているインターネットにあって、これまでにも述べてきたように、あるいはアレントも抵抗していたように、最たる難敵は国民国家と資本主義である。この問題に向き合わずして、メディアエコロジーの構想も実践もない。マスメディアの多くが国民国家の広報部隊と成り下がってしまったのは、間違いなく資本化を受け入れてしまったことにある。インターネットは世界的に見れば大きな富をもたらしている反面、貧富の差は不公正な政治や環境破壊の犠牲を弱者に強いている原因の一端となっている。危機は常にできるだけ早い行動を求める。もちろんインターネットだけがその危機を加速しているわけではない。むしろ、そもそも世界情勢において、混乱や無秩序の原因をつくっているのは、たいていの場合国民国家の統治と資本主義の成長である。だとすれば、インターネット上に超国家と超通貨が実現するという構想によって新たに神話と儀礼を更新し、端末市民が一体感と連帯を強めていっても不思議ではない。

親密圏と公共圏

近代的な社会の構造は標準化された手続きとテクノロジーを取り込みながら、画一主義やパターナリズムを尊重する。それが近代的な国家の統治にとっても、資本市場の取引にとっても、必要条件となる。その方が効率がよいからだ。その一方で、アレントの親密圏は、親密さの領域(the sphere of intimacy)[★24]という言葉が示すように、親密さを共通世界として捉える考え方である。「公共圏が人びとのあいだにある共通の問題によって成立するのに対して、親密圏は具体的な他者の生/生命への配慮・関心によって形成・維持される[★25]」のだ。公共圏と親密圏の違いは、公共圏における「人びと」が抽象的で国民とか市民とかいった公衆を意味するのに対して、親密圏で想定されている「人びと」は「わたし」とか「あなた」とか「あの人」といった人称がはっきりしていて、その人たちに親密性を発揮することで、共通世界が発明され実現してゆくプロセスである点である。公共圏が何かの約束事や誓約のようなものであるのに対して、親密圏は他者との関係を発見し世界に更新してゆく可能性として論じられる。

このような議論からメディアエコロジーを構想すると、当然ながら、新自由主義や国民国家の都合で弾き出されてしまっている難民や子どもといった人びとに対する具体的な配慮と関心に向きあわざるを得なくなる。つまり超国家と超通貨を図るために、任意の切断、つまり「ハッキング」を続けることにほかならない。

ここでのハッキングという語感には注意が必要である。ここで言うハッキングとは、通信ケーブルを切断したりサーバーに障害を与えたりすることではない。それはもはや水道に毒物を混入させるにも似たクラッシュ（大量破壊）であり、ライフラインや生活インフラを大きく損なって、ジェノサイド（大量殺戮）のように決定的な暴力になってしまう。ここでのハッキングとは、対話や関係を可能にする洗練された新しい方法である。

ポストメディアのようなメディアをめぐる状況を論じようとすると、「リアルか、ヴァーチャルか」という二項対立の問いに陥ってしまいがちである。でもその二項対立からは、何も生まれないことはたいていの論者なら知っている。ここで必要となることは具体的には、超国家や超通貨を想像してみることだ。そしてその想像力に基づく実践を通じて、親密圏という抵抗の枠組みを更新し、国民国家と資本主義を問う企てが求められているのだ。

アンソニー・ギデンズが指摘するように「親密性の変容」[★26]も資本市場の爛熟やテクノロジーの進化によって、劇的な変化にさらされることになっている。それもこれも国民国家と資本主義の暴力的な支配と抑圧が立ちはだかるからだ。

その大国の論理とも言える暴力的な支配と抑圧に苦しんでいる人びとは、世界中にたくさん存在する。直接国家同士の軍事的な衝突がなくても、内戦や民族抑圧によって、定住地を無くしてしまった人たち、つまり難民や移民が世界中にたくさんいて日々の生活に苦しんでいる。パスポートすら受けられなかったり、国籍すらもたない子どもたちもいたりする。難民や移民はもちろん定住の場所を剝奪されているばかりに、パスポートのような身分証明書がなかったりする。すると、必然的にクレジットカードも持てず、家が借りられなかったり、仕事に就けなかったりもする。自由市場、最小国家、社会的寛容を掲げるリバタリアニズムや基本的な人権を保障しつつ社会保障サービスの提供を誓約するリベラリズムは、社会保障サービスを受けられなくなってしまった難民の人びとを、どのようにサポートできるだろうか。インターネットはそれに貢献できるだろうか。

難民や移民など、世界中でいま「生きづらい」と感じている人びとが生きていくために必要な関係性を確立する方法のひとつが、インターネットに超国家と超通貨のためのプラットフォームを構築することである。

いわゆる経済成長のモデルや経済政策あるいは国家間の国際貿易の収支に基づく、富のモデルはもはや幻想かもしれない。そういう生活実感として、国民国家というシステムに疑問をもつ人たちは、もっていない人より多いかもしれない。にもかかわらず、依然として世界が国民国家の集合のように理解され、日々経済格差を拡大するように資本の流動が起こっている。そのことの方が、先行きを不透明にするかもしれないのに、である。

実際、新自由主義はインターネットを取り込むことによって、新しい社会主義やリバタリアン的なコミュニズムを根底から破壊してしまった。だからこそ、サイバーリバタリアンのような選民主義的で独善的な暗黒啓蒙に共感するインターネットユーザーがいても不思議ではなくなったとも言える。資本化と寡占状態が進んでしまったインターネットのせいもあって、政治思想の構図はもはや複雑化し過ぎてしまって、手が付けられない状態にもなっている。

サイバーリバタリアンのような暗黒啓蒙がはびこる一方で、インターネットを寡占状態から救い出し、国家と通貨を超越した社会保障サービスの実験もはじまっている。エストニアでは自国の電子政府システムを、分散型台帳のテクノロジー[★27]を活用して、定住の場所に関係なく、難民など国民国家の行政サービスを受けられなくなっている人たちに対して提供する実験がはじまっている。[★28]いち早く国家と通貨を乗り越えた社会保障サービスの受益者という意味で、この運営者とそれに参加するユーザはまさに端末市民の定義に当てはまる。ここからは資本主義の変容だけでなく、民主主義のリズムとハーモニーが変化していることを直観することになる。

刷新されるアナーキズム

二十一世紀が進むにつれて、大国の指導者は新自由主義と結託した経済マフィアばかりになってしまっている。彼らはあらゆる資源の金融化、エネルギーの利権争奪、武器の取引に政府ぐるみで夢中になっている。政治家は民衆に政治を付託された代表者というよりも、もはや資本家の利害代表者に過ぎない。このことは民主主義が機能しなくなっていることを証明しているようなものである。その結果、貧者はさらに貶められ、彼らの未来を公正に保障する道はきわめて狭まっている。

その不公正を乗り越えるために、もはや二十世紀に刻印された人びとの神話的とでも言ってもよいようなコミュニケーション実践の記憶がインターネットに集約されて、きわめて大きな影響を与えてきたことは疑う余地もない。であるならば、メディアエコロジーという思考は、もう一度共有やパブリックを大きく更新する歴史的な転回となるはずである。

実際、ビットネーション（Bitnation）は超国家と超通貨に向けて、動き出しているプロジェクトである。[★29] このインターネット上のアプリケーションはイーサリアムという暗号通貨のブロックチェーンを用いて、分散型でボーダレスな自律した国家の実現を構想する。言わば、電子政府を拡大した電子世界政府である。将来的には、パスポートの取得、不動産や土地の登記、出生届や死亡証明、民事契約など、国民国家の統制下にある行政サービスを、実際に住んでいる場所に関係なく受けることを可能にすることをめざす。国土での定住ができなくなり、国民国家のサービスが受けられなくなっている難民の人たちに、ビットネーションは国際社会や世界経済への参加の道筋をつくることになる。またスペイン・カタルーニャ州の独立運動をはじめとして、世界には現在の国民国家の統治を必ずしも容認しないコミュニティもたくさん存在する。もしその独自性を維持しようとすると、軍事的な衝突が避けられないのがこれまでの歴史だった。ここにビットネーションが国民国家の行政サービス、たとえば社会保障制度も国家を超えて可能にしたり、所得再配分の機能をもったりすれば、これまでの国民国家が抱えている統治の矛盾を飛躍的に変え、民主主義そのものも大きく変わるきっかけになるかもしれない。

現在の国家を仕切っている人たちは「こんな他愛のないアプリなんかで国家の統治は揺らがない」と一笑に付すに違いない。しかしながら、ほんの二十年前には、インターネットだけの銀行なんて成立するはずはないと馬鹿にしていた金融の専門家がたくさんいたし、役所の窓口に行かなくてもインターネットや携帯電話で行政サービスを受けたり、さまざまな支払いを済ませたりすることができる社会が来るなんて、世界の何人が予測したことだろう。裏を返せば、テクノロジーには人びとの暮らしを一変してしまう構想力が備わっているのだ。

世界にはまだまだ非銀行利用者層が二十五億人いるとされている。世界の総人口の三分の一はまだ銀行に口座を開設したこともないのだ。このように、一国一貨幣制度に縛られて貧困になって国家を信用できなくなってしまった人たちにとって、ビットネーションのユーザとなって超国家と超通貨の主役となることはまさに端末市民として未来を構築する主体となり得る。この端末市民は自国の通貨や経済政策に関係なく生きていく生き方を一人ひとりが自らの未来を選択することができるだけでなく、「主体化＝従属化」という個人のあり方を一変させる開拓者となるのだ。

非中央集権型のビットネーションの操作はすべて分散台帳技術を用いておこなわれ、完全に暗号管理された台帳は世界中の端末市民に供給され、誰でも閲覧することが可能である。

現在のビットネーションはエストニア政府と協働したスタートアップ事業として運営されているが、情報を一元管理するのではなく、すべてのやり取りがサーバーにアクセスする端末同士の立場が対等になるP2P（Peer to Peer）の管理だけが運営側のタスクとなる。そのため、二十世紀のアメリカで生まれたIT企業（たとえばGAFA）のようないわゆる寡占企業にはなり得ない。

またビットネーションにおけるすべてのコードはオープンソース化されているため、世界中のエンジニアが共同でコーディングを新たに加えてゆくことで、現在さまざまな国で必要とされている手続きも組み込むことができるように、柔軟なシステムにアップデートしてゆくことも構想レベルでは可能となっている。

現在ビットコインなどの暗号通貨は、まだ従来型の投機対象にとどまっていて、必ずしも健全な「オルタナティヴ経済」を支える通貨になっているとは言えない。技術的な仕様がいまのままである限り、おそらく暗号資産が世界共通の通貨のような機能を担うことはないであろう。しかしながら、超通貨という点では、すでに一部では地域通貨や特殊なトークンのように機能している面もあったりするため、これまでの資本主義体制をドラスティックに変えていく可能性が依然として残されている。

さらには、ビットネーションのような超国家と超通貨のプラットフォームにあって、世界中の経済システムへアクセス可能にしようとする実践そのものが、新しい「言論」にもなり得る。現在の資本主義体制を批判する行動がそのまま「言論」として機能するかもしれないのだ。その時代の到来を思考すること、つまりメディアエコロジーは社会的にも経済的にも、インターネットが誕生したとき以上に世界を大きく変えるジャンプ台となることができる。

もちろんビットネーションというプロジェクトは、先行する超国家と超通貨の事例のひとつに過ぎない。さらに洗練されたシステムが登場してくるだろうし、まったく違ったテクノロジーで超国家と超通貨をめざすプロジェクトが登場するかもしれない。またそうあるべきである。

もちろんこのようなメディアエコロジーの実践が積み重ねられなければ、インターネットのあり方を政府や巨大企業から取り戻すことはできない。グローバルな市場がすべての人に開かれ、数十億もの人びとを貧困から救い、これまでにない方法で自分たちの手に経済を取り戻し、国家を超えて活動することができると期待することもできる。この期待値こそ、まさに「ポスト」にエコロジカルな考え方が考慮された、ポストメディアの実践であり、インターネットのエコロジーである。

ポピュリスト・モーメント

二〇二〇年代に突入しようとしている現時点で、超国家と超通貨はポストモダンの神話ではなく、メディアエコロジーの重要なイデオロギーのひとつになりつつあるのかもしれない。メディアエコロジーは、資本主義批判という点ではアレントの親密圏という考え方に通じてゆく。先に述べた、共同体とは異なる概念として考えられているアレントの親密性（intimacy）は、言論や活動を想定している点で政治や文化の次元だけでなく文化の次元が考慮され、権力の分布や資本の密度に関係する概念としても用いられる。そのような探求の意志そのものはもはや親密圏をめぐるメディア論にとっても、きわめて新鮮で重要なテーマとして開発されなければならない。

未来への漠然とした期待と不安が渦巻いている状況を、これまで歴史は何度も経験してきたはずである。とりたててネットがあるから期待したり不安に思ったりしているわけではない。ビットネーションのコンセプトを念頭に置きながら、すこし「反・新自由主義」について考えてみると、加速主義や新反動主義のコンテクストを大きく離れて、これまでになかったポピュリズムとして考えることもできる。資本主義各国が富裕層によるオリガーキー（少数者支配）に転じている現在、多数貧者を政治運動の主体として回復するためには、従来の民主主義や国際協調ではおそらく太刀打ちできないであろう。

だとすると、ポピュリズムの弱点も含めて、ポピュリズムに備わった人民第一主義というイデオロギーについて、慎重に読み解いてみることも必要であろう。ポピュリズムという用語は、日本語では「大衆迎合主義」と曲解されたりするように、あまり肯定的な意味で使われることはない。ときには民主主義を脅かす天敵のように侮蔑的に否定されがちである。事実、これまでのポピュリズムは、民主主義の機能不全を衝くように、排外主義の主張に結びついたりもするリスクも持ち合わせていた。極端な保護貿易を主張したり、多様な人種共存を否定したり、極右政党が台頭したりといったこともポピュリズムという範疇に入ることが多いため、ポピュリズムは政治の大義としても方法としても評判が悪い。

ただ「言論による闘い」と「オルタナティヴ経済」をセットにしたメディアエコロジーにとって、ポピュリズムの手法と有効性は全面的に肯定できないながらも、条件つきで改良を重ねて維持すべきであり、もはや否定すべきでない。人民第一主義、つまり「人びと」を一番大切にする原則から言えば、新自由主義によってズタズタにされてしまった民主主義の根幹をなす言論の復興について、新たなポピュリズムにも大きな可能性がある。事実、新自由主義に食い物にされたマスメディアの現状に一石を投じたり、既得権益を独占して人びとの生活を苦しめる既成政党に改革を促したり、といった対抗的な運動という面からも、現在の状況に対しても、政治理論の分野では「ポピュリスト・モーメント」として提案されている。[★30]

その「人びと」を重視する公正さを言論によって訴え、加速主義や新反動主義に対する「コントル・アタック」となるような「ポピュリスト・モーメント」を実践するために、メディアエコロジーの思考は少なからず後方支援することになろう。

その「反抗」や「対抗」の軸としては、イデオロギー論争だけではなく、まずは多数貧者を窮乏化させた元凶である新自由主義が繰り出してきた経済政策を、まずは批判的に考察しなければならない。トマ・ピケティが『21世紀の資本』[★31]で論じたのは、要するに世界中に拡大している経済格差である。一九八〇年代から「構造改革」あるいは「民営化」などが主張され、世界各国で進められてきた新自由主義的な経済政策をきっかけとして、その後の三十年あまり経済格差が急速に拡大することになった。現在の経済体制では、どんなに経済成長したところで、資本家にしか富はもたらされない。そんな絶望的な資本主義の膨満感や捻れた世界のあり方をめぐって、公正さを取り戻すことができるかという問いをピケティは投げかけている。ピケティの論をたどると、新しい資本論、必然的にメディアエコロジーや「民主主義の再生」と手を結ぶことになる。

端末市民の再生

この「民主主義の再生」は「人びと」の再建にほかならない。「人びと」の再建をめぐっては、当然ながら言論による闘いがもっとも根源的なものとなる。民主主義の原理が言葉を使うという行為の奥底に備わっていると考えると、大衆や民衆や群衆などと呼ばれる人間の集団についての考え方を、常に根本から見つめ直さなければならない。民主主義を問題視する際には、ただ「民主主義を守れ」と主張するだけでは、現実としては政治運動の風景は変わらない、ということがはっきりしてくるに違いない。

ではSNSの「ソーシャル」をひとつの政治主体だとすると、「ソーシャル」で「つながり」を求めている「人びと」はメディアエコロジーの思考を実践に結びつけ、大衆参加型の政治運動を後方支援することができるだろうか。この問いについては、綿密な検討が求められる。

「アラブの春」という政治的な抗議運動が起こったとき、SNSを通じて群衆が広場に集まり、既成の権力に民主化の圧力をかけ、大きな変革をもたらしたという物語がいまでも語り草になっている。イデオロギーや思想的立場を異にするさまざまな人びとが、「反抗」とか「対抗」といった意志で群衆となったことは間違いない。でもその背景には、SNS以外にもっと何か別の要因が大きな推進力となっていたようにも思われる。たとえば金曜日という日はイスラム教徒にとって特別な日である。つまりそれだけでも人びとが集まる理由は十分にある。その「集まる理由」が宗教的な理由で、その宗教的な理由と社会的な状況がもたらしている不安や危機感、あるいはその状況に対する主体的な意志の表明が重なり、さらにそれがSNSの「ソーシャル」によって、いい意味でも悪い意味でも共有され、ある種の「パーティー」のように親密圏が形成された。そのパーティーには、まだ政治信条の違いや老若男女問わず、誰でも参加できる巨大な政治運動としての力が備わっていた。

だからこそ、パーティーの目的は「人びと」の編集であり再構築である。「人びと」の編集や再構築が間断なく社交として続くことが社会の必要条件なのだ。でも周知のように、「アラブの春」というパーティーは一部の国を除いてそれほどよい結果をもたらしていない。それどころか、地域紛争という点ではなお一層の流動化と泥沼化をもたらしてしまった。「反抗」とか「対抗」が拡大解釈されて分断と排除の意識が極端に高まってしまった結果、悪夢のようなシリア内戦に突入してしまったのだ。せっかくのパーティーも、国民国家と武器商人の商習慣によって、一気に軍事行動の部隊に変貌を遂げてしまうのだ。

もはや真の「反抗」や「対抗」を実践するためには、「パーティー」のような親密圏を維持し続けることのできる、新しい政治的な話法としてのメディアが要請されているのは間違いない。そのための具体的な手段として、言うまでもなくSNSの話法ではとても物足りない。超国家と超通貨の神話をSNSだけではつくり出すことは難しい。

インターネットのユーザは自己中心的で集団行動を嫌う「引きこもり」のように思われがちだが、よくよくSNSの使い方を観察していると、自己中心的というよりも消費者としてのユーザシップを大切にする「インターネット協調支援社会」を自分の帰属意識としているように思う。

その一方で、炭酸ガスの排出の原因となっている企業や銀行の株主となって、株主総会に出向いてその企業や銀行のあり方を糾弾したり持続性のある社会のあり方に目を向けさせるような発言をする、アクティヴィスト株主（いわゆる「もの言う株主」）の集団行動など、「相乗」的な親密圏をつくりながら、その相乗効果を実社会に向けるような行動もすでに数多く起こっている。

親密圏を温存しそこで連帯を導くのは、国民国家の利害を死守しようとする政治家やテクノクラートだけではない。新しいコミュニケーションとなって超国家と超通貨の主役となることはまさに端末市民となることにほかならない。この端末市民は自国の通貨や経済政策に関係なく生きていく生き方を一人ひとりが選択することができるだけでなく、「主体化＝従属化」を余儀なくされている個人のあり方を乗り越える道筋を切り拓く開拓者となるのだ。

「人びと」を再建する可能性のために、あるいは根源的な民主主義のために、政治理論だけでなく、テクノロジーの祝祭性と資本主義の高揚感をセットした理論と実践を構築しなければならない。そして、世界の複数性を認める民主主義をいま一度回復し、超国家と超通貨に向かう開拓者として端末市民が主役とならなければならない。

コスモポリタニズムとしての端末市民

超国家と超通貨に向かう開拓者として、端末市民には「人類共同体」というコスモポリタニズムが要請されている。超国家と超通貨と言うと、政府も国民国家もいらないというアナキズムの先導者のように思われるかもしれない。でもその極端なリバタリアニズムで、たとえば世界中に難民が抱えている問題を解決できるかと言えば、十中八九不可能であろう。端末市民は、ダークウェブのユーザを含めて、さまざまなデジタルデバイスやインターネットのユーザで社会へのコミットメントを日夜続けている人間の集団であることは間違いない。このユーザが政治や経済の形式を日々更新しながら、世界をつくっているとしたら、いままでにない自由や平等あるいは倫理的な価値が議論されて然るべきである。だからこそ、ここで端末市民のコスモポリタニズムを問うのである。

一般的に「世界市民主義」あるいは「世界主義」とも呼ばれるコスモポリタニズムは、全人類を同胞とする人類共同体を理想化する。その理想（道徳的コスモポリタニズム）を出発点とする。理想という意味では、広義には帝国主義もソビエト連邦もコスモポリタニズムであると言えるかもしれない。ただ、帝国主義もソビエト連邦もどうしても国民国家が陥りやすい排他性の問題に直面する。その排他性を克服しようとすると、平和や人権の実現を目指して国際秩序を制度化する「法制的コスモポリタニズム」が要請される。

端末市民をコスモポリタニズムとして考えようとすると、予想されるのは理想主義的で非現実的であるという批判である。いまさら「地球市民」とか「世界市民」と理想を振りかざして、複雑な背景を抱えながら、出口の見えない凄惨な内戦を解決できるのか。「人類愛」とか「人間性」で、難民の人権を回復することができるのか。そんな批判が聞こえてきそうである。さらには、コスモポリタニズムという観点で「人類」を語ることそのものが画一的な世界観を押しつけ、世界の多元性や文化の多様性を認めず、世界の一元化を押しつけるものではないか、という批判も当然想定できる。でもそれらの批判はまったく的外れである。「世界市民」という考え方を提示したカントが「世界政府」という考え方に専制の危険性があるとして否定していたように、そもそもコスモポリタニズムは「世界政府」の成立をめざす思想ではない。人権、自由、平等などについて、「人類」とか「人間」とか「自然のなかの人間」あるいは「インターネットを手にした人間」とかいった、もっと大きな視点で考えてみてはどうだろうか、という根源的な問いを投げかけること。それがコスモポリタニズムなのだ。

国民国家が保証している基本的な人権や社会保障サービスなどは、その国家の法的な意味と結びついているが、難民はそれらを放棄したまま、国を出ざるを得なくなった人たちである。国の事情によって最低限の人権と社会保障サービスが保証されていないのは、人類という観点からは明らかに不平等である。このとても単純な不平等に僕たちはもっと真剣に向き合わなければならない。これだけインターネットが行き渡ったり、さまざまな分野で技術革新が導入されていても、いまの国民国家を基礎とした国際政治の矛盾を是正することができていないのだから。是正するどころか、依然として他者を殺したり排除したりすることを目的として、兵器だけが技術的にも洗練化され、その兵器をもつことを国民国家間のパワーバランスとして議論されたりする。一日でも生きながらえるために創薬や診断技術や医療技術が高度化している一方で、死を至上命題とする兵器の技術が高度化する。バカバカしいほどのディレンマである。

端末市民はサイバーリバタリアンのように、国家や民族や地域に対するアイデンティティや帰属意識、国際法上の国籍をもつ権利を否定するものではない。この端末市民を、「国益」といった共同体の利害よりも、平和や人権の実現をめざす「人類共同体」として考えてみてはどうだろう。この考え方は平和や人権の実現をめざす「人類共同体」として考えるという意味では、ある種のコスモポリタニズムである。すべての人が「人類共同体」の一員として考えられるように、端末市民を、平等の倫理的価値と尊厳をもっているコスモポリタニズムであると考えて、これまでとは違った自由や平等あるいは倫理的な価値について議論してみるとどうだろうか。デジタルデバイスに自らのアイデンティティをもってしまった端末市民が「人類愛」とか「人間性」といった賢人となる道を、いったん道徳的なコスモポリタニズムに求めてみようということである。それが「知る／伝える」ことのエコロジーに通じることは言うまでもない。

反テクノオートクラシーのための賢人会議

仮に政府など一切なくしてしまって、民間企業がその技術力と資本力によって統治しようとしても、その統治のあり方が画一的で中央集権的ではなく、多様性を阻害しないものになる保証はない。むしろサイバーリバタリアンのように、暗黒啓蒙に基づく専制的なものになったり、格差や分断を拡大してしまう要因にもなりかねない。帰属意識やアイデンティティが排他的なものとならないように、行き過ぎを規制すべく、コスモポリタニズムはその使命を発揮しなければならない。

端末市民をコスモポリタニズムとして考えることは、必ずしもアイデンティティを否定しているわけではない。肯定すると同時に、帰属意識やアイデンティティへの偏向を乗り越えようとする、根源的な問いでもある。

「人間」や「人類」という言葉は、民族、国家、宗教とは違って、情念や偏執を呼び覚ます戦いのイデオロギーにはなりにくい。しかしながら、それとて万能ではない。キリスト教とりわけカトリックが「人類愛」で世界を独善的に専制したことを考えれば、「人間」や「人類」に偏向的に倒錯する者が権力を掌握し他者を排除するテクノロジーを悪用すると、それは言うまでもなく危ういことになる。「人類の敵」が大義名分となり、ある集団を排除する理由をつくってしまうことにもなりかねない。したがって、「人類の進歩」に偏執するあまり地球に決定的なダメージを与えてきたとコスモポリタニズムを批判する人がいるとすれば、その気持ちもわからなくはない。

ただ、民族、国家、宗教を絶対化するイデオロギーは、あまりにも強い思い込みと情念を呼び起こし、他者を抹殺するという一線を易々と乗り越えてしまうことが幾度となく歴史に刻まれている。国家間の紛争だからといって、殺し合いであることには変わりはない。原爆を落として街を火の海にしたり、忌み嫌う人たちを無理矢理ガス室に送り込んで大量殺戮をしていい正当な理由など、あるはずはない。民族、国家、宗教はいったん紛争になるといつも、人間はここまで残酷になれるのかと思い知らされるほど、倫理的なコードをあっという間に解除してしまう。そのとき、テクノロジーは凄絶さと悲惨さにスピードとスケールを与えてしまうのだ。

ましてやインターネットで常時接続されたテクノオートクラシー（技術専制主義）は、国民国家の外交や防衛をあっさりと乗り越えてしまう。そして、これまでに出会ったことのないようなコミュニタリアニズム（共同体主義）をつくり出し、テクノオートクラシーを発揮したり、さらにはテロリズムに加担してしまうかもしれない。だからこそ、そのテクノオートクラシーを乗り越えるために、端末市民というコスモポリタニズムを発揮して、あらかじめ対抗しておかなければならないのだ。端末市民は単なるインターネットのユーザといった、素朴な社会集団ではない。ある意味で、道徳的なコスモポリタニズムをめざす賢人会議のような存在感を発揮しなくてはならない。アイデンティティに狂信してそもそも「最大多数の最大幸福」のために開発されたテクノロジーを、愛国主義（パトリオティズム）、ナショナリズム（国家主義）、コミュニタリアニズム（共同体主義）が偏執に使ってしまうことに、端末市民は抵抗し続けなければならないのだ。

コスモポリタニズムの本質は法制や機関・組織にあるわけではなく、日常を積み重ねている人びとの人間性にある、というのが、先にも触れたマーサ・ヌスバウムの考え方である。[★32] 人権や社会保障の資格が法や制度と結びついていなくても、共有されるべき人間性のあり方がコスモポリタニズムの本性だと、ヌスバウムは位置づけているのだ。アイデンティティを伝える仕組みは、歴史記述の方法や教育制度をアーキテクチャとして、仮にそれが偏向していても効率よく伝達される。しかしながら、人間性を知ったり伝える方法はいつも抽象的で間接的で、ただの理想として片づけられてしまう。ここにこそ、「知る／伝える」ことのエコロジーが求められるのだ。インターネットを得てしまった人類は、端末市民という道徳的なコスモポリタニズムを発揮する以外にない。

「あいだ」という共通世界

端末市民という「人びと」には、暴力や脅迫ではなく、活動と言論によって説得し合う「あいだ」が必要となる。その「あいだ」がアレントの言う公的領域である。活動と言論は、それに参加する人びとのあいだに「あいだ」という概念的な空間をつくる。そして、その「あいだ」は、ほとんどいかなるとき、いかなる場所にもふさわしい場所を見つけることができる。この空間は、もっとも広い意味での「出現《アピアランス》の空間」というものである。その「あいだ」が複数の人びとが生きる世界なのだ。

木村敏の言う「あいだ[★33]」も、世界との「関わり」とか「しがらみ」といった関係で成立している認識である。自分をめぐる「あいだ」が、自分や自己の存在を自律的かつ自立的に成立させているという考え方である。そしてその「あいだ」をめぐる自律性と自立性は最終的には「人びと」をつくることになる。裏を返せば、人類とか生命あるいは環境とかといった全体を意味するような空間認識も自分や自己の存在を成立させている「あいだ」なのである。おそらく親密圏とは、この空間認識をきっかけとして、その認識が「人びと」に共有されてゆくことなのだろうと思う。

とすれば「あいだ」は、自律性と自立性という力が作用する領域としてとらえることもできる。たとえば生命という「あいだ」を問題視した瞬間から、人間に生命とそれを養うための豊かさが与えられる。結果的に人間はその返礼として、環境に向き合う意志とそこで生きる知恵を学ぶことになる。ここから、「あいだ」を親密圏としてもっていることこそが「人びと」の暴力で人びとを毀損しない人間らしさをつくるという考え方を確立することもできる。

そうした積み重ねで確立された親密圏は、めったなことでは破壊できない力をもつようになる。事実、近代理性は国家や家族あるいは学校といった共同体を、近代化という大義の下で強固な親密圏としての地位を揺るぎないものにしてきた。

もちろんテクノロジーでなければ表現することのできないリアリティというものが存在する。二十世紀はそれを証明してきた。その末路としてSNSで共有されている「ソーシャル」ではある種のパーティーのように親密圏が形成され、さまざまな国家や家族あるいは学校といった既存の共同体を揺さぶりつつある。

その「ソーシャル」は「いつでもどこでもお手軽に祝祭」であるからこそ、人びとはそのパーティーのような「ソーシャル」に夢中になってきた。ただそこには人の息吹も匂いも肉声もなく、リアリティに欠いているばかりか、そもそも消費社会の縮図でしかない。自己の存在を自律的かつ自立的に確立していないという意味で親密圏にはなっていない。誰でも参加できる巨大な政治運動としての力が備わっているようで、いざその力を発揮しようとすると、そもそも資本主義と国民国家の抑圧によって、その力は骨抜きにされてしまって、あらゆる言説が言論未満になってしまうのである。

さらに「あいだ」を形成していたもののひとつとして挙げられるのが、メディアによる「報道」が「世論」をつくり出すという言論のかたちである。この「世論」や「報道」の自由が日本はもとよりどの国にあっても、大きく後退している。そのことは「報道の自由度ランキング」を発表する国際NGOフリーダムハウスがわざわざ「A Leaderless Struggle for Democracy

（指導者なき民主主義を求める戦い）［34］」という特別なレポートが出さなければならないほど、いわゆる「言論の自由」は世界的に深刻な事態に陥っている。この理由についてインターネットという技術的な側面から考えてみると、インターネットが情報操作や検閲がしやすくなったからだとも考えられる。その背景のひとつとして挙げられるのが、ＩＰアドレスの「地域／国別管理」である。スマートフォンなど携帯端末の普及によって、インターネットの常時接続が当たり前になって、接続に割り当てるＩＰアドレスが不足する事態になってきたことに伴い、ＩＰアドレスを国別に割り当てることになった。常時接続の混乱を回避するという技術的な理由もあって、ＩＰアドレスの国別割り当ては国際的に同意された。その結果、各国が各国の事情でＩＰ接続をコントロールすることが可能になった。中国が特定の検索エンジンを締め出して、アクセス制限を頻繁におこなっていることはよく知られているところである。ここまであからさまなもの以外は表沙汰になりにくいが、大なり小なりＩＰ接続が各国政府の監視に利用されていることは間違いない。民主主義的なプロセスで選ばれても、独裁的な政治姿勢をもっている指導者が自らの政治信条を貫くために国益をきわめて狭い視野で解釈し、「言論の自由」を損なうことが比較的簡単におこなえるようになっている。その意味で、すっかり資本化されてしまったインターネットは残念ながら、言論のプラットフォームとしても健全なものではなくなってしまっている。

見かけ上の「つながり」が拡大して言論未満の情報は行き交うようになったが、インターネットにあっては「あいだ」は、常時接続によって常に監視され抑圧され得る状況になってしまった。その言論の自由の危機を克服するためには、国民国家からの呪縛からまずは抜け出さなければならない。そこで起こっている抑圧や弾圧を是正する新しいコスモポリタリズムを「発明」するとともに、「あいだ」のかたちを改めて刷新する以外にない。

ブロックパーティー・メタファ

「あいだ」のかたちを刷新する主役は言うまでもなく、超国家と超通貨に向かう開拓者として端末市民という「人びと」、つまりコスモポリタンである。e-Residency やビットネーションに参加した端末市民は、他者を無条件に受け入れる「歓待」、出自と地域性を尊重した「文化的プライド」、自衛と自警が可能となっている「セキュリティ」という三つの親密圏を獲得したことになる。

これらの親密圏は、字面の印象とは違って、本来的に閉じられた空間のようなものでなく環境のように開かれた「出現《アピアランス》の空間」である。自己を認識することを目的として他者に包囲されているという意味で、生命体としての人間のもっとも本質的な部分を引き出す機会と理解しておくことにしよう。この機会は、e-Residency やビットネーションのように「出現の空間」という自己表現の場や機会を確保して、「あいだ」として洗練化させてゆく。ここでインターネットによって、それにふさわしい場所が最適化されることになる。

先にも述べた「出現の空間」という自己表現の場、さらに言えば言論を発揮する場は、人間が他者や世界と向き合うことから一歩後退し、他者に囲まれた自分自身と対話することによって「わたし」という自立を確立するという機会においてしか、発揮されなくなっている。この機会がいわゆる公共性と呼ばれるものの正体にほかならないが、いわば「わたし」という自立を確立するための場は、「いつでもどこでもお手軽に祝祭」の「ソーシャル」に阻まれている。結果的に、メディアの役割はさまざまな行政手続きの追認を繰り返す機会しか提供していないとも言える。そこには批判や検証を伴うような言論は常に宙づりされて、「あいだ」を記号表現に委ねて時間と空間の圧縮だけにリアリティを求める。ここでは、コンセンサスを熟議しその結果を承認する手続きに公正さを求める民主主義に、「闘技」を取り戻す必要がある。先に述べたジャック・ランシエールのディセンサスも、民主主義にとって「資源」として認識されなければならない。

自己を認識するために他者に包囲されている機会をつくり出し「あいだ」を熟成させ洗練させるためには、時間の経過を遅らせて、「闘技的民主主義（agonistic democracy）」を切り拓くことができる創造性と文化的な素養が求められることになる。

この「闘技」を公共性に取り込むモデルを、ニーチェは当時の状況を考慮して劇場に求めた。★35 観客を前にした技量の競い合いの場として公共性を捉える「劇場モデル（アゴーン・モデル）」である。★36 さらに言えば、ここで重要なのは演目の内容や意味ではなく、「観ている」という状態、つまり観客席の状態である。劇場とは演じる場所と思いがちではあるが、本来の意味は演じる人を見る場所（客席）である。このテオリア（観想）★37 がいわば theory（法則・理論）

を導いてゆくのである。この劇場の観客席モデルは「現われ」を奪われてきた人びとに、言葉や行為への応答可能性（responsibility）を切り拓く。

ここにもう少し同時代的な状況を加えると、政治的な存在として、あるいは公共的な自己として振る舞うことのできるブロックパーティーやパークジャムを開くことが、そこに参加している人たちの身ぶりを観て声を聞き取ることを可能にしてきた。ミシェル・ゴンドリーによる《ブロック・パーティー》★38というドキュメンタリーを観ていると、ブロックパーティーやパークジャムが脈々と続く路上の「現われ」になっているのを思い知らされる。映画のなかで誰かが叫ぶ「何でも白人のせいにするな！　自分で勝ち取れ！　そのために勉強しろ！」という「現われ」は、瞬間的であってもまさに「出現の空間」である。

そもそもパーティー（party）は、「パルティータ（partita）」という「分ける」という意味の言葉を語源とする。参加（participation）も類語で、ある集団の一員（一部分）になること、役割（part）を担うという意味になる。なるほど、パーティーはただ人が集まるから成立するわけでなく、ホスト（主催者）がいて歓待の意志を表明し、その意志に賛同するそれ相応の参加者がその役割を果たすことになるからこそ成立する。それはまさに映画《ブロック・パーティー》が成立した背景そのものである。

パーティーにあっては、自分がそこで担うべき役割は文脈や状況に応じて大きくなったり、小さくなったりする。そこがSNSの「ソーシャル」とは異なるところである。パーティーは自分がそこで担うべき「部分（part）」、つまり公共的な自己を自分で決められるという意味で、言葉や行為への応答可能性を開いている。自己責任という言葉を政治的な文脈で耳にすることがあるが、これはリスクを負うことではなく、言葉や行為への応答可能性をもっていることを意味すると理解しておくことにしよう。

社会的な文脈によっては、「部分（part）」は「党派」あるいは「徒党を組んで行動すること」に拡張され、結果として現在のパーティーの意味になったり、政党という政治信条をともにする同志の集まりになったりする。

要するに、パーティーの開催は分け隔てることなく歓待するということではなく、むしろ不特定多数の集団から自分たちの集団を切り離して性格や役割をはっきりさせたり、集団としての目的や理念をあきらかにしたりすることである。

ヒップホップを生んだブロックパーティーについてよくよく考えてみると、それほど公明正大なイベントではない。むしろコミュニティのアイデンティティをメンバー間で確認し合うための儀礼で、最終的には排他的と言ってもよいくらいコミュニティの結束が重視される。むしろ閉鎖的な共通世界が担保されているからこそ、ブロックパーティーからヒップホップのような独自のカルチャーが生まれたとも言える。アフロ・アメリカンやカリビアン・アメリカン、ヒスパニック系の都市における自治意識がパーティーによって特異なものになったからこそ、一九七四年のブロンクスではヒップホップという独特なカルチャーが誕生したのだ。

ブロックパーティーから生まれる文化的なプライドは、一方的な権威の押しつけや差別などの社会的に理不尽な現実に対する不服従の態度でもある。ときには権威や差別に対する敵意を表明することになるとともに、資本主義あるいは消費社会の矛盾を糾弾し、直接行動を取るようにさまざまなことを自分たちだけでおこなうＤＩＹの実践が積み重なってゆき、必然的に独自性を生むことになる。

たとえばセキュリティという点でも、ブロックパーティーは自衛や自警の役割を自然発生させている。自分たちの得意なことや好きなことをもち寄り、前例や規範を否定してパーティーを開催すれば、当然ながらそのコミュニティは独自性と政治性を発揮することになる。パーティーは自分たちの独自性を伝えるためのプロトコル（約束事）になっているのだ。このブロックパーティーという共通世界を、端末市民が動員に向かうモデルだと位置づけ、「ブロックパーティー・メタファ」だと名づけると、ブロックパーティー・メタファは自己と他者に親密圏をつくり上げるだけでなく、人間の内なる世界と外の世界を媒介するものとして、世界とともに動き、自らを変化させてゆくための「出現の空間《アピアランス》」にもなるはずである。その「出現の空間《アピアランス》」が端末市民にとってのリアリティとなるのだ。

ＳＮＳの「ソーシャル」は「いつでもどこでも祝祭」であるものの、決定的にテクノロジーの祝祭性に依存しているがために、決定的に身体的なリアリティを欠いている。身体的なリアリティに欠く「祝祭」は情報操作の主戦場でしかなく、「つながり」を強迫観念として与えてしまう。場合によっては、集団ヒステリーとなって結果として、すべての人的・物的資源を動員しようとする性向をもち、歯止めが効かなくなる全体主義の要因すらもたらすものとなりかねない。

その意味では、「ソーシャル」のあり方は「出現の空間《アピアランス》」とは正反対のものになってしまっている。いまやインターネットをライフラインとして用いている都市生活に二〇一一年の「オキュパイ運動」[★39]のような、いかにしてブロックパーティー・メタファを継続的に都市へインストールしてゆくことができるかを構想しなければならない。とりわけ、インターネットをどのように、コンパッションに無自覚な資本家から奪還し、コスモポリタンとしての端末市民は表現の自由が担保された場にしてゆくかという課題にあらゆる叡智を注ぐべきである。それこそが、メディアエコロジーの核心である。それはソーシャルがＶＲやＡＲのインタフェースを備えて、ミラーワールドとなってさらに大きな消費社会ができる前に、着手されなければならない。

祝祭群衆

群衆を「迫害群衆」「逃走群衆」「禁止群衆」「転覆群衆」「祝祭群衆」の五つに分類したエリアス・カネッティは、とりわけ「祝祭群衆」に特別な地位を与えている。[★40]人間が無秩序に集まったデモの集団は、映像や写真などで俯瞰してみると蟻が密集しているように見えて不気味でもある。人びとが集まった密集している状況を含めて、その特異な状況に緊張を覚えるからだ。

群衆は特異な行動の結果として出現する。視覚的にも人びとに緊張感を与える空間をつくり出す。群衆は巨大なアメーバーのように予測不能で不気味な生命体のように立ち現れるからこそ、無秩序さや予測不能さを感じさせる。そこに走る緊張は日常を送る者に緊張と恐怖を与える。それと同時に、その不気味な生命体の一部に自ら身を置くと、独特な興奮や覚醒や陶酔がもたらされる。

この不気味な生命体のような群衆は共同体のようにメンバーがはっきりとした人間の集合ではない。集団としての規約や約束事もはっきりしていない。そればかりか、全体の様子は把握できないこと。そのため人びとに独特な緊張や興奮や覚醒や陶酔をもたらす。日常的に被差別の身にある人や社会的な外部と位置づけてしまっている人たちも、ひとつの生命体のように同化していることが群衆の必要条件である。その同化を権力は恐れる。不気味な生命体が立ち上がったように感じられ、恐怖を覚えるのだ。

カネッティの言う「祝祭群衆」を、ブロックパーティー・メタファで端末市民の活動や言論に適用すると、単にイベントのような特別な出来事だけが群衆を端末市民にするわけではない。反権力に声を挙げる人びともヘイトスピーチをおこなう扇動者も群衆に呑み込まれてしまうことも少なくない。ヘイトスピーチのような異質性もいったん群衆になってしまうと、急速に同化可能になってしまうこともある。しかも権力は秩序の維持を大義として、不気味なものを排除しようとさまざまな力を行使しようとするだろう。この同化の余地を残した異質性という群衆の弱点を克服するために、テクノロジーそのものに祝祭性があることに注目しておかなければならない。

しかしながら、SNSの「ソーシャル」に見られる、いつでも同化の余地を残した異質性は、バタイユが指摘したように、「同質性／異質性」という対立や分断を侵犯するようなものではなくはじめから同質性に組み込まれている。祝祭群衆はパーティーで突如として異質な存在に変貌を遂げたわけではなく、もともと複数の個人がいかに共同体をつくり上げていくかという問題意識として共有されていたのである。

確かに群衆は非日常性の空間に非日常な行動として出現する。しかしながら、群衆は部分の単なる集合ではなく、全体となることでまったく別の存在、つまり日常的に政治的な都市生活者、すなわちバタイユの言う「無頭人」[★41]へと変質するような、社会における「不気味なもの」として立ち現れてくるのである。世界は常に路上の祝祭群衆を必要としている。「ポピュリスト・モーメント」は常に祝祭群衆のなかにある。

メディアエコロジーの条件

超国家と超通貨に向かう開拓者としての端末市民にとって、言論と伝達を保証するメディアとはどのようなものか。

それは資本主義の都合で分類されてしまった人種や病気などの社会的な分類に触れ、その分類は他者の辛苦を想像のうちで再現し、カタルシスを得るアリストテレス的な演劇にほかならない。「寛容」や「共感」にも他者の苦痛を眺めるという演劇的な動機があるのだ。したがって「寛容の帝国」★42は、人びとの苦痛をメディアにスペクタクル化する。その結果「寛容」が「憐憫」であることを隠蔽して、さらには他者の辛苦に対する「共感疲労」さえもたらしてしまう危険がある。そういった意味で、インターネットはまさに「寛容の帝国」を体現する擬似空間となっている。

メディアやイメージが引き起こす大衆の情緒的な反応が現代政治にとって不可避であることを前提したうえで、そのなかから新たな「寛容の帝国」をつくり上げようとするところにインターネットの意味はあった。

未来への展望は標準的な歴史を共有することだけで、もたらされるわけではない。むしろ現実の徹底した意味のすり替えによって、確固たる（政治的・経済的な）意味をもっているように考えられている親密圏に、まったく異なる動きを与えることだ。対象化され合理的に抽象化された親密圏を棄却することなく、親密圏の復興という展望は成り立たない。少なくとも、飛躍と破綻をはらんだ肉声の発話という表現には辛うじて形式言語を乗りこえる可能性がある。形式言語の論理と操作を引き受け、飛躍と破綻をはらんだ肉声による発話は、親密圏を温存する表現を担保し、匿名化した巨大な官僚組織を超越するはずだ。

だからこそ超国家と超通貨をめざすメディアエコロジーの理論と実践が必要となる。批評なきグローバル化は、インターネットによるコミュニケーションを「病める言語」の温床にし、コミュニケーションが円滑になればなるほど、ネットワークという連帯組織を警察や官僚の組織にしてしまう。

その結果として、新反動主義のような資本主義のユートピア観がさらに「病める言語」をはらんだまま理想化され、その理想が資本流動のグローバル化という勝利感だけで語られることになる。

これまでメディア論あるいはメディア研究が蓄積してきた知見と経験を批判的に総動員して、その知見と経験を闘争のための装置につくり変えていかなければならない時期にさしかかっている。いまインターネットとスマートフォンで充足させられている世代は「言語未満」のSNSに自閉し疲弊することになるだろう。端末市民は同時代の〈あいだ〉を言論の場としてつくり出し、テクノロジーが日常生活に祝祭化のプロセスを組み込み、都市生活者の祝祭化が飛躍的に進むような路上の論理を常にもっていなければならない。他者の言葉を引き受け、そして伝えるためのさまざまな形式が備わっているメディアとは〈あいだ〉をつくる話法なのだ。路上の論理を常に更新させるためには、独自の話法をもっていなければならない。

公共性の正義や公正がはっきりしなくなっているからこそ、コスモポリタンとしての端末市民の不服従と倫理的な飛躍が必要となる。そして、それらは正当化されなければならない。端末市民による脱国家と脱通貨というコスモポリタニズムによって導かれる不服従と倫理的な飛躍は、人びとに「市民」や「国民」といった観念をどのように乗り越えていくことができるかという問いに導くだろう。

文学や芸術あるいは教育という局面では、個人は共同体とどう関わるべきかという問いに対して、ブレヒトが「物語」を脱して「劇場」という場のあり方に向き合ったように、脱国家と脱通貨をめざせばめざすほど「場の創造」に向かわせる運動となってゆく。さらに言えば、国民国家の行政サービスを逸脱した場、たとえば「学校ではない教育の場」「オフィスや工場ではない労働の場」「貨幣経済を逸脱した市場」をつくり出すことになる。そしてその問題に向き合う態度として、インターネットによる言論未満の応酬が未来の確からしさをもたらすわけではなく、教育や言語の運用から構成される日常的なコミュニケーションでは、もはや限界である。

脱国家と脱通貨に根ざした切断というメディアエコロジーの想像力は資本主義に支えられたインターネットを、かなり過激に批判する言語と活動になる。しかしながら、その批判は物理的な断絶によるディスコミュニケーションをめざすものではなく、決して経済活動を日々おこなう「人びと」の可能性まで否定しているわけではない。むしろ経済を修正することで、豊かさの定義を大きく変えてゆかなければならない。そうしたメディアのエコロジーがなければ民主主義の「闘技」も分断が進む枠組みにしかならない。

「個人情報保護」とか「プライバシー侵害」に対する過剰な措置が進めば進むほど、その実権力による監視と企業の収奪は洗練化されてゆく。今後もプライバシーの公権力化あるいは企業統治化という、歪んだ「個人」の収奪が水面下で進んでゆくことになるだろう。それに対抗して、〈あいだ〉をつくる話法としてのメディアを創造し続け、そのメディアは普遍的な人類の潜在的な能力への信念や信頼を、押し拓く「祭り」や親密圏としてアップデートされなければならない。どんなに理想主義的だと言われようとも、それがメディアエコロジーの条件である。痕跡を自分で消すどころか、痕跡すら抹消されないためにも。

註

★1 桜井哲夫『「戦間期」の思想家たち　レヴィ＝ストロース・ブルトン・バタイユ』平凡社新書、二〇〇四年

★2 ジョルジュ・バタイユ（吉田裕訳）「ファシスムの心理構造」『物質の政治学　バタイユ・マテリアリストII』書肆山田、二〇〇一年、二〇頁

★3 ベルトルト・ブレヒト（生野幸吉、檜山哲彦編）「痕跡を消せ」『ドイツ名詩選』岩波文庫、一九九三年、二七七頁

★4 ニック・ランド（五井健太郎訳）「暗黒啓蒙（抄）」「現代思想」二〇一九年六月号、青土社

★5 Peter Thiel, "The Education of a Libertarian" in Cato Unbound Available at https://www.cato-unbound.org, 2009/04/13

★6 アイザイア・バーリンが「自由論（Two Concepts of Liberty）」において提唱した、積極的自由（Positive liberty）と対になる自由概念のひとつ。アイザィア・バーリン（小川晃一、小池銈、福田歓一、生松敬三訳）『自由論』［新装版］みすず書房、二〇一八年

★7 サイバーリバタリアンたちが集まる掲示板はLess Wrong（http://lesswrong.com）など数多い。

★8 現在に至るまで資本主義との向き合い方を含めて、自由の論じられ方に関しては、あまりにも多くの系譜があって多岐にわたっている。ここでは「知る／伝えるためのエコロジー」を意識して、理論面を重視した平等主義的自由主義（egalitarian liberalism）と現実的な実践面、とりわけ市場の自由を重視する自由放任主義とも呼ばれるリバタリアニズム（libertarianism）の二つの系譜を挙げておく。前者の平等主義的自由主義には、ジョン・ロールズ、アンドレア・リタ・ドウォーキンなどによって論が展開されてきた。彼らは自由の理念を基本的に支持しながらも、「公共の福祉」の重視する。つまり、経済的自由の原理や市場のメカニズムに対しても、「公共の福祉」という点から権力の介入を容認し、政府・自治体に一定の役割を求める。一方、後者の自由放任主義は経済的自由の原理こそ、近代自由主義の中心的理念であると主張する。一般的には「リバタリアニズム」とも呼ばれる。古典的自由主義への回帰をめざす自由放任主義は、フリードリヒ・ハイエク、マイケル・フリードマン、ロバート・ノージックなどが系譜をつくってきた。彼らの主張は一九八〇年代のイギリスのサッチャー政権やアメリカのレーガン政権の保守政治との親和性を保持していたことから、一般的には「新自由主義」あるいは「新保守主義」とも呼ばれている。経済的自由の原理を脅かすような、あらゆる集団主義的規制を排除しようとする。

★9 ハンナ・アレント（志水速雄訳）『人間の条件』ちくま学芸文庫、一九九四年、四九頁

★10 ジュディス・バトラー（佐藤嘉幸、清水知子訳）『権力の心的な生　主体化＝服従化の関する諸理論』

月曜社、二〇一二年、九－四五頁

★11 ロベルト・エスポジト（岡田温司監訳、佐藤真理恵、長友文史、武田宙也訳）『三人称の哲学　生の政治と非人称の思想』講談社選書メチエ、二〇一一年、三一頁

★12 前出『人間の条件』二〇頁。ちくま学芸文庫版ではpluralityが「多数性」と訳出されているが、ここでは、より文脈に即して「複数性」とした。英文版に関しては、以下の最新版を参照した。Hannah Arendt, *The Human Condition*, Danielle Allen (Foreword), Margaret Canovan (Introduction), University of Chicago Press; Second Edition (English Edition), Enlarged Edition, 2018, p. 7.

★13 ジャック・ランシエール（梶田裕訳）「政治的芸術のパラドックス」『解放された観客』法政大学出版局、二〇一三年、六三－一〇六頁

★14 フランコ・ベラルディ（ビフォ）（櫻田和也訳）『プレカリアートの詩　記号資本主義の精神病理学』河出書房新社、二〇〇九年、一四三頁

★15 ローレンス・レッシグ（山形浩生、柏木亮二訳）『ＣＯＤＥ　インターネットの合法・違法・プライバシー』翔泳社、二〇〇一年

★16 西垣通『集合知とは何か　ネット時代の「知」のゆくえ』中公新書、二〇一三年

★17 ジェームス・スロウィッキー（小高尚子訳）『「みんなの意見」は案外正しい』角川書店、二〇〇六年

★18 デイヴィッド・ライアン（河村一郎訳）『監視社会』青土社、二〇〇二年

★19 ショシャナ・ズボフ（野中香方子訳）『監視資本主義　人類の未来を賭けた闘い』東洋経済新報社、二〇二一年

★20 ハーバーマスは、真理性要求に対して客観的世界、正当性要求に対して社会的世界、誠実性要求に対して主観的世界を対応させている。ユルゲン・ハーバマス（三島憲一ほか訳）『道徳意識とコミュ

ニケーション行為』岩波書店、一九九一年、七三－一八二頁

★21 VRやARによってGoogle Street Viewが現実の空間とリアルタイムかつ一意に対応したとすると、それはまさに鏡像的な空間を獲得していると言え、その鏡像的な世界観を総称してミラーワールドと呼ぶ。

★22 「人が政治的な諸問題に関して判断を下すとき、あるいは行為するとき、人は自分が世界市民であり、それ故世界観察者であるという、現実ではなく観念から、自分の位置を確かめなければならない」。カント（篠田英雄訳）「啓蒙とは何か」『啓蒙とは何か　他四篇』岩波文庫、一九七四年

★23 ヌスバウムがグローバル経済に向けた批判的な観点がコスモポリタニズムに結実する理論的な展開については、マーサ・ヌスバウム（小沢自然、小野正嗣訳）『経済成長がすべてか？　デモクラシーが人文学を必要とする理由』（岩波書店、二〇一三年）を参照のこと。また、ヌスバウムの思想を、新アリストテレス主義、政治的リベラリズム、コスモポリタニズムという三つの観点から、彼女自身の出自などを追いながら包括的に整理した文献としては、神島裕子『マーサ・ヌスバウム　人間性涵養の哲学』（中公選書、二〇一三年）。

★24 前出『人間の条件』六〇頁

★25 齋藤純一『公共性』岩波書店、九二頁、二〇〇〇年

★26 アンソニー・ギデンズ（松尾精文、松川昭子訳）『親密性の変容　近代社会におけるセクシュアリティ、愛情、エロティシズム』而立書房、一九九五年

★27 複数の取引データ（履歴）が一つのブロックとしてまとめられ、それらブロックが関連づけられて連なるように保管された状態が「ブロックチェーン」となり、履歴はサービスを利用しているすべてのユーザのPCに分散保存される。これが「分散型台帳」と呼ばれている理由である。ブロ

ックチェーンには特定の管理者が存在しない。そのため、権限が中央集権的にならない。ソフトウェアのアーキテクチャとしては、システム障害に強く、低コストでのサービス運用が可能である。

★28 e-Residencyは、エストニア政府の電子プラットフォームを自国民のみならず、外国人向けに開放したプログラム。e-Residentsはどこに住もうが、どんなビジネスをおこなおうが、非居住者に対して安全なデジタルアイデンティティーをエストニアが発行し、エストニアの電子政府が用意する起業支援サービスを海外からもアクセスできるようにすることで、国外からも三十分もあればエストニアの現地法人を登記することができる。エストニアの国民ではなくとも、たとえば戦争等の政治的な理由で祖国を負われた難民であっても、ユーロ圏でビジネスを展開しようとする人は、エストニアの現地法人を登記して、会社をリモートで動かしてユーロ圏でのビジネスを展開することができる。もちろん日本からも登記できる。その他、エストニアの電子政府が提供するソフトウェアで、書類の電子署名や暗号化が可能になって、e-Resident同士の情報をやりとりでき、契約書を郵便などでやり取りする必要がなくなり迅速な取引ができるようになった。"What is e-Residency," How to Start an EU Company Online Available at https://e-resident.gov.ee (Access on March 10, 2022)

★29 ビットネーションの各プログラムへはスマートフォンのアプリPANGEAを通じて参加できる。日本語のサイトも提供されている。Available at https://tse.bitnation.co/ja/(Access on September20 2021)

★30 シャンタル・ムフ（山本圭、塩田潤訳）『左派ポピュリズムのために』明石書店、二〇一九年

★31 トマ・ピケティ（山形浩生、守岡桜、森本正史訳）『21世紀の資本』みすず書房、二〇一四年

★32 前出『経済成長がすべてか？』一〇五－一二二頁

★33　木村敏『あいだ』ちくま学芸文庫、二〇〇五年

★34　"Freedom in the World 2020: A Leaderless Struggle for Democracy" at https://freedomhouse.org/report/freedom-world/2020/leaderless-struggle-democracy (Access on September 20, 2021)

★35　フリードリッヒ・ニーチェ（秋山英夫訳）『悲劇の誕生』岩波文庫、一九六六年

★36　ウィリアム・コノリー（杉田敦訳）「善悪の彼岸　ミシェル・フーコーの倫理的感性」『思想』八四六号、一九九四年、一〇一頁

★37　劇場を意味するギリシア語の「テアトロン」をモデルに社会を説明しようとした人は枚挙にいとまがない。ゴフマン『行為と演技　日常生活における自己呈示』（石黒毅訳、誠信書房、一九七四年）、ジョージ・ハーバード・ミード『社会的自我』（船津衛、徳川直人訳、恒星社厚生閣、一九九一年）、高山明『テアトロン　社会と演劇をつなぐもの』（河出書房新社、二〇二一年）など。

★38　二〇〇四年製作の映画。人気コメディアンのデイブ・シャペルが、自分を応援してくれる地元ブルックリンの人びとのために路上での無料コンサートを企画。それに賛同したローリン・ヒル（フ－ジーズ）、カニエ・ウェスト、モス・デフ、ジル・スコット、エリカ・バドゥらが次々と登場してパーティーを盛り上げてゆく。

★39　正確には「ウォール街オキュパイ（占拠）運動」と呼ばれる。統一的な組織や運動の綱領やマニフエストもなく、特定のリーダーもいない、反格差運動であり反グローバリズム運動が二〇一一年に展開された。「富裕層に課税を！　貧困層に食べ物を！」をスローガンに経済格差の解消を求めて富裕層への課税強化などを訴えた。運動はアメリカ全土のみならず、ロンドン、ローマ、ブリュッセル、マドリード、パリ、アテネ、メルボルン、東京など世界の主要都市に広がった。各地のオキュパイ運動については以下に詳しい。デヴィッド・グレーバー（木下ちがや、江上賢一郎、原民

樹訳）『デモクラシー・プロジェクト　オキュパイ運動・直接民主主義・集合的想像力』航思社、二〇一五年。またオキュパイ運動ではさまざまな派生的なプログラムが誕生した。"Occupy Wall Street Library"はそのひとつである。オキュパイ運動の開始直後に運動参加者の一人が図書の収集を始めたことに端を発してズコッティ公園に野外図書館が自主運営され、その企画は全米各地や海外主要都市に拡大していった。このような「人民の図書館」（People's Library）が「知の要塞」として、民主主義回復の「ブロックパーティー・メタファ」になっていたということはとても興味深い。Available at http://peopleslibrary.wordpress.com/ (Access on March 10, 2022)

★40　エリアス・カネッティ（岩田行一訳）『群衆と権力（上）』法政大学出版局、一九七一年、三一四頁

★41　ジョルジュ・バタイユ（兼子正勝、中沢信一、鈴木創士訳）『無頭人（アセファル）』現代思潮社エートル叢書、一九九九年

★42　ウェンディ・ブラウン（向山恭一訳）『寛容の帝国　現代リベラリズム批判』法政大学出版局、二〇一〇年

あとがき

ティアーズ・フォー・フィアーズが一九八二年にリリースした「Mad World」という曲は、どうしようもないほど救いようなく「イカれた、この世界」を歌っている。希望のかけらも感じない暗い内容の曲なのに、不思議とぐっと来るものがある。この曲はリチャード・ケリー監督、ジェイク・ギレンホール主演の映画《ドニー・ダーコ》の主題歌としても使われていた。映画そのものはなかなか難解でカルト的な作品であるが、僕にとっては「この世界、そんなに簡単ではないが、捨てたもんじゃない」と感じられる、とても共感を覚える映画だった。ゲイリー・ジュールス（Gary Jules）による「Mad World」のカバーとも妙に親和性があったように思う。

「イカれた感じ」という点では、ティアーズ・フォー・フィアーズのオリジナルヴァージョンの右に出るものはないように思うが、それがまさに一九八〇年代ロックの名盤と呼ぶにふさわしい楽曲だとも言える。「Mad World」はおびただしい数のカバーやリミックスがあるが、そのなかでは、ジャーマンテクノの大御所ポール・カークブレンナーによるゲイリー・ジュールスのリミックスが「こんな世界、まるでおかしい、狂ってる」というビートになっていて、群を抜いている。

「こんな世界、まるでおかしい、狂ってる」と歌う「Mad World」のリミックスが僕の頭を渦巻き世界の見方に向かわせていた折も折、東日本大震災をきっかけとした東京電力福島第一原子力発電所の事故という困難な問題に直面した。その困難さとは事故の深刻さとともに、「インターネットやソーシャルメディアがあるのに、正しい情報がわからない」という現実だった。まさに「まるでイカれた、この世界」だった。それ以降、一九九六年に出版した『メディア論的思考』を更新しようと、折に触れてメディア論に関する論考を、自らが編集長を務める『LOOP映像メディア学』に投稿してきた。本書は以下に挙げる初出の論考に大幅な改稿を加え、さらに書き下ろしの論考三編加えた、最新のメディア論的思考である（共著の論考については、共著者の許諾を得て大幅に改稿した）。

序章――ポストメディアを読む
　書き下ろし
消失と終焉――端末市民の「残余」をめぐって
　映像メディア学 Film and new media studies: 東京藝術大学大学院映像研究科紀要 2, 45-68, 2012
「期待の地平」をめぐるメディア論的省察
　同映像メディア学 3, 5-33, 2013
プロメテウスのための新しい命法
　同映像メディア学 11, 45-68, 2021

アートはコミュニケーションか　分裂生成と《芸術の臨床》（西條朋行との共著）
同映像メディア学 1, 42-66, 2010
到来の思考
同映像メディア学 6, 43-78, 2016
世界の再植民地化と個の刷新
現代思想 46(10), 54-61, 2018
痕跡を消せ――メディアエコロジーの条件
書き下ろし

僕のポストメディア論とは、フェリックス・ガタリと同様にメディアにエコロジーの思考を、というものである。エコロジーは単に自然環境を理想に導く思想ではない。生態学が向かうのは、自然環境をめぐる科学的な知見だけでなく、人間について探究し思考する言葉として用いられることでなければならないと僕は思っている。その探究と思考は、もちろん社会課題と向き合った現実的な実践とともになければならないはずだ。でなければ、「まるでイカれた、この世界」を救うことなんて到底できない。そういう考えに僕が至ったのは、序論でも述べたように、グレゴリー・ベイトソンという思想家の影響である。

生態学に人間学とも呼べる知的変換を与えてくれるベイトソンの主張は、とても柔らかくおおらかである。そして、現実からかけ離れた形式的な理論というのではなく、むしろ、最終的には、現実に寄り添い、複雑性や多様性を包括した社会思想を僕たちに与えてくれている。

日常生活において、僕たちはつい合理主義的な思考、二元論的な思考、機械論的な思考に陥ってしまいがちだ。ベイトソンの思想は、その生活習慣に浸透した僕たちの近代思考をすこし立ち止まらせてくれ、ものの見方を振り返ったり、深く考えさせたり、改めて学ばせてくれたりする練習問題を与えてくれている。

デカルト的な二元論の思考は根強く、現在ではインターネットのスケールとスピードを得て、日常の隅々まですでに浸透している。そのデカルト的な思考を、僕たちは二百年経ってもまだ乗り越えられていない。そのデカルト的な思考におおらかさとやわらかさでカウンターを与えているのが、僕にとってベイトソンという思想家なのである。

本書はここ二十五年余りのあいだに考えたり、悩んだり、試行錯誤したりした結果生まれたものである。その間に陰に陽に、いろいろな人たちにお世話になってきた。磯崎新、木幡和枝、川俣正、藤幡正樹、畠山直哉、高山明、西條朋行の各氏との交際は、言葉では言い尽くせないくらい、僕に知的根拠を与えてくれている。

とりわけ磯崎さんにはせんだいメディアテークの立ち上げ時にお目にかかって以来、主に海外のプロジェクトをご一緒させてもらいながら、折に触れて僕の知のあり方に指針を与えてもらってきた。最近では、二〇一八年のある日、六本木の国際文化会館で対話を得る機会があり、八時間以上にわたって都市とメディアをめぐる政治性や表現としてのハッキングについて語り合った（というか、ほとんど磯崎さんが話していた）。いつもながらの博覧強記とみずみずしい知性に触れて、そのとき僕は自分のメディア論的思考を書物というかたちでもう一度更新しようと決心したのだ。その点で、本書の生みの親でもある。残念ながら、二〇二二年の年末に沖縄の空に旅立たれてしまった。明けて新年早々の葬儀で、安らかに眠っておられるお顔に向かって、「いつも本当にありがとうございました」と感謝の言葉を遅ればせながら述べさせていただいた。六本木から五年。残念ながら、生前に本書をお届けすることは叶わなかったが、ぜひとも本書を携えて、大分の墓前にご報告させていただきたいと考えている。

そして、木幡和枝さん。彼女とはちゃんとお礼も言わないままお別れすることになってしまった。木幡さんと何度となく繰り返された、中野新橋での「対話」はいまでも僕に大きな影響を残してくれている。僕が木幡さんと初めて会ったのは、ワシントンＤＣの議会図書館だった。木幡さんは下河辺淳さんの通訳として、下河辺さんと当時議会図書館の館長であったダニエル・ブーアスティン（『メディア論の古典『幻影の時代』の著者でもある）との対話を、機知と機転に富んだ逐語訳を駆使して場を盛り上げていた。そのときはまさか後に同じ大学で教鞭を執ることになるとは思ってもいなかったが、大学の同僚となって以降、木幡さんは事あるごとにさまざまなＰＣ（Political Correctress）をめぐる「問い」を、僕にぶつけてくれた。かつては活動家でもありジャーナリストでもあった彼女の「問い」はいつもメディアやテクノロジーの役割にも向けられていて具体的だった。それらの「問い」は、本書の要所要所で色濃く反映されている。この場を借りて、いまさらながら心からの感謝と哀悼の誠を捧げ、本書を恵贈させていただきたいと思う。

左右社の皆さん、特に社長の小柳学さん、編集を担当してくださった東辻浩太郎さんのご理解とご尽力がなければ、本書は日の目を見ることはなかったと思う。左右社には十年前から「ＬＯＯＰ映像メディア学」の編集と製作も引き受けてもらい、結果的に本書の基礎となっている。また、装幀を担当してくださった川名潤さんとカバーイラストを提供していただいたOJIYUさんには本書を素晴らしい書物に仕上げてもらった。

皆さんの労にも、末筆ながら心からの感謝を述べさせていただきたい。

五十年後、僕はこの世界に間違いなく存在していない。でも、本書は図書館の書架でひっそりと背表紙を見せながら、この時代のメディア論的思考を囁いているはずだ。そう考えると著者としての想像力は華やぐのである。

二〇二三年九月二十五日　　桂　英史

桂英史（かつら・えいし）

一九五九年、長崎県生まれ。メディア論、芸術実践論、図書館情報学。東京藝術大学大学院映像研究科教授。「RAM Association」プロデューサー。図書館情報大学大学院修士課程修了。著書に『表現のエチカ　芸術の社会的な実践を考えるために』（二〇二〇）、『インタラクティヴ・マインド　近代図書館からコンピュータ・ネットワークへ』（新版、二〇〇二）、『人間交際術　コミュニティ・デザインのための情報学入門』（二〇〇一）、『司馬遼太郎をなぜ読むか』（一九九九）、『東京ディズニーランドの神話学』（一九九九）、『メディア論的思考　端末市民の連帯意識とその深層』（一九九六）、『図書館建築の図像学』（一九九四）、監訳にJ・キャンベル『世界の図書館　美しい知の遺産』（二〇一四）などがある。

メディアエコロジー　端末市民のゆくえ

二〇二四年一月一日　第一刷発行

著者　桂英史
発行者　小柳学
発行所　株式会社左右社
一五一－〇〇五一
東京都渋谷区千駄ヶ谷三－五五－一二
ヴィラパルテノンB1
TEL. 〇三－五七八六－六〇三〇
FAX. 〇三－五七八六－六〇三二
https://www.sayusha.com

装画　OJIYU
装幀　川名潤
印刷所　創栄図書印刷株式会社

 ISBN978-4-86528-393-8